In Umbrien entdeckt die Autorin das Haus ihrer Träume: einen halbverfallenen Palazzo am Rand des kleinen Dorfes San Orsola. Anschaulich, humorvoll und anekdotenreich schildert Lisa St Aubin de Terán von den Abenteuern der Renovierung, des Seßhaftwerdens, der Eingemeindung einer Künstlerfamilie in eine fast heile Welt. Die Bewohner des Ortes sind ebenso lustig wie bodenständig und verfolgen voller Neugier das Treiben der Neuankömmlinge, natürlich nicht ohne entsprechende Kommentare. Ein Buch voll ansteckender Lebenslust und Energie.

insel taschenbuch 2517

Lisa St Aubin de Terán

Ein Haus in Italien

Lisa St Aubin de Terán

Ein Haus in Italien

Aus dem Englischen von
Ebba D. Drolshagen

Insel Verlag

insel taschenbuch 2517
Erste Auflage 1999

Hinweise zu dieser Ausgabe am Schluß des Bandes
Vertrieb durch den Suhrkamp Taschenbuch Verlag
Umschlag nach Entwürfen von Willy Fleckhaus
Druck: Ebner Ulm
Printed in Germany

1 2 3 4 5 6 – 04 03 02 01 00 99

Ein Haus in Italien

1. Kapitel

Jahre bevor ich mich hier in Umbrien niederließ, hatte dieses Wort in mir die Vorstellung einer fremdartigen, wilden, von Gegensätzen bestimmten Gegend heraufbeschworen. Obwohl ich das italienische Festland oft von Norden nach Süden und von Osten nach Westen bereist und dabei alle Arterien passiert hatte, die das Eisenbahnnetz mir vorschrieb, war ich nie bis zur Lunge vorgedrungen: den wilden Wäldern Umbriens. Ich hatte gehört, in Umbrien gäbe es Bären und Wölfe und Verstecke im Wald, wo Entführungsopfer von ihren sardischen Kidnappern gefangen gehalten würden. Es war angeblich eine arme, unfruchtbare Gegend und das Leben hart für die *contadini*. Sie schindeten sich für ihre Feudalherren, und die waren sämtlich Söhne von Kardinälen und Päpsten.

Meine Familie und ich suchten in Italien ein Haus. Wir hielten bereits seit drei Jahren nach einer passend baufälligen Villa Ausschau. Angesichts einer so schwierigen Aufgabe hatten wir keine Zeit für Sightseeing, und so blieb der ehemalige Kirchenstaat unbekanntes Terrain am Rande unserer halbherzigen Suche. Halbherzig deswegen, weil wir selten ein Haus, eine Villa, einen Turm oder einen Bauernhof besichtigten. Unsere Anstrengungen konzentrieren sich im wesentlichen auf Bars, wo wir herumsaßen und diskutierten, wonach wir suchten. Jeden Winter kehrte dieses Traumhaus mit uns in das schlechtbeheizte gemietete Heim zurück, in dem wir gerade wohnten, und half, die spärlichen Flammen des Feuers zu entfachen, um das wir kauerten.

Ich besaß eine Vorstellung von meinem Traumhaus, die ich seit meinen Schultagen wie ein Gepäckstück mit mir herumgetragen hatte. Sie war in Venezuela und auf dem Rückweg in der Karibik gewesen. Sie war mit mir nach Nordamerika und Kanada, im Süden bis nach Patagonien gereist. Ich trug sie in Europa von einer Grenze zur anderen. Ich wollte ein so riesiges Haus, daß ich von einem leeren Raum in den nächsten gehen konnte, ohne jemanden zu stören. Der Plan des Hauses war unbeständig wie die meisten jungen Lieben, Aussehen und Grundriß veränderten sich ständig. Die einzigen Konstanten meines Phantasiebildes bildeten eine säulenbestandene Loggia, ein steinerner Rundbogen, eine Terrakotta-Balustrade und eine Reihe Wache stehender Zypressen.

Ein weiteres Detail dieser wunderschönen Villa war, daß sie ungefähr zu meinem Bankkonto passen und daher für weniger zu haben sein müßte als eine schlichte Vierzimmerwohnung auf dem Land. Dafür unterhielt ich ein Sparschwein, das ich unablässig plünderte und wieder auffüllte. Aber die Jahre der Jagd nach dem grandiosen *palazzo* griffen schließlich meine Ersparnisse dermaßen an, daß dessen Baufälligkeit proportional zu den schwindenden Finanzen zunehmen mußte. Keine der Villen oder großen und kleinen Häuser, die eifrige Makler präsentierten, kamen auch nur entfernt in Betracht, es sei denn, wir hätten uns dem populären italienischen Zeitvertreib des Banküberfalls angeschlossen.

Einer der großen blauen Koffer, die mit mir von einer Station zur nächsten meinem Familienzirkus nachreisten und dabei Dellen und Aufkleber sammelten, war ausschließlich unbeantworteten Briefen und Papieren der unterschiedlichsten Art vorbehalten. Dazu gehörte eine Mappe mit Prospekten von Immobilien, die in Umbrien zum Verkauf standen. Keines der angebotenen Häuser schien je so passend (oder billig), daß wir es uns angesehen hätten, aber ich behielt die Angebote dennoch mit allem anderen Kram, den ich aufbewahrte und zum Ersatz für die Vertrautheit eines Zuhauses mitschleppte. Die interessanteste dieser Immobilien war ein Schloß aus dem zwölften Jahrhundert, in dem ein Kaiser des Heiligen Römischen Reiches gelebt hatte. Mit der Zeit besaß ich ein Dossier über dieses Schloß. Ich hatte alles außer einem Foto. Drei Jahre vergingen, und es gab immer noch kein besseres Bild als eine verschwommene Fotokopie von etwas, das wie eine lange Reihe gemauerter Schweineställe mit einem Bogen in der Mitte aussah. Dies, erfuhr ich, sei die Rückseite; die Vorderseite sei viele Stockwerke hoch und biete einen atemberaubenden Anblick. Es gab (angeblich) ein römisches Amphitheater, eine großartige Eingangshalle, einen Innenhof, Stallungen mit Kreuzgewölbe und einen unterirdischen Tunnel – dies und einiges mehr praktisch umsonst. Eigentlich hatte das Schloß alles, um unsere Phantasie zu entzünden, außer einem Foto; aber irgendwie kamen wir nie dazu, hinzufahren, um es uns anzusehen.

Da wir kein Haus fanden, zogen mein Mann, Robbie Duff-Scott, und ich mit meiner halbwüchsigen Tochter, Kind Iseult genannt, und meinem kleinen Sohn Allie nach Venedig. Eine geräumige Villa war nicht mehr so dringend, daher wurde die Suche zeitweilig ausgesetzt. Meinen Traum von einem italienischen Garten lebte ich auf den acht Fenstersimsen unserer Wohnung aus, um die ich mich mit einigen kränklichen und inkontinenten Tauben stritt. Zum ersten Mal seit vier Jahren hatten wir ein eigenes Heim. Wir lebten beengt, aber glücklich. Robbie ist Maler großformatiger Gemälde und braucht viel Atelierraum. Und ich habe das Zeug zu einer Obdachlosen mit zahllosen Plastiktüten, denn ich neige zum Horten. Die Kinder nahmen, wie gute Venezianer, für ihre Bedürfnisse die übrige Stadt in Besitz, aber unsere Wohnung war mit Möbeln und Krimskrams so vollgestellt, daß wir uns kaum bewegen konnten. Dinge, die ein dutzendmal verpackt und transportiert worden waren, wurden schließlich ausgepackt und gesichtet, und so tauchte auch das Heilige Römische Bauwerk in Umbrien wieder auf.

Venedig erwies sich als idealer Ort, um unser schwindendes Familienvermögen durchzubringen. Wir requirierten einen Ecktisch im *caffè* Florian, wo wir dann ganze Nachmittage mit Blick über den Markusplatz saßen und beobachteten, wie Treibgut und *haute couture* Europas vorbeiflanierten. Als ich so viele unterschiedliche Gruppen bemüht sah, ihr Reisepensum zu absolvieren, mußte ich an mein Hab und Gut denken, das wie die Samen einer Pusteblume über Großbritannien und Italien verstreut war. Das Schlößchen in England aus meiner vorigen Ehe war verkauft, mein Teil der Inneneinrichtung verschwand in einem Schuppen in Norfolk langsam unter Vogelkot. Durch die gesprungenen und unbenutzten Kamine der Jagdhütte im äußersten Norden Schottlands (gekauft für einen Spottpreis und dann aufgegeben) ächzten noch immer Klagelieder. Ich liebte diese schottische Narretei, aber meine Familie mochte die Abgeschiedenheit nicht; und so lagerten wir angeknackste Eßservices, Manuskripte und Bücherkisten in den einsamen Zimmern und unter den Betten und in den Besenschränken von Freunden und Verwandten.

Meine Leidenschaft für das Sammeln von Nippes hatte bei den Aylsham-Sales ihre Erfüllung gefunden, einer Auktion in East Anglia mit reicher Beutemöglichkeit für Hortende. Jeden Montag stand ein solches Überangebot an Gegenständen so wenigen Bietenden gegenüber, daß ich Möbel und Kerschel für zahllose Zimmer erwarb. Bis ich ein palastartiges Haus haben würde, um alles unterzubringen, fühlte ich mich durch die Einrichtung dafür getröstet. Einer meiner engsten Freunde war ein ortsansässiger Spediteur, der die Lastwagenladungen mit dem Zeug nicht nur transportierte, sondern auch lagerte. Ein weiterer regelmäßiger Besucher dieser Auktionen war der *Tenpenny Man*, der jedes unverkaufte Stück für 10 Pence kaufte. Im Vergleich dazu bewegte ich mich in finanziellen Stratosphären, denn ich bot zwei Pfund für jedes Möbelstück, fünfzig Pence für alles andere.

Jedesmal wenn ich von England nach Italien fuhr, nahm ich in meinen Koffern einiges davon mit. Über die Jahre schaffte ich es, einige hundert Dinge unterschiedlichster Größe zu transportieren, wobei sich allerdings an Möbeln nur Stühle und Klapptische in Schrankkoffer quetschen ließen. So kam es, daß ich in Italien in der Provinz Genua, nur fünfzig Bus-Minuten von der Küste entfernt, ein Haus voll mit Gegenständen, Papieren und Strandutensilien hatte. Der Vermieter hatte das alles weggesperrt und requiriert und drohte, mich vor Gericht zu bringen. Für ihn war Streit das reine Lebenselixier, und wie eine Figur in *Bleak House* nahm er die Aufregung des Gerichtssaals als Medizin gegen das Leben. Vier Jahre später wartete ich immer noch darauf, daß er Vernunft annehmen und mir meine Sachen zurückgeben würde.

Weiter südlich, Richtung Toskana und näher an der Küste, lag »Raguggia« – eine schöne Ruine landeinwärts ohne nennenswerte sanitäre Anlagen und ohne jeden modernen Schnickschnack, aber mit einer wunderbaren Aussicht. Auch »Raguggia« war voller Bücher, Papiere, Leinzeug, Teppiche und viel gekonnt geklebtem Porzellan. Zu einer Zeit, als Robbie und ich keine andere Wohnung hatten, war es unser erstes italienisches Liebesnest gewesen, und wir hatten die schweren Kastanienholzmöbel des Vermieters, unsere eigenen Koffer und das Spielzeug der Kinder über einen steilen Ziegenpfad getragen, den einzigen Zugang.

Aufgrund verschiedener Umstände und sehr viel Trägheit schafften wir es nie, das Haus wieder leerzuräumen. Wir zogen nach Siena, und zwar vor allem, weil Allie und Iseult auf ihrem täglichen Schulweg den Schnee auf dem Ziegenpfad nicht bewältigen konnten. Wir wollten allerdings zum Sommer zurück sein. Aber Venedig kam dazwischen; und dann, ohne jede Vorwarnung, fanden wir San Orsola.

Unser erster Besuch in Umbrien war eine weitere Runde der Villenjagd. Er sollte nur bestätigen, daß die

Heilige Römische Schloßruine als Sommerhaus für uns gänzlich ungeeignet war. Manchmal wachte ich mitten in der Nacht auf und wünschte mir, daß die langen Schweineställe einfach nur Schweineställe wären, mit einem hinreißenden, unsichtbaren Schloß dahinter. Es gab Zeiten, da fand ich ein Haus mit Dach unromantisch und meiner Beachtung nicht wert. Ich hatte gelesen, die Marchesa Casati habe in Venedig einen riesigen dachlosen Palast bewohnt, und jahrelang wollte ich nichts lieber, als es ihr gleichtun. Seither hatte ich in großen Häusern gelebt, in denen ich unter großen Schirmen Zuflucht suchen mußte, und der Reiz des offenen Himmels hatte nachgelassen. Nun ging ich langsam, aber nicht widerstrebend auf die mittleren Jahre zu und hatte gelernt, die Bequemlichkeit im Auge zu behalten, und eine ungedeckte Ruine lag ohne Zweifel auf der anderen Seite jenes Lattenzaunes, den ich um meinen Traum gezogen hatte.

Als Handwerker in unsere venezianische Wohnung einrückten, zogen wir vorübergehend wieder nach Siena, wo wir noch einen Mietvertrag für ein dunkles Haus hatten. Dieses Haus hatte selbstredend im Hochsommer traumhaft ausgesehen, voller Blumen, durch offene Fenster und Türen kamen Bienen, Schmetterlinge und zarte Streifen Sonnenlicht. Von September bis Juni sickerte bei Tag eine lähmende Düsternis durch die winzigen, vergitterten Fenster, und bei Nacht legte sich auf alles eine grüne Moderschicht. Wegen der deprimierenden Atmosphäre, der Totenwachen-Beleuchtung und eines ständigen Defekts im Stromnetz (wodurch nicht nur alle Geräte, sondern auch die meisten Wände Stromschläge verteilten) nannten wir das Haus den Elektrischen Stuhl. Es geht die Sage, die Römer hätten ihre Gefangenen von einem Felsvorsprung am Rande des Dörfchens in der Nähe unseres Hauses gestoßen, aber nachdem ich versucht habe, in dessen arktischem Mikroklima und unheilvoller Atmosphäre einen Winter zu verbringen, bin ich überzeugt, daß diese antiken Todesfälle Selbstmorde waren.

Vom Elektrischen Stuhl aus nach Umbrien aufzubrechen, schien ein gutes Omen für unser Unterfangen. Wir würden mit allem zufrieden sein, was besser war als das, wo wir jetzt waren, und schwerlich konnte man sich viele Häuser vorstellen, die gräßlicher gewesen wären. Die Fahrt nach Umbrien nahm Züge einer Flucht an. Ich traf erhebliche Vorbereitungen, mehr als für eine Ozeanüberquerung. Die Straßenkarte zeigte sehr deutlich Siena und Perugia (und wie nah sie beieinander liegen), doch mir schien es von größter Wichtigkeit, zu einem Elf-Uhr-Termin mit dem Heilig Römischen Verkäufer vor Tagesanbruch loszufahren.

In Venedig hatte man auf die Neuigkeit, daß wir nach Umbrien führen, um Immobilien anzusehen, verächtlich reagiert, das aber war nur die übliche Verachtung für alles, was nicht zur Lagunenstadt gehörte. Der Sieneser Kellner, der uns am Vorabend unseres Abenteuers das Essen servierte, wurde viel präziser: Die Umbrier seien ein unzivilisierter Haufen Banditen und Bauern, die ihr Essen nie salzten, nicht kochen könnten und unter unansehnlichen Kröpfen litten. Sie beherrschten, wie er uns versicherte, nicht einmal die Grundregeln der Architektur und lebten in Hütten, der Armut, Bären und Wölfen zur Beute. Diese Beschreibung erinnerte an das, was wir über die Toskaner gehört hatten, als wir von der milden ligurischen Küste nach Siena gezogen waren. Bären und Wölfe allerdings waren neu, und ich begann, von einem Bärenhaus zu träumen – einem gotischen Raum mit Steinboden, in dem ein Bär die kurzen Winter verschlafen könnte.

Wir waren fast da, bevor wir losgefahren waren. Bereits um acht Uhr saßen wir in Perugia im Hotel Brufani und stocherten in den Resten eines üppigen englischen Frühstücks. Dieses Etablissement war im vergangenen Jahrhundert speziell nach den Wünschen englischer Touristen gebaut worden. Ich bin mit Byron, Keats und Shelley aufgewachsen: Ich habe Italien vergöttert, wie ein Pilger aus der Ferne Mekka vergöttern mag, fest entschlossen, eines Tages hinzufahren. Als junges Mädchen hatte ich wegen der Aussicht geheiratet, in Italien zu leben. Ich kann mich kaum an Zeiten erinnern, zu denen ich nicht in diese Vorstellung verliebt war. Ich saß auf dem Corso Vanucci im Freien, wo sich der pastellrosa- und elfenbeinfarbene umbrische Marmor in der Morgensonne erwärmte, von palastartigen Banken und Büros umgeben, die grau-grünen Berge auf der einen, die große Fontana Maggiore aus der Renaissance auf der anderen Seite, und ich verliebte mich in Umbrien. Allerdings verliebe ich mich ständig in Orte. Ich war schon in so viele Orte verliebt, daß ich mich, wie bei alten Liebhabern, nicht mehr an alle Namen erinnern kann.

Der Ausflug zum Schloß war von dem Moment an zum Scheitern verurteilt, als der Verkäufer nach zwanzig Minuten Geholpere über einen steinigen Weg sein Auto anhielt, es parkte und uns in einen Wagen mit Allradantrieb bugsierte, der dem örtlichen Landvermesser gehörte. Ein Pfad führte uns durch Wälder und Felder, bis wir, fünfzehn mühevolle Minuten später, an einem der wenigen unattraktiven Aussichtspunkte dieses Morgens anhielten.

»Und das«, sagte der Verkäufer und wedelte beide Arme in Richtung einer kaum wahrnehmbaren Delle in den Brennesseln rundum, »dürfte das Amphitheater sein!« Bei näherem Nachfragen erwies sich diese Idee als Produkt seiner persönlichen Phantasie.

Von außen war sofort klar, daß die fotokopierte Fotografie dem Gebäude, wenn überhaupt, noch geschmeichelt hatte. Drinnen gab es eine hochmoderne Kochnische mit eingebauter Dusche, eine kleine Eingangshalle mit Zementboden sowie einem riesigen Kamin aus dem vierzehnten Jahrhundert, den man aus der Außenwand unmittelbar dahinter gerissen hatte, wo nun ein Loch von etwa vier auf vier Metern klaffte. Es gab nicht nur keine Dächer, es gab auch weder Fußböden noch Dekken, von der winzigen Wohnung abgesehen. Wo der »drei Meter breite Renaissance-Treppenaufgang mit Impruneta-Kacheln« angekündigt war, befand sich ein weiteres Loch mit schwachen rötlichen Spuren an der Wand, die, wie forensische Untersuchungen ergaben, Terrakotta hätten gewesen sein können.

Etwa hundert Meter weiter, durch einige Jahrhunderte Geröll, das inzwischen fast wieder zu landwirtschaftlicher Nutzfläche geworden war, lag der sagenumwobene Stall mit Kreuzgewölbe. Darüber thronte ein nagelneuer Bungalow. Mit etwas weniger Gestrüpp dazwischen wäre ein nachbarliches Händeschütteln möglich gewesen, ohne daß eine der beiden Parteien das eigene Haus hätte verlassen müssen.

An der »Schloß«wand oder dem, was davon übrig war, blieb gerade genug Platz, um statt eines Gartens ein Spalier schmaler Bäume unterzubringen. Wo mehr als fünfzig Steine an einem Fleck zusammengeblieben waren, verkündeten breite Mauerrisse quer über die ehemals Heilig Römische Fassade »Epizentrum«.

Unterdessen spulte der Verkäufer unbeirrt sein Programm herunter, er pries die zahlreichen Möglichkeiten des Anwesens und bediente sich dabei jener speziellen Makler-Alchimie, die Katastrophen zu ausgesprochenen Glücksfällen werden läßt. Auf diese Weise verwandelte sich das Gebäude im Handumdrehen zu einem Projekt für viele High Tech-Kochnischen mit angebauten Minnesängergalerien sowie mehreren ineinandergehenden Innenhöfen. Die Innenhöfe führten zu jenen Teilen des Bauwerks, die bereits abgerissen worden waren.

Ich habe schon Ruinen gesehen, für die ich fast meine Seele verkauft hätte, aber diese gehörte nicht dazu. Angeblich brachte die römische Armee die Brennessel nach Großbritannien, um der Kälte Herr zu werden. Die römischen Soldaten peitschten ihre nackten Körper damit und vergaßen vor Schmerzen das Frieren. Diese Erinnerung an das alte Rom, die gewöhnliche Brennessel, wuchs überall, drinnen und draußen. Auf dem Weg zu unserem Auto und dessen soeben ruinierter Federung rieb ich meine angeschwollenen Hände, als der winzige örtliche Landvermesser fragte:

»Möchten Sie woanders etwas besichtigen? Es ist nicht weit, und es ist etwas völlig anderes.«

Der Verkäufer, der sich als Allround-Talent mit Gespür für Menschen und Geschäft erwies, fuhr dann mit uns etwa dreißig Kilometer weiter, um uns eine fünfstökkige Villa zu zeigen.

Beim Anblick eines schönen Hauses oder Gartens setzt mein Herz einen Schlag aus. Als Kind ging ich sonntags in den Londoner Botanischen Garten in Kew. Die Ferien verbrachten wir mit der Besichtigung vornehmer englischer Landhäuser (gegen eine geringe Gebühr und jeweils für mehrere Stunden). Sonntagabends in Clapham durchkämmte ich mit meiner Mutter und unser beider Größenwahn die Immobilienanzeigen der *Sunday Times*. Wir phantasierten ständig, mal dieses, mal jenes Schloß zu kaufen und zu beziehen. Über diese Kindheitserinnerungen hatte sich das Bild meines eigenen Traumhauses geschoben; als unsere Wagenkolonne an einer Dreierreihe ehrwürdiger Zypressen vorbei in eine Auffahrt einbog, sah ich das Haus, das ich mein Leben lang gesucht hatte. Es stand da wie eine verschmähte Schönheit, noch immer in ihren alten Sonntagsstaat gekleidet. Die aufgegebene Fassade ächzte unter einer Tonnenlast modellierter Terrakotta. Es hatte reihenweise hohe, elegante Fenster mit weißen Marmorsimsen, es hatte Dutzende von Bögen, eine Loggia, ein Dach, einen Balkon und eine Glyzinienkaskade.

Das erfaßte ich mit den ersten Blicken. Danach war ich, obwohl ich durch eins der fehlenden Fenster stieg und fast eine Stunde lang umherstöberte, so verzückt, daß ich wenig sah, woran ich mich deutlich erinnern könnte. Das Haus hatte eine freitragende weiße Marmortreppe, die schwindelerregend ohne Balustrade oder Geländer gegen Stürze über vier Stockwerke reichte. Es hatte einen verzierten weißen Marmorkamin, etwa drei

Meter hoch, in einer geschwärzten Küche. Es hatte zwei Traktoren, einen Mähdrescher und einen Lastwagen, die alle in der Eingangshalle rosteten. Es hatte verrottende Schweinefüße, die irgendwo im dritten Stock von einer Drahtwäscheleine hingen. Es hatte mehrere verschlossene Türen; ich würde sagen, etwa die Hälfte des Hauses war verschlossen oder so verbarrikadiert, daß der Blick versperrt war. Erst viel später, ein Jahr später, bemerkte ich, daß diese verschlossenen Türen die einzigen Türen waren, die es in der ganzen Villa, drinnen wie draußen, noch gab. Damals war ich zu sehr in Bewunderung versunken, um Einzelheiten an dem Haus wahrzunehmen, das, wie ich wußte, *unser* Haus war.

In der Sekunde, als wir in die staubige Auffahrt einbogen, waren Robbie und ich uns einig, dieses Haus zu kaufen, und zwar egal, wie. Wir stellten Listen von Freunden und Angehörigen zusammen, die sich möglicherweise an einem solchen Projekt beteiligen und unser eigenes pygmäenkleines Kapital bis zu dem für eine solche Schönheit geforderten Preis aufstocken würden. Eine Stunde später fand ich mich in einer nahen Stadt in einem kleinen Büro dabei wieder, wie ich einen Scheck über zwanzig Prozent der Kaufsumme überreichte. Im Austausch erhielt ich ein Stück liniertes Papier mit sehr vielen Namen und Geburtsdaten sowie einer beiläufigen Erwähnung des Erwerbs der Villa Orsola. Es folgte eine lange Verhandlung über die Zahlungsbedingungen für die restliche Kaufsumme. An dieser Stelle ließ meine Konzentration stark nach, denn ich kam vor Hunger fast um und war außerstande, mich für die Einzelheiten von Geldern zu interessieren, die ich nicht besaß und von denen ich auch nicht recht wußte, wie ich sie auftreiben sollte. Wir erhielten ein halbes Jahr Frist, um den Rest zu bezahlen, und ich vertraute darauf, daß in den Monaten bis dahin etwas auftauchen würde, um die Schuld zu begleichen.

Ted Hughes, Hofdichter der englischen Krone, hatte mich in die Kunst des Hauskaufs eingewiesen und mir erklärt, ich müsse erst das Haus finden, das ich haben wolle, dann müsse ich es kaufen, und erst später dürfe ich mir Gedanken über die Bezahlung machen. Nach einer Reihe von Probeläufen, die mich zwar nicht in den Bankrott, aber an dessen Rand getrieben hatten, erschien mir diese Strategie für ihren Bereich fast so vernünftig wie das legendäre Parkinsonsche Gesetz. Die Villa Orsola war größer als alles, woran ich mich je getraut hatte, aber schließlich handelte es sich um mein Traumhaus. Der *compromesso* wurde unterschrieben, die Anzahlung von zwanzig Prozent in Form eines Euroschecks (mit der üblichen theoretischen Beschränkung auf 300 Pfund) überreicht, und wir waren die neuen Besitzer eines unfertigen *palazzo*.

Das Haus war hohl; es fehlten die einfachsten Dinge wie Fußböden und Türen, Abflußrohre und Wasser. Die Innenausstattung bestand nur aus Worten: den zahlreichen Versionen seiner Geschichte und den Anekdoten rund um seine Vergangenheit. Am ersten Tag hörten wir, die Villa Orsola stamme aus dem siebzehnten Jahrhundert, aus dem achtzehnten Jahrhundert, aus dem neunzehnten Jahrhundert, sie sei für einen berühmten Architekten, einen Spieler, einen Adligen, einen General, einen Franzosen, einen Griechen, einen Deutschen erbaut worden – und so weiter durch alle Berufe und Nationalitäten. Nicht zwei Geschichten stimmten überein, und jeder schien etwas über *il palazzo* zu wissen. Deutlich wurde allerdings, daß das scheinbar verlassene Gemäuer am Rande dem Zentrum des Dorfs irgendwie sehr nah war und daß es viele Generationen mit einer Intensität in seine kahlen Räume gezogen hatte, die sich zwischen Magnetismus und Magie bewegte.

Hinter Scheinwänden, die im *palazzo* eingezogen worden waren, wurde während des letzten Krieges das Getreide des Dorfes vor den Deutschen versteckt. Auf dem groben Schotter davor hatten die alten Männer als Buben Fußball gespielt, bevor man den neuen Fußballplatz baute. Seine baufälligen Bögen waren das Ziel von Schulausflügen; in seinen Hallen fanden Dorffeste statt; es gab Tanzveranstaltungen, Bälle und Rendezvous. Die Villa Orsola war nie bewohnt, aber auf ihren vielen hundert Quadratmetern waren, von jungfräulichem Stuck umgeben, zahllose Kinder gezeugt worden.

Später am gleichen Abend fuhren wir, von Glück benebelt, nach Siena zurück. Wir würden einen Film entwickeln lassen, aber bis dies geschehen war, mußten wir uns mit unseren Erinnerungen an die Villa begnügen. Ich hatte aufgrund der Aufregung und der Anstrengung, die es bedeutete, durch den *compromesso*-Vorvertrag mit seinen vielen Klauseln und Unterabschnitten gehetzt zu werden, eine neue persönliche Bestleistung in Schläfrigkeit erreicht. Der geforderte Preis war so niedrig, daß es unhöflich gewesen wäre, wegen Kleinigkeiten pingelig zu werden, also hatte ich sie an mir vorüberziehen lassen und Tagträumen nachgehangen. Als wir über die Autobahn rollten, bat ich Robbie, mir nochmals den Namen des Weilers zu nennen, in den wir uns gerade eingekauft hatten, sowie des nahen Dorfes, weil mir beides irgendwie entfallen war. Robbie war nichts entfallen – mit seinen überaus dürftigen Italienischkenntnissen hatte er sie gar nicht erst gehört, sondern angenommen, daß ich es wissen würde, schließlich war ich die Sprachkundige und Praktische von uns beiden. Und so brausten wir über die *autostrada*, entweder Opfer eines Betruges oder die Besitzer eines namenlosen Haufens exzellent ornamentierten Mauerwerks in direkter Nähe eines Dorfes, das keiner von uns wiederfinden konnte, nicht einmal auf einer Karte.

2. Kapitel

Krankheit und Unfall suchten die Familie heim und schluckten den größten Teil des Jahres. So wurde es Frühjahr 1989, bis ich von Venedig nach Umbrien reiste, um meinen beiden Kindern den Ort zu zeigen, an dem sie leben würden. Das älteste, als das Kind Iseult bekannt, wurde für diese Bezeichnung augenfällig zu groß. Mit fünfzehn hatte sie, wenn auch nur kurz, in London und Paris als Model gearbeitet. Ihr Leben war erfüllt von wunderbaren Angeboten, und obwohl aus keinem etwas wurde, verliehen sie ihr so etwas wie Glamour unter den Gleichaltrigen, die Iseults möglichen Ruhm mit größter Hingabe diskutierten und dabei mit den Namen der Reichen und Berühmten um sich warfen, als seien sie alte und liebe Freunde. Das gesellschaftliche Leben des Kindes war derart hektisch, daß meines nach den zittrigen Ausflügen einer Greisin aussah. Sie war nach Ferngesprächen süchtig, so daß ich etwas nervös war, als ich sie in eine Villa brachte, die nicht nur kein Telefon hatte, sondern auch kein Licht, kein Wasser, weder Fenster noch Türen, dafür aber ein beträchtliches Loch im Dach.

Noch besorgter fragte ich mich, wie diese verlassene Baustelle auf ihren sechsjährigen Bruder Allie wirken würde, dem durch die Nonnen von San Giuseppe eine Welt makelloser Ordnung indoktriniert worden war. In Venedig bedeutete eine Schramme an seinen Schuhen, eine Falte in seinem breiten weißen Kragen oder seinem schwingenden schwarzen Kittel, daß er für den Rest des Tages nach Hause geschickt wurde. Seine Hausarbeiten wurden in Übungshefte mit winzigen Karos geschrieben, Kommas und Punkte mußten eine genau festgelegte Anzahl Millimeter über der vorgegebenen Linie stehen. Abweichung von dieser Präzision war eine häufige Ursache für Tränen.

Mir grauste davor, ihnen die Unannehmlichkeiten zu zeigen, die vor uns lagen, falls wir die Villa jemals bewohnbar machen wollten. Ich war einige Wochen zuvor mit Robbie dort gewesen, um die letzten Papiere zu unterschreiben und die ausstehende Summe zu übergeben, und erst da erfaßten wir die riesige Lücke, die zwischen unserem Traumhaus, das wir beim ersten Mal gesehen hatten, und dessen Fertigstellung klaffte. Bis dahin hatte keiner von uns so recht bemerkt, wieviel tatsächlich fehlte. Jetzt pflegte Robbie seinen todkranken Vater in Schottland, und es war an mir, mit der Restaurierung der Villa zu beginnen. Ich sah keine Möglichkeit, eine Aufgabe dieser Größenordnung anzugehen, ohne dort irgendwie zu campieren. Das bedeutete, daß die Kinder auf ihre üblichen Sommerferien am Meer verzichten und mit mir campen mußten.

Da ich einen beachtlichen Teil meines Lebens in Zügen zugebracht habe, sollte ich über das Streckennetz besser informiert sein, aber leider ist dem nicht so. Ein Freund versicherte mir, die nächste Station von unserem neuen Haus aus sei Cortona, also machten wir uns nach Cortona-Camucia auf. Ausflüge, die geplant sind, um den Kindern Spaß zu machen, sind meist zum Scheitern verurteilt, und dieser war keine Ausnahme. Unsere erste Enttäuschung war das Fehlen von Taxen, die zweite das Fehlen von Erfrischungen. Nach fast einer Stunde freundlichen Zuredens kam ein ramponierter Kombi den heißen, staubigen Hügel herunter auf uns zu gerattert. Wir hatten nur einen zweitägigen Ausflug geplant, aber unser Gepäck hätte für eine zweimonatige Safari gereicht. Unsere Kisten wurden ordnungsgemäß in ein sehr angenehmes Hotel im Zentrum von Cortona gebracht und unser Fahrer überredet, zu warten, bis wir zu Mittag gegessen hatten, um uns dann nach Città di Castello zu bringen.

Auf einer Nebenstraße durch die Berge, die unser Fahrer nach eigenen Angaben gut kannte, fuhren wir Richtung Umbrien. Eine Stunde später, nachdem wir im Schneckentempo zahllose schwindelerregende Kurven genommen hatten, ließen wir unsere *pappardella* mit Kaninchen und Petersilie am Wegesrand, und nur zwei Stunden später standen wir tatsächlich vor der Tür des örtlichen *geometra*-Büros. Wir brauchten keine Schlüssel zu holen, es gab keine Türen. Wir hatten beschlossen, uns von dem Taxifahrer an der Villa absetzen zu lassen, und den *geometra* hatten wir gebeten, uns zwei Stunden später abzuholen, so daß wir dort etwas Zeit für uns haben würden.

Ich hatte dem Kind Iseult von Marchesa Casatis ungedecktem venezianischen Palast erzählt, daß sie riesige Partys gegeben habe und eine schrille Avantgardistin in Sachen Mode gewesen sei, um die zwanzig Meter Dach, die in San Orsola fehlten, zu romantisieren, wie auch den klaffenden Spalt, wo die beiden Teile der Villa, einer aus dem achtzehnten, der andere aus dem neunzehnten Jahrhundert, nie ganz verbunden worden waren. Ich hatte Allie erzählt, er könne seinen eigenen Fußballplatz haben und dort nach Herzenslust spielen, ohne daß die alten Venezianerinnen ihn und seine Freunde fortschimpften. Die vierzig Minuten von Città di Castello nach San Orsola bestritt ich mit Überredung, dann Bestechung und schließlich Schweigen, und ich bedauerte zum ersten Mal, mich auf dieses Abenteuer eingelassen zu haben.

Bei unserer Ankunft war der Taxifahrer derjenige, den der Anblick der Familienruine am tiefsten erschütterte. Er setzte sich einige Minuten lang auf die Kühlerhaube seines Autos, schüttelte den Kopf und fluchte. Dann sagte er, er brächte uns lieber kostenlos in die Sicherheit Cortonas zurück, als uns in einem derart verlassenen Gemäuer zurückzulassen. Die erste Reaktion des Kindes auf das Haus war Enttäuschung. Sie war die wahrhaft palastartigen Ausmaße venezianischer Gebäude gewohnt und beschuldigte mich, die Villa riesig genannt zu haben, was sie aber, wie sie sagte, nicht sei. Allie hingegen fand das ganze Haus hinreißend, hatte gar nichts daran auszusetzen und nahm es auf sich, seine große Schwester herumzuführen und sie auf die Möglichkeiten des Hauses hinzuweisen. Im dritten Stock fanden sie einen Karton mit sechs neugeborenen Kätzchen. Dann veranstaltete Allie draußen ein Rennen, fiel über die Kante eines terrassierten Feldes und landete auf dem Kopf.

In der letzten halben Stunde unserer Besichtigung zeigte ich Iseult die Schuttberge, die eines Tages unser Garten sein würden. Ich zeigte ihr, wo der kunstvoll angelegte Blumengarten sein würde und Pergolen, ein Rosengarten, eine Glyzinienallee, Lilienteiche, Zierbüsche.

Sie lauschte mit der freundlichen, nachsichtigen Miene einer Irrenärztin. Obwohl sie meine Gartenpläne ganz offensichtlich für unerreichbaren Quatsch hielt, hatte ihr der Gang um das Haus einen Eindruck von dessen tatsächlicher Größe vermittelt, und langsam begann sie sich auf die Aussicht, daß sie wieder in einem großen Haus wohnen würde, zu freuen. Mit Ausnahme der letzten vier Jahre hatte ich mit ihr immer in geräumigen Häusern gelebt, und sie sehnte sich häufig nach mehr Platz. Auf diese früheren großen Häuser waren Überseekoffer und Züge gefolgt, und häufig hausten wir in, wie sie fand, schmuddeligen (wie ich fand, malerischen) Pensionen. Hier bot sich die Chance, sich auszubreiten, Freunde einzuladen und ihre Stereoanlage so weit aufzudrehen, wie sie wollte.

Um fünf Uhr sollte der anstrengende Teil des Tages vorüber sein. Der *geometra* holte uns wie geplant ab, brachte uns nach Città di Castello und spendierte uns Eiscreme. Wir saßen am Eckfenster eines *caffè*, das über den Platz auf einen Taxihalteplatz blickte. Der *geometra* hatte einen Termin (das haben *geometra* immer, da sie wie Hamster im Rad leben), aber er würde uns gern irgendwo absetzen, falls das nötig sein sollte. Wir waren zufrieden mit unserem Eis und fühlten uns angesichts der wartenden Taxen sicher, daher trennten wir uns.

Binnen Minuten begann es zu regnen. Ein großer grauer Vorhang senkte sich unvermittelt über den Nachmittag. Der Platz leerte sich wie nach einer Bombendrohung, und rund um uns wurde es sehr kühl. Die beiden brummenden Taxen waren verschwunden, und obwohl wir ewig warteten, kehrten sie nicht zurück. Wir durchkämmten das Telefonbuch nach Taxinummern und sprachen mit zahlreichen Ehefrauen und Schwestern. In Città di Castello gab es nur zwei Taxen, das eine war nach Rom gefahren, das andere zu einer Hochzeit in die Nähe von Florenz. Keines würde an diesem Abend zurückkommen. Der Fahrer aus Cortona, wirklich unser allerletzter Notnagel mit seiner selbstauferlegten Geschwindigkeitsbegrenzung von acht Kilometern pro Stunde, war fort. Es sah ganz so aus, als seien alle fort und amüsierten sich woanders.

Wir wollten uns die Laune nicht verderben lassen und bestellten einen Berg Eclairs und noch mehr Eis. Die Kellnerin brachte uns alles mit vollendeter Anmut an den Tisch und bat uns dann, es schnell aufzuessen, da sie gleich schließe. Wir erkannten, daß wir uns in das Unabwendbare fügen mußten, gaben die Idee auf, nach Cortona zurückzukommen, zogen los, um ein Hotel zu suchen und aus dem restlichen Abend das Beste zu machen. Sowohl Iseult als auch Allie war übel. Eine nichtrepräsentative Umfrage ergab, daß 70 Prozent der Bevölkerung glaubten, daß es kein Hotel in der Stadt gab, mindestens die Hälfte davon aber wußte, daß es einmal eines gegeben hatte. Sie konnten auch den Weg zu den stehengebliebenen Grundmauern beschreiben. Weitere 10 Prozent konnten den Weg zu einer *pensione* beschreiben, die über den Winter geschlossen hatte und erst im Juni wieder öffnen würde. Weitere 10 Prozent schienen die Frage als solche belästigend und unsittlich zu finden und wichen jeder Antwort aus, allerdings nicht ohne darauf hinzuweisen, daß Allie sich erkälten würde. Dann waren da noch die unvermeidlichen Männer, die ihren Kurs in passenden Balzgesten und Posen absolviert hatten (oder auch nicht) und die von einem Hotel im engeren Sinne nichts wußten, aber mit dem allergrößten Vergnügen ihre Büros wieder aufschließen und dort so unterhaltsam sein würden, wie nur sie es könnten. Schließlich gab es eine Handvoll Leute, die von einem gewissen Hotel America sprachen, als handele es sich um einen entlegenen Kontinent jenseits der klammen Geborgenheit der mittelalterlichen Stadtmauer. Letztere teilten sich in diejenigen, die uns in Richtung Kathedrale und Park schickten, und solche, die uns in die entgegengesetzte Richtung schickten, die hügelige Hauptstraße hinunter, vorbei an allen geschlossenen Geschäften und Bars.

An diesem Abend, als wir auf dem Pflaster von Città di Castello entlangtrotteten, kam uns als Alternative dazu die Villa Orsola zum ersten Mal wie ein Zuhause vor. Mit fortschreitendem Abend waren die Temperaturen drastisch gesunken, und es regnete nicht mehr, es goß. Wir waren im warmen Sonnenschein zu einem Nachmittagsausflug aufgebrochen und hatten keine Mäntel dabei, ich trug Strohsandalen. Als wir diese uralten Straßen zwischen geschlossenen Fenstern auf und ab patschten, sehnten wir uns nach der Wärme eines Kaminfeuers und nach einem Ort, wo wir uns setzen könnten. Alle drei wünschten wir uns, daß wir in der Villa Orsola, die immerhin uns gehörte, geblieben wären und dort campiert hätten, statt bei Dunkelheit unser Glück in einem Städtchen versuchen zu müssen, dessen Schönheit kein Trost war.

In jener Nacht schliefen wir schlecht, wir teilten ein klammes Bett in einem Vorort. Dann holten wir unser

Gepäck aus dem Hotel in Cortona, kehrten nach Venedig zurück und planten einen neuen Feldzug, zu dem gehörte, daß wir die Villa besetzen und so lange dort bleiben würden, bis sie bewohnbar wäre. Wir beschlossen, so bald als möglich zurückzufahren, ausgerüstet mit soviel überlebensnotwendigen Dingen, wie wir tragen konnten (ich fahre nicht Auto), und unser Lager im ersten Stock aufzuschlagen, dort, wo eines Tages die große Küche sein würde. Allie sollte zwei Wochen später mit den beiden irischen Aupair-Mädchen nachkommen, da die Villa dann fließendes Wasser, eine Toilette und etwas sicherere Böden haben würde, jedenfalls im ersten Stock.

Die beiden irischen Aupairs hatten ein mehr als schmeichelhaftes Foto der Honigseite der Villa gesehen, aber keine der beiden wußte, in welch betrüblichem Zustand sie sich tatsächlich befand. Ich hatte nicht gewagt, es ihnen zu sagen, aus Angst, sie könnten fliehen. Ich hatte sie warnend darauf hingewiesen, daß immens viel Bauarbeiten nötig sein würden, vermutete allerdings, daß das Wort »immens« die vor uns liegende Aufgabe nicht zutreffend beschrieb.

3. Kapitel

Wir packten unsere Koffer mindestens ein dutzendmal um. Wir hatten zwei Schaumgummi-Strandmatten, ein Kofferradio und eine Decke, das beanspruchte den meisten Platz. Zweimal vollzog ich das vertraute Ritual, aus unserem Gepäck Teile von Iseults Garderobe sowie zahllose Flaschen, die aus dem Badezimmerschrank stammten, zu entfernen und sie durch Teller, Tassen, Mäntel und Werkzeug zu ersetzen. Zweimal war einmal zu wenig. Als unser Taxi schließlich auf das Trümmergrundstück der Villa Orsola einbog, nachdem es die Bergstraße vom vermeintlich nahen Arezzo mit einer Geschwindigkeit von fünf Stundenkilometern zurückgelegt hatte, war mir zu speiübel, um irgend etwas zu überprüfen. Der Taxifahrer fuhr wieder fort, um viel Geld, aber auch einige Sorgen reicher. Es war ein warmer, sonniger Nachmittag, auf der gemähten Wiese vor dem Haus blühten Löwenzahn und Ehrenpreis. Als wir auspackten, kamen immer mehr Kleider, Schuhe, Stiefel und Gesichtsmasken meiner Tochter zum Vorschein.

Ich hatte gedacht, ich sei gegen die Wechselfälle des Lebens gewappnet nach Umbrien gekommen, als ich uns von Feueranzünder über Zeltbodenplanen, Thermodekken, Taschenlampen bis zu Dutzenden von nützlichen Kleinigkeiten mit allem bewaffnet hatte, womit ich uns die ersten Tage und Wochen des Campings in unserem Landhaus erträglich machen wollte. Aber das Kind Iseult war unschlagbar unpraktisch, sie lebte völlig rücksichtslos der Welt ihrer Phantasie sowie der Pflege ihrer bereits beträchtlichen Schönheit. Sie war von Natur neugierig und vertrauensselig, was sie überaus gesellig machte. Das rutschte aber rasch in Leichtgläubigkeit ab, sobald es in irgendeiner Weise um ihren Teint, ihre Figur oder ihre Kleidung ging. Niemals verwarf sie eine Substanz als zu dubios für Haar oder Haut, wenn nur eine Zeitschrift oder Freundin deren Anwendung empfohlen hatte.

Wo also die übliche Gesichtsmaske in einem kleinen Tütchen angeboten wird, das problemlos in der Seitentasche eines Koffers Platz findet, bestanden die Gesichtspackungen des Kindes aus einer Sammlung Tiegel voller Schleim und Matsch in den unterschiedlichsten Stadien: Verrührtes aus Lebensmitteln, Lehm und Kräutern, das sein Verfallsdatum so weit überschritten hatte, daß Anfänge eines Biotops erkennbar waren. In Venezuela, wo sie zur Welt gekommen war und die ersten, prägenden Jahre verbracht hatte, ist es üblich, auf jedem Fensterbrett und unter jedem Möbelstück Schüsseln mit modernder Einweichlauge stehen zu lassen. Ob diese Sucht nach Fermentierungsprozessen nun zum Nationalcharakter gehört oder nicht, ich habe jedenfalls fast zwei Jahrzehnte damit gelebt, ohne mich auch nur im geringsten dafür erwärmen zu können. Als ich in Umbrien auf dem gefliesten Küchenboden um den offenen Kamin unsere Taschen auspackte, waren es besonders diese Töpfe voller Pampe, die mich rasend machten. Es fehlte fast alles, was ich als für unser Wohlbefinden und Überleben nützlich, und sogar einiges von dem, was ich als unabdingbar erachtete, und das war schwer hinzunehmen. Die drei japanischen Kimonos, zwei Paar Reitstiefel aus den zwanziger Jahren, fünf Paar Abendschuhe, mehrere Cocktailkleider, Ballroben, perlenbestickte Kleider sowie das grüne Samtcape, die an ihre Stelle getreten waren, schienen für ihre wie meine Bedürfnisse entbehrlich; aber einen ungeeigneteren Ersatz für unsere Ausrüstung als die Näpfe mit abgestandenem Haferschleim, Gurkensaft und Eiern sowie die übelriechende Schmiere aus Kamille, Kohl und Honig konnte ich mir nicht vorstellen.

Das Kind zeigte keinerlei Reue und reservierte ihren Kummer für den beklagenswerten Zustand ihrer Naturkosmetik. Dies sei der Anfang unseres neuen Lebens. Dies sei der Augenblick, von dem wir immer geträumt hatten, das Ende unseres Umherziehens, mit einem Haus, das uns gehörte und in dem wir bestimmen würden. »Wir werden uns doch wohl nicht«, fragte sie mich, »in einem derart entscheidenden Augenblick und wegen einer solchen Banalität streiten?« In Iseults seidene Nachthemden gewickelt, war der Kassettenrekorder mit seinen acht Riesenbatterien und einigen Kassetten heil geblieben, und so fegten wir, abwechselnd zu Puccini-Klängen und Van Morrison-Gedröhne, Ruß, Spinnweben und Schutt aus der Küche.

Nachdem sie mit einem Reisigbesen einige Staubwolken von einer Ecke des Raums in eine andere geschoben hatte, kam das Kind von ihrem hohen Roß herunter und entwaffnete mich mit ihrer Reue. Es tue ihr leid, sie würde sich bessern, sie würde eine Liste mit allem machen, was wir brauchten, und wir würden es am folgenden Tag irgendwie besorgen.

»Reg' dich nicht auf, setz dich auf den Koffer, du wirst sehen, alles wird sich bestens regeln.«

Sie setzte sich ans Fenster, an die Stelle, wo Läden und Glas und Rahmen hätten sein sollen, zu ihrer Rechten der riesige offene Kamin, zu ihrer Linken die Eichenwaldhänge, kaute auf einem Bleistift und machte eine Liste. Sie begann mit unserem fehlenden Gepäck: Kehrblech und Besen, Feueranzünder, mehr Streichhölzer, eine Taschenlampe, Spülmittel, eine Bratpfanne, ein Erste-Hilfe-Kästchen, Plastikplanen, eine Wolldecke. Es ging mit Lebensmitteln weiter, und von dem, was wir essen könnten, kam sie zu dem, was sie auf ihr Gesicht tun könnte. Wir sind eine Familie der Listen, sie beruhigen uns, sie sind unser Allheilmittel.

Vor dem Fenster begannen Fledermäuse ihre Sturzflüge und kreisten durch die frühabendliche Brise. Plötzlich fielen die Temperaturen, und der kühle Wind brachte die Gerüche des Waldes herein, der letzte Schwarzdorn und der erste Weißdorn und Ginster, mit Zypressenharz durchmischt. Das Kind und ich gingen nochmals in das Gestrüpp rund um die Villa und sammelten Ginsterzweig-Bündel, leicht wie Stroh. Dann wühlten wir zwischen Mohnblumen und Löwenzahn nach größeren Zweigen und bündelten sie, als Ergänzung zu den langen Ästen aus einem moosbewachsenen Holzstoß, den wir praktischerweise hinter dem Haus gestapelt fanden. Diese Eichenäste, jeder so dick wie mein Arm, waren penibel auf anderthalb Meter Länge gesägt und daher ganz außergewöhnlich unhandlich. Wir machten damit (ohne Feueranzünder) unser erstes Feuer im offenen Kamin in der großen Küche mit der hohen Decke, dem acht auf acht Metern Steinfußboden, dem alten Steinspülstein in einer Ecke, den hohen Fenstern auf zwei Seiten und der Tür aus Kastanienholz. Sie war eine von fünf Türen im Haus. Die Küche war, zusammen mit zwei angrenzenden Zimmern im ersten Stock, in den letzten hundert Jahren als Hausmeisterwohnung benutzt worden. Decke und Wände waren rauchgeschwärzt, aber die wunderschöne Kaminverkleidung aus weißem Marmor, mit ihren verrußten Wappen und Pfeilern, die wir gesehen (und gekauft) hatten, war einige Monate zuvor gestohlen worden. Die reuigen Verkäufer hatten an ihrer Stelle billigen Ersatz angebracht. Später kam ich dahinter, daß das Herausreißen antiker Kaminverkleidungen aus ihrem Mauerwerk hier als Sport nahezu ebenso beliebt ist wie Singvögel zu schießen.

Als aus dem sonnigen Nachmittag ein zunehmend kühler Abend wurde, kletterte ich unter die neue Steineinfassung und bemühte mich, meine Verbitterung wegen dieses Diebstahls zu vergessen. In der Villa war so wenig, daß mir der Verlust dieses einen Schatzes, der seinerseits, wie seine Wappen bewiesen, aus irgendeinem savoyischen Palast geplündert worden war, doppelt traurig schien.

Wir aßen Nudeln, die über dem offenen Feuer gekocht waren. Unsere einzige Flasche stilles Wasser war durch einen flauschigen Hausmantel ersetzt worden, so daß wir unser Sprudelwasser nahmen und Sprudelnudeln aßen, die Iseult loyal als wohlschmeckend lobte. Als ich den heißen Sprudel in den Spülstein abgoß, stellten wir fest, daß er nicht nur keinen Wasseranschluß hatte, sondern nicht einmal einen Abfluß primitivster Art, und ein dikker, dampfender Kleister floß über den Küchenboden. Er bewegte sich auf uns und unsere Strandmatteninsel zu und drohte, uns die gute Laune zu verderben.

Wir fütterten das Feuer mit den langen Eichenästen und zogen uns in unsere Betten zurück. Gegen die heranrückende Pastapaste ließ sich nichts tun, in unserer verbarrikadierten Küche war nichts zu tun. In der Dämmerung ringsum wurden Nachtgeräusche laut. Eine Schleiereule hatte unmittelbar neben unseren offenen Fenstern offenbar sowohl Partner als auch Verstand verloren. Auf den Hügeln und im Tal jaulten und kläfften Hunde und tauschten halb-hysterische Grüße unter Artgenossen aus, während ein Grillenchor beharrlich gegen die Stille vorging. Bäume stöhnten, Balken ächzten, Füchse keckerten, halbvermoderte Fensterläden knallten, und unsere Phantasie ging mit uns durch. Im Feuer- und Kerzenschein vervielfachten sich die Geräusche, bis die einzig mögliche Rettung der Schlaf schien.

Unsere Matratzen, die am Strand von Venedig so komfortabel waren, wirkten lächerlich dünn, als sie auf dem nackten Stein lagen, aber wir schliefen dennoch und erwachten beide frierend und verrenkt nach einer, wie uns schien, langen, harten Nacht, nur um festzustellen, daß es halb elf war und die Nacht noch gar nicht begonnen hatte. Jedesmal wenn die Eichenäste ausbrannten, erstarb das Feuer zu einem Häufchen Holzkohle. Wir spielten Karten und knallten die neapolitanischen Bilder mit aller uns zur Verfügung stehenden Kraft auf, in der Hoffnung, damit die unheimlichen Geräusche um uns zu exorzieren und die Stechmücken in Schach zu halten.

Als das Kartenspiel langweilig wurde, redeten wir und tranken Sprudeltee. Wir erzahlten uns, wie hübsch die Loggia am Morgen aussehen würde, denn ihre hohen Steinsäulen waren terrakottaverziert und von einem Glyzinienspalier umrankt. Dort würden wir frühstücken und über die Löcher hinwegsehen, die bis in den Keller gingen, wir würden die heilen Stellen im Fußboden finden und uns an einige der vielen hundert Aufgaben machen, die inzwischen auf unseren Listen standen. Für die L-förmige Loggia hatten wir:

1. Sprungfedern, Fahrräder, Autoteile, usw. wegtragen, auf einen Haufen schichten.
2. Glasscherben aufsammeln.
3. Alles Holz, Stühle, Butterfässer, usw. sammeln und verbrennen.
4. Unsichere Stellen im Fußboden mit Bojen markieren, wie Lagune.
5. Spinnweben entfernen, fegen.
6. Skorpione töten.
7. Töpfe oder Dosen suchen und Farn sammeln.
6. Tisch und Stühle zimmern.
7. Schön machen.
8. Hängematten finden und aufhängen.
9. Fußboden ausbessern, unterlegen, neu verlegen, usw.
10. Licht.
11. Ein paar Statuen, Mauern, Brunnen, usw.

»Undsoweiter« war unser liebstes Wort, damit konnten wir durch die Villa streifen und sie in unserer Phantasie restaurieren. Die Listen wurden länger, der Holzstapel kleiner. Wir schliefen in Abschnitten, die von unserem schwindenden Feuer bestimmt wurden. Bald waren wir sehr müde und froren. Der gefräßige Kamin wollte offenbar keine Schößlinge, er verlangte nach Baumstämmen. Sobald das Anmachholz verbrannt war, wärmte er kaum noch.

Keine von uns brachte den Mut auf, sich vor die verbarrikadierte Tür zu wagen, um unser Holz vom Stapel draußen aufzufüllen. Die disharmonische Symphonie aus Geräuschen und Schreien hielt die Nacht über an. Wir wickelten uns in Iseults beste Kleider und warteten auf den Morgen. Die Sonne ging um sechs auf, kletterte mit blassem Schein über die Hügel und brachte in den Wäldern die Blüten der wilden Kirschbäume zum Leuchten.

Als wir Zweige von den Ginsterbüschen pflückten, die rund um das Haus wuchsen – der süße Duft der ersten Blüten hing in der Morgenluft –, schwanden die Ängste der Nacht und wirkten absurd. Wir machten wieder Feuer und wärmten uns, während die Berge trockner Ginsterzweige mit zahllosen Funken in den Kamin aufstiegen, wie primitive Wunderkerzen. Schwalben flogen mit Lehm und Flaum für ihre Nester um die Fenstersimse, durch die Zweige der Zypressen schossen zahllose bunte Finken. Irgendwo in den Feldern dahinter läuteten die Glocken einer Schafherde.

Die bedrohlichen Schreie der Nacht waren verklungen oder zu vertrauten Landgeräuschen geworden. Wir blieben in der Küche, genossen die Morgensonne, schliefen zum ersten Mal richtig und bauten alle Geräusche behaglich in unseren Schlummer ein. Um sieben Uhr waren diese Geräusche zu artikulierten Stimmen italienischer Männer direkt vor unserer Tür geworden. Eine weitere Stimme rief von draußen: »Oh, Imolo!« und die Männer zogen sich zurück, um durch das klaffende Mauerwerk einen Wettstreit im Schreien auszutragen.

Dies war der Kern unseres Bautrupps, Imolo war der Maurermeister. Damals wußte ich nicht, daß ich mit ihm ebenso viel Zeit verbringen würde wie mit meiner Familie. Sein merkwürdiger Name schallte durch die Gegend wie ein Schlachtruf, während wir uns so vorzeigbar herrichteten, wie es unser zerzauster Allgemeinzustand erlaubte. Das Kind Iseult wußte, was es dem Anlaß schuldig war, und hüllte sich in ein schwarzsamtenes Cocktailkleid mit ellbogenlangen Abendhandschuhen. Zu zweit gelang es uns, dem Trupp einen mächtigen Schrecken einzujagen, als wir aus der, wie sie meinten, leeren Ruine traten.

Imolo nahm die Angelegenheit in die Hand, indem er uns höflich erklärte, nachdem die Villa jahrzehntelang allen offen gestanden habe, sei sie nun Privateigentum, und man erwarte täglich, ja minütlich die Ankunft der Besitzer. Während er sprach, spähte er nervös herum, um festzustellen, wen wir noch auf dem Gelände versteckt hielten, das ihm anvertraut war. Wir hatten unsere Strandmatten und unser dürftiges Bettzeug fortgeräumt, und von unserem nächtlichen Logieren war nichts als der erstarrte Schleim auf dem Boden übrig, den er mit Abscheu und Mißtrauen beäugte. Ich wertete es als Beweis seiner extremen Gastfreundlichkeit, daß er uns trotz unseres offenkundigen Eindringens anbot, uns mit zu sich nach Haus zu nehmen und von seiner Frau mit Kaffee und Keksen bewirten zu lassen, bevor er uns verabschiedete.

»Es ist ganz nah«, versicherte er uns. »Wir fangen heute mit der Arbeit hier an, und die Besitzer würden Sie nicht gern hier antreffen.«

»*Ich* bin die Besitzerin«, sagte ich zu ihm.

Imolos durchdringend blaue Augen lächelten, während zwei seiner Kollegen in der Türöffnung standen, sich gegenseitig stützten und ihr Gelächter zu einem gedämpften »Eh, *si*, eh!«-Duett verschluckten.

»Ja«, sagte ich, so bestimmt ich nur konnte. »Ich habe die Villa gekauft, ich bin die Besitzerin, und dies ist meine Tochter Iseult.«

Die drei Männer guckten von einer zur anderen, ließen die Augen lüstern und anerkennend auf dem Kind ruhen, bevor sie sich wieder mir zuwandten.

»*Parla italiano?*« fragte Imolo mich.

»Aber wir sprechen Italienisch.«

»Ja«, sagte er zweifelnd. »Aber wir reden Unsinn. Sehen Sie, ich habe mit dem *geometra* und dem Verkäufer gesprochen, und ich weiß, daß die neuen Besitzer ein Ehepaar mittleren Alters sind, sehr vornehm. Niemand hat etwas von zwei Mädchen gesagt.«

»Ich bin kein Mädchen«, sagte ich. »Ich bin eine *signora.* Vielleicht wurde etwas übertrieben, was die Vornehmheit angeht, aber mein Mann und ich haben diese Villa gekauft, und jetzt ziehen wir ein.«

Imolo beäugte traurig die glitschige Nudelpampe und durchwühlte seine Taschen auf der Suche nach einer Zigarette. Er fand sie in einer verknitterten und staubigen Packung.

»Ich bin die *signora*. Ich bin nur ein bißchen müde«, wiederholte ich lahm, und das Kind mischte sich ein, um meine Behauptung zu bestätigen. Ich habe seit jeher eine ungewöhnlich leise Stimme; eine Kinderstimme und ein kindliches Gesicht. Mit zunehmendem Alter ist letzteres häufig ein Anlaß zu erfreulichen Komplimenten, aber ersteres ist immer lästig gewesen. Als ich in Venezuela eine Zuckerrohrplantage leitete, glaubten mir Fremde nie, daß ich der Chef sei. In jüngerer Zeit, in den Jahren meiner Laufbahn als Schriftstellerin, bitten mich Anrufer, wenn ich mich nicht sehr bemühe und meine Stimme verstelle, ich möge meine Mammi holen, damit sie mit mir sprechen können.

»Fahren wir zum *geometra*, wenn Sie möchten. Ich kenne ihn, er wird Ihnen sagen, daß wir sind, wer wir zu sein behaupten.«

Imolo lachte; dann entschuldigte er sich und umfaßte einige Sekunden lang fest meinen Ellbogen.

»Sie haben uns überrascht. Willkommen in San Orsola. Das Leben ist komisch. Wo fängt man bei so etwas an«, sagte er und wedelte mit der Kippe über seinem Kopf. »Und wieso sprechen Sie Italienisch, wenn Sie gerade erst angekommen sind?«

Ich erklärte, daß wir in Venedig und Siena gewohnt hatten. Einer langen Tradition folgend, überging er die Erwähnung von Siena völlig und sagte zu mir und seinen Kollegen: »*Venezia é bella*, aber nirgends ist es so schön wie in San Orsola.« Dieser Gedanke schien ihn ausgesprochen zu ernüchtern, und er schüttelte seinen Tagtraum ab, indem er Iseult spielerisch in den Magen boxte. Dann unterzog er die Ecken des Raums einer letzten, flüchtigen Überprüfung, vermutlich nach Hinweisen auf meinen Ehemann, und fragte lauernd: »Und Ihr Ehemann?«

»Er ist noch nicht da. Er kommt später.«

Imolo lächelte empörend vielsagend, als bewiese Robbies Abwesenheit die Absurdität meiner Geschichte, und ging.

4. Kapitel

Sobald sie fort waren, fegten, riefen, sowie Staubwolken und Bauschutt aus den Fenstern des obersten Stockwerks kippten, machten das Kind Iseult und ich uns auf den Weg hinunter ins Dorf. Wir folgten dem staubigen Weg mit seinen Kurven und Biegungen zwischen Gräben voller Schilfrohr, das nistende Vögel zu Flaum gemacht hatten. Auf beiden Seiten bereitete man die Felder für die Tabakpflanzen vor. Berge von Schweinemist wurden in die Furchen gepflügt. Obwohl wir eigentlich nur unterwegs waren, um uns zu waschen, zu frühstücken und Vorräte einzukaufen, betrachtete das Kind diesen Ausflug als Debüt ihres, wie sie hoffte, angeregten gesellschaftlichen Lebens. Trotz der Morgensonne, die alle Spuren von Kälte der vergangenen Nacht vertrieben hatte, machte sie sich in voller Montur auf den Weg, einschließlich des grünen Samtcapes. Lange bevor wir den anderthalb Kilometer langen Weg mit seinen scharfkantigen Steinen zurückgelegt hatten, waren ihre hochhackigen Satinschuhe zerfetzt.

Was wir für eine kleine Bar am Ende unserer Straße gehalten hatten, war geschlossen und verrammelt. Wir saßen einen Augenblick lang im Schatten eines Walnußbaums in einem Graben voller Schachtelhalm und halbverbrannten Mülls und rangen darum, unsere Enttäuschung zu überwinden. Ein neugieriger Traktorfahrer unterbrach seine Arbeit, fuhr seinen Traktor praktisch vor unsere Füße und fragte, wer wir seien und ob er uns helfen könne. Die wettergegerbte Haut des Bauern spannte über seinen hellen etruskischen Gesichtszügen, das rötlichblonde Haar war sorgfältig zu einem Pilzkopf geschnitten.

»Wir suchen eine Bar.«

»Kein Problem«, sagte er, und deutete auf eine Steinhütte, die hinter uns am Berghang klebte. »Rufen Sie nach Regina, und Sie werden bedient. Ich würde Sie begleiten, aber ich arbeite. Ich komme später nach, wenn Sie möchten.«

Regina reagierte auf unser Rufen, als seien wir schon lange Kunden ihrer getarnten Wirtschaft. Sie tauchte aus einem dunklen Weinkeller im Erdgeschoß auf und murmelte etwas zu einem Huhn, das sie mit der linken Hand an den Füßen hielt. Als wir *cappuccino* bestellten, guckte sie kurz etwas verdutzt. Nach wenigen Sekunden Nachdenkens knallte sie das Huhn beiläufig gegen eine Benzinpumpe neben uns, klemmte es sich unter den Arm, um die Zuckungen seines Todeskampfes zu beenden, und ging dann die Stufen zum ersten Stock hinauf. Zehn Minuten später war sie mit einem Emailtablett, zwei Tassen *cappuccino* und einem großen Schlüsselbund wieder da.

Die Bar selbst war ein kleiner dunkler Raum mit Terrazzoboden und einer großen Theke. Vier Tische mit Stühlen standen recht verloren drumherum. Hinter der Theke und einem Spülstein waren Pfirsichsaft-Fläschchen zu Pyramiden aufgebaut. An beiden Enden der Theke hingen auf Spießen Pistazien und Melonenkerne in Zellophantüten. Ansonsten bestand die Bar aus einer

Sammlung großer, unetikettierter Flaschen mit trübem gelbem und schwarzem Wein, und mehreren Kisten Orangenlimonade.

Regina setzte sich zu uns, während wir unseren lauwarmen Kaffee tranken, froh, wie sie sagte, über die Pause. Ihre aufgerollten Ärmel enthüllten erstaunlich gut ausgebildete Bizepse. Ihre Finger trommelten ungeduldig auf der Resopaltischplatte. Sie war ermutigend freundlich, erklärte uns die Geographie des Dorfes, fragte wenig und gab uns nicht nur Informationen, sondern auch Geschenke, frische Eier und ein belegtes Brötchen mit Mortadella, für das sie extra fortging, um es für Iseult zu kaufen. Sie ergänzte die Geographie durch etwas Sozialgeschichte, alles von lautstarkem Säubern ihrer verstopften Nasenlöcher begleitet. Sie sah den erstaunten Blick des Kindes, als sie es das erste Mal machte, und erklärte daraufhin, sie leide unter chronischer Nebenhöhlenvereiterung.

»Ich habe in Fontecchio Schlamminhalationen bekommen«, erzählte sie. »Aber dafür muß ich um fünf Uhr aufstehen und nach Castello fahren, und mit sieben Kindern und einem davon nicht richtig im Kopf und so vielen Hühnern, die gerupft und ausgenommen werden müssen, kann ich einfach die Termine nicht einhalten.«

Carlo gesellte sich zu uns, er schlenderte herein, stand unschlüssig hinter seiner Mutter herum und ließ das tropfende tote Huhn an den Beinen baumeln. Regina stellte uns ihrem Sohn vor und fügte zärtlich hinzu: »Das ist der, der nicht richtig im Kopf ist.«

Carlo war groß und dünn, hatte dunkle Locken und ein dauerndes schüchternes Grinsen. Wenn er ging, schob er den Kopf etwas nach vorn. Die meisten Italiener betasten in der Öffentlichkeit ihre Genitalien in regelmäßigen Abständen, als wollten sie sichergehen, daß sie noch da sind. Carlo schien mit einer düsteren Vorahnung von Verlust geboren, denn eine Hand hielt er unablässig in die Hose gekrallt, prüfend und tastend. Auch Reginas Hände waren immer beschäftigt. Als sie mit dem Trommeln fertig war, griff sie sich das tote Huhn und begann, es mit ausgesprochenem Geschick über dem Fußboden zu rupfen. Nachdem sie den dünnen, gelbhäutigen Vogel völlig entblößt hatte, nahm sie ihn aus, ohne ihr Gespräch zu unterbrechen.

Wir machten die Toilette ausfindig, eine kleine Zelle hinter dem Gastraum, schlüpften nacheinander hinein und wuschen uns an dem winzigen Waschbecken. Wir fanden auch heraus, daß die Bar, die zunächst derart kümmerlich ausgestattet schien, eine Kostbarkeit barg: Es gab ein öffentliches Telefon. Ich rief Robbie in Schottland an, wo er seinen Vater pflegte, erzählte ihm, wie gut wir zurechtkamen, und ich rief unsere irischen Aupairs in Venedig an, um nach Allie zu fragen. Er war in der Schule.

»Wen haben Sie angerufen?«

»Meinen Mann.«

»Warum in aller Welt rufen Sie Ihren Mann an?«

»Er ist weit weg.«

»*Bé*! So ein Glück, das ist meiner nie. Er kommt gleich herein und hängt seinen Rüssel in den Wein.« Aufs Stichwort schlurfte ein kleiner, gedrungener, violettgesichtiger Mann durch die Tür und grinste das gleiche dümmliche Grinsen wie sein behinderter Sohn.

»*Buon dì!*« verkündete er und wandte sich mit geübter Bewegung zur Theke. Regina schubste dem Kind Iseult das ausgenommene Huhn hin und sprang vom Stuhl auf. Ihr Ehemann war schneller, er stand bereits hinter der Theke und schüttete ohne Umstände eine Flasche Wein die Kehle hinunter. Regina nahm die Flasche und knuffte ihn auf den violett geäderten Kopf. Kein Wort wurde gesprochen, und er trollte sich kopfschüttelnd zurück in die Sonne.

Sauberer und klüger, folgten wir ihm hinaus in den Sonnenschein, mit Hinweisen von Regina, wo die Geschäfte des Dorfes versteckt lägen. Von einer vogelartigen Witwe, deren Kopf kaum über ihre vollgestellte Ladentheke reichte, kauften wir eine Matratze, einige Laken, drei geblümte Decken und ein kariertes Tischtuch. Hätte uns der Sinn danach gestanden, wir hätten auch noch Vorhänge, Teppiche und Kissen kaufen können. Ihr Geschäft hatte eine größere Auswahl an Männerhosen als die meisten Großkaufhäuser, des weiteren mehrere hundert Paar Strümpfe, Regale voller Schürzen und Stapel blauer Strickjacken, die vom Fußboden bis zur Decke reichten.

Als wir in dieses Matratzen-Kaufhaus kamen, eines von mehreren Bruchsteinhäusern in der Mitte des Dorfes, wurde uns klar, daß uns die Kunde vorausgeeilt war. Sie besagte, daß wir in den *palazzo* eingezogen seien, daß wir dort campten, ohne Wasser lebten und ohne einen einzigen Mann. Trotz dieses Flecks auf unserer Ehrbarkeit (oder vielleicht deswegen) wurden wir mit äußerster Freundlichkeit behandelt. Nachdem wir unsere Matratze gekauft und dafür gesorgt hatten, daß sie zum Haus geliefert werden würde, bat uns die Ladenbesitzerin zum Kaffeetrinken in ihre Küche. Sie holte die besten Limoges-Tassen aus dem Schrank und servierte uns Kaffee mit starkem *mistrà*, Plätzchen und Süßigkeiten auf einem makellosen Tablett auf einem blitzblanken Kastanientisch in einer Küche, die so sauber war, daß sie unbenutzt wirkte. Ich trank sowohl meinen Kaffee als auch den des Kindes, dann standen wir auf, um zu gehen. Unsere zerbrechliche, vogelartige Gastgeberin drängte uns, bald wiederzukommen. »Und wenn Sie andere Sachen brauchen, irgend etwas, fragen Sie mich bitte ... mein Mann ist im letzten Sommer gestorben. Ich bin ganz verloren ohne ihn, aber wenn Sie einen Moment Zeit haben ... Ich bin immer da.«

Wir hatten nicht damit gerechnet, so bald eine Matratze zu kaufen, und sicherlich keine, die von so guter Qualität und so teuer war. Wir würden es bequem haben, aber wir hatten plötzlich kein Bargeld mehr. Im nächsten Geschäft, dem größten und bestgehenden Laden im Dorf für Lebensmittel, Getränke und Haushaltswaren, kurz: *dem* Geschäft, kamen wir zu der Erkenntnis, daß wir genug würden kaufen müssen, um mit Scheck bezahlen zu können. Mehr als eine Stunde verbrachten wir damit, einfaches Geschirr, Krüge, Trichter, Besen, Spülbürsten, Töpfe, Pfannen, Wasser, Obst, Brot, Käse und Schokolade auszusuchen. Wir stellten uns an, und als wir dran waren, wurde jeder Gegenstand sorgfältig überprüft, dann wurde alles nochmal überprüft, die Summe wurde vor und zurück nachgerechnet, schließlich wurde die Rechnung präsentiert. Ich schrieb einen Scheck der Banca Nazionale di Lavoro in Venedig aus. Die Ladenbesitzerin blickte auf meinen Scheck, als mache er ihr Angst, nahm ihn dann vorsichtig auf und reichte ihn an ihren Bruder weiter, der den Kopf mit einem Anflug von Tragik schüttelte, als er uns erklärte, sie könnten in ihrem Dorfladen keine ausländischen Schecks akzeptieren.

»Er ist nicht ausländisch, er ist venezianisch – italienisch«, widersprach ich.

»Nun, das ist ziemlich ausländisch.«

Dann wurde der Scheck zur allgemeinen Begutachtung freigegeben, und andere Kunden sollten ihn prüfen. Es herrschte Einigkeit über das *mai visto* – so etwas hatte man noch nie gesehen. Einige bewunderten seine graugrünen Zeichen, das reichte aber nicht hin, um auch nur einen der Anwesenden davon zu überzeugen, daß es sich um einen absolut gültigen Scheck handelte. Da die Banken in der nächsten Stadt bereits schlossen, blieb keine andere Wahl, als unsere Einkäufe bis zum folgenden Tag zurücklegen zu lassen und nur die allerdürftigste Ration mitzunehmen, um unsere zweite Nacht in San Orsola zu überstehen.

Am dritten Tag bestellten wir per Telefon ein Taxi, fuhren in die Stadt, holten Geld und kauften nicht nur Lebensmittel, sondern ausgefallenes Werkzeug und zwölf Kästen Trinkwasser.

Das Kind und ich lernten das Dorf über die Handwerker und Reginas Bar kennen. Tag für Tag trotteten wir von der Villa ins Dorf und zurück. Wir nahmen selten die Angebote an, im Auto mitzufahren, da unsere Lebensweise am Dorfrand bizarr wirkte und die Einheimischen zunehmend verwirrte, so daß uns nur der Ausweg einfiel, die Härten unseres dortigen Lebens rundweg zu leugnen und zu tun, als gefiele es uns. Jeden Tag rief ich von der Telefonzelle aus Robbie und Allie an. Robbie sagte mir, was am Haus gemacht werden sollte, Allie wollte unbedingt das Ende seines Schuljahrs in Venedig schwänzen und unser Leben relativer Entbehrung teilen. Je mehr ich die Schwierigkeiten beschrieb, um so mehr wollte er alles stehen und liegen lassen und kommen. Die irischen Aupairs hießen inzwischen nur noch die »Beauties«: jedes gehetzte Telefongespräch mit Allie endete mit der Mahnung, den Beauties auf keinen Fall zu erzählen, wie primitiv es hier sei, da sie sonst nicht kämen.

Vom vierten Tag an wühlte ein Bagger auf, was ich lachend den Garten nannte, legte Abflußrohre, Wasserleitungen und Stromkabel. Am fünften Tag gelang es ihm, die Wasserversorgung der gesamten Nachbarschaft lahmzulegen. Eine Abordnung bekümmerter Bauern und Hausfrauen kam zur Villa, um Protest einzulegen. Sie schienen den Baggerführer gut zu kennen und nahmen sein Mißgeschick gefaßt hin. Um sie zu beruhigen, führte Imolo sie durch die verfallene Hülse unseres Hauses und erklärte ihnen bis ins Detail, welche Arbeiten er im Parterre begonnen hatte. Er spürte mich auf, machte mich mit ihnen bekannt und sagte dabei jedesmal etwas wie »Das ist Giovanni, du hast ihm gerade das Wasser auf der anderen Seite des Tals abgestellt«, oder »Dies ist Maria del Gallo, sie ist deine nächste Nachbarin auf der anderen Seite des Weinbergs, sie hat deinetwegen jetzt auch kein Wasser«.

In Venedig liefen alle Wasser- und Gasleitungen unserer Nachbarn durch unsere Wohnung, und sie hatten Wegerecht, sie zu inspizieren. In Umbrien liefen die

Rohre unserer Nachbarn unsichtbar durch unseren Boden wie ein verstecktes Labyrinth aus Arterien und Venen. Es wurde für den Baggerführer zu einem Bestandteil seiner Arbeit, einige dieser Rohre aufzureißen.

In den ersten Tagen hatten wir das Wasser in durchsichtigen Plastikflaschen aus dem örtlichen Laden den Berg hinaufschaffen lassen, dann kam es in einem gelben Plastikschlauch, der dreimal wöchentlich ein großes Weinfaß füllte. Dieser Schlauch wurde zu unserer nächsten Nachbarin geschleift, und zwar über die Mondlandschaft hinter unserem Haus, dann durch ein Dickicht aus Brennesseln und Disteln, den Hang hinunter durch einen Weinberg und bis zu einem Wasserhahn an Signora Marias Bauernhaus.

Die Ankunft des Wassers war von viel Aufregung und allgemeinen Anweisungen begleitet. Als sich das Faß füllte, löste sich der Zementbodensatz und trübte sofort das frische Wasser. Sobald die Arbeiter abends gegangen waren, war dieser Bottich unsere Badewanne. Nacheinander tauchten wir in das ziemlich unangenehme graue Wasser ein und schrubbten uns mit einem Stück Mandelseife emsig den schlimmsten Zementstaub von der ausgedörrten Haut. Eines Abends kam Imolo zurück, um aus seiner Kiste ein Werkzeug zu holen, und erwischte mich in seinem Faß. Iseult warnte mich, aber nicht früh genug, um zu fliehen, also versank ich in dem hohen Bottich, bis nur noch meine Augen über dem Rand zu sehen waren, während Imolo mich zu überreden versuchte, vom Baden in einer derart unappetitlichen Brühe Abstand zu nehmen.

»Es ist nicht gut für deine Haut, weißt du, es ist nicht

ratsam, sich darin zu waschen, es ist schmutzig. Das ist nur da, um Werkzeug abzuspülen und Zement zu mischen.«

Wir taten, als hätten wir Imolos Faß aufgegeben, aber insgeheim badeten wir weiter jeden Tag darin. Das winzige Waschbecken in Reginas Bar reichte für Haare, Zähne und Gesicht, aber die Tage waren heiß, und der ständige Staub von den Bauarbeiten setzte sich so fest, daß sogar das Risiko sich lohnte, Imolo zu erzürnen, wenn es nur möglich war, etwas von der Zementpatina abzuspülen.

Das Kind Iseult sagte, allein der Anblick von Imolo rühre sie zu Tränen, so stark war die Aura der Traurigkeit in seinen Augen. Es gab vieles, was das Kind zu Tränen rührte, von Reklame über Filme, Zeitschriften, Fotografien bis zu herrenlosen Hunden, aber was Imolo anging, war ich ihrer Meinung und schlug seine Kraft, mich zu rühren, meinem bereits anwachsenden Imolo-Kult zu. Wir hatten angefangen, ihn zu vergöttern. Die Vorstellung, sein Mißfallen zu erregen, schien gleichbedeutend damit, daß niemals unser Haus bewohnbar gemacht, niemals die Zementsäcke aus der Einfahrt weggeräumt und niemals die Geheimnisse unserer Umgebung ergründet werden würden. Er war unser Erretter und Lotse. In jenen ersten Tagen muß er von unserer Familie einen überaus eigenartigen Eindruck bekommen haben. Später sagte er mir, unsere Lebensumstände seien so furchtbar gewesen, daß er sie keinem Hund zugemutet hätte. Mit seiner angeborenen Großzügigkeit übersah er die verschiedenen Anzeichen von Geistesgestörtheit, die er an unserem Klan bemerkte. Schließlich aber wurde ihm der

Gedanke, daß wir im schmutzigen Baustellenwasser badeten, unerträglich. Er trieb die Installation der sanitären Anlagen voran und bestürmte uns zugleich, das Faß zugunsten des Quellwassers und des Sees aufzugeben.

»Was für ein See?« fragte ich und dachte an die fernen Ufer des Trasimenischen Sees.

»Giovannis See ... da unten«, sagte er und zeigte auf ein Eichen- und Ulmenwäldchen unmittelbar hinter der dichten Reihe unserer Zypressen.

Bei näherer Überprüfung fanden wir tatsächlich einen Weiher, der völlig hinter Bäumen verschwand. Im Winter konnte man ihn vom Haus und vom Weg aus sehen, aber im Sommer war er versteckt. Alle wußten, daß er da war, und alle fragten sich, warum wir in jenen ersten Tagen der Hitze und des Staubs nicht dorthin gingen. Man hielt es für eine unserer harmlosen Exzentrizitäten, daß wir ein Faß vorzogen.

Die Straße zum See begann als Straße zu Reginas Bar und zum Dorf, vorbei an drei Bruchsteinhäusern und ihren weitläufigen Schuppen, einem verfallenen Turm aus dem zwölften Jahrhundert sowie einer kleinen, aufgelassenen Kapelle. Dies war, mit unserem Haus, der Weiler des alten San Orsola, nur ein Bruchteil so groß wie der eigentliche Ort. Zum alten San Orsola gehörten noch zahlreiche andere Absprengsel, doch sie lagen sehr verstreut, und es zog die Bewohner nur an Festtagen zu den paar Häusern an der Wegbiegung unterhalb unserer Villa.

Hundert Meter weiter den Berg hinunter stand ein kleiner Bildstock für die *Madonnina del campo*. Bog man an der Kurve in einen kaum sichtbaren Pfad ein, kam man über eine Wiese zu einer Reihe Akazien- und Haselnußbäume, die sich über einen nahezu nicht vorhandenen Bach neigten. Wir folgten diesem Rinnsal und einer, wie es schien, lückenlosen Hecke, bis wir zwischen Brombeersträuchern und Schwarzdornhecken eine schmale Lücke und eine Holzbrücke entdeckten, die aus einer dicken, vermoderten Kastanienbohle bestand. Zwischen einer weiteren Wand schützender Ulmen und einem kleinen, abschüssigen Weinberg fanden wir Giovannis See.

Er war nicht größer als unser zukünftiger Ballsaal, aber er wurde von einem Bergquell gespeist, und das Wasser war sauber und kalt. Im Rückblick gab es Augenblicke der Angst, der Farce, des Glücks und der Frustration, und es gab einige wenige Augenblicke ungetrübter Glückseligkeit. Giovannis See war einer davon: ein Sprung in den äußersten Luxus, den eisigen Luxus von sauberem, nichtrationiertem Wasser.

Zu unserer eigenen Erleichterung über das saubere Wasser gesellte sich Imolos.

»Ich sage dir, wir wußten nichts von dem See. Glaubst du, wir hätten uns freiwillig in deinem Schmutzwasser gewaschen?«

»Was weiß ich über Ausländer? Ich war beunruhigt. Wir haben darüber gesprochen und waren uns einig, daß wir uns nicht einmischen wollten, aber ich glaube, einige Leute werden unbefangener mit euch umgehen können, wenn sie erfahren, daß ihr von dem See nichts wußtet.«

»Nun, da wären wir also, anders, aber nicht schmutzig.«

Imolo lächelte, ging seiner Wege und übersetzte seinem Stamm weiterhin unsere Taten.

5. Kapitel

Die Villa bestand im Grunde aus mehreren Wohnungen. Das ist bei großen italienischen Häusern üblich, da sie gebaut wurden, um eine weitläufige Familie mit ihren Landarbeitern aufzunehmen. Die neueren Räume aus dem neunzehnten Jahrhundert im vorderen Teil des Hauses waren vermutlich für den Besitzer und seine Familie bestimmt, dazu mochte eine Wohnung für Großeltern, Tanten oder die erwachsenen Kinder mit ihren Familien gehört haben. Der ältere Teil aus dem achtzehnten Jahrhundert war für die Landarbeiter bestimmt gewesen, die *contadini*, die nicht nur die Arbeit im Haus verrichteten, sondern auch das Land bestellten.

Gemessen an vielen viktorianischen Landhäusern in England, mit ihren beengten Dienstbotenunterkünften und den strikten Trennungen zwischen Familie und Dienstboten, unten und oben, war die italienische Architektur viel demokratischer. Mitunter hatte jede Familie eine eigene Küche, aber einige Bereiche wurden gemeinsam genutzt. Im Erdgeschoß waren vor allem landwirtschaftliche Vorratsräume untergebracht.

Als wir mit der Restaurierung oder, genauer gesagt, der Fertigstellung der Villa begannen, beschlossen wir, uns genau daran zu halten, wie ihr Besitzer und Architekt, Giovan Battista Nicasi, sie fertiggebaut hätte, wäre er nicht vorher gestorben. Wir wollten nur alle Verunstaltungen entfernen, die im Laufe fast eines Jahrhunderts im Inneren und an der Fassade zusammengekommen waren, weil man versucht hatte, aus der eleganten Villa Ställe und Schuppen zu machen. Wenn wir unsere Bedürfnisse dem ursprünglichen Grundriß anpaßten, würden wir eines Tages weniger ein großes Haus als vielmehr eine Reihe von Wohnungen haben.

Unser Plan sah vor, die Beauties und Allie in die erste Parterre-Wohnung einzuquartieren, sobald sie fertig wäre. Die zweite, die wir daneben ausbauen wollten, war noch ein baufälliger landwirtschaftlicher Lagerraum. Im ersten Stock, in der älteren Haushälfte, lag die frühere Hausverwalterwohnung, die aus der großen Küche und zwei Schlafzimmern bestand. In der neueren Hälfte gab es eine Flucht von sechs ineinander übergehenden, geräumigen Zimmern mit hohen Decken, die durch einen langen Korridor mit dem hinteren Teil der Villa verbunden waren. Der Korridor endete auf beiden Seiten am Treppenhaus, dies gab der Villa etwas Labyrinthartiges, verband Weitläufigkeit mit der Möglichkeit, sich zu verlaufen.

Am westlichen Ende der Villa lag ein riesiger Ballsaal oder Salon mit Galerie, dessen Restaurierung so tollkühn schien, daß der Saal eine Ruine und die Restaurierung ein Projekt unserer Phantasie blieb, und das wird wohl noch viele Jahre (wenn nicht ewig) so sein.

Ein Stockwerk darüber, entweder über die steile Haupttreppe oder die hintere Treppe zu erreichen, lag eine weitere Wohnung, die eines Tages Iseult und Allie gehören sollte. Auch sie war in trostlosem Zustand, aber nicht so aufgeteilt wie der Ballsaal und daher leichter als Wohnung vorstellbar. Dort gab es weniger Kükendraht, aus der kaputten Decke ragten nicht so viele bedrohlich wirkende Eisenhaken, und im Fußboden waren nicht so viele Löcher.

Zum weiten Treppenhaus und den Korridoren hin lag eine Zimmerflucht, die der im ersten Stock entsprach. Anders war nur das große Schlafzimmer, beziehungsweise das Zimmer, das vermutlich als solches geplant worden war. Zwei der vier Fenster reichten so weit zum Boden hinunter, daß sie Türen sein konnten, durch die man auf einen Balkon mit verzierter Terrakotta-Balustrade hinaustrat, der L-förmig um eine Hausecke bog. Imolo erklärte uns, Giovan Battista Nicasi, der Architekt, habe das so entworfen, weil er das Tal und das Land überblicken wollte, das in beide Richtungen bis zum Horizont ihm gehörte. Der Flickenteppich aus Weinbergen, Feldern und Wäldern, der sich bis zu den Hügeln von Muccignano erstreckte, war ebenso sein wie die tiefgelegenen Felder mit fetter Erde am Fluß und die Talhänge auf beiden Seiten.

»Giovan Battista Nicasi«, teilte uns Imolo im Vertrauen mit, »war wahnsinnig.« Offenbar hatte er die ganze Villa, als sie bereits bis zum zweiten Stock gebaut war, abreißen und umdrehen lassen, um genau diesen Blick aus seinem Schlafzimmer zu haben.

»Als die Villa gebaut wurde, gab es in der Nähe kein Wasser für die Bauarbeiten, um Zement und Gips anzurühren. Das war Giovan Battista Nicasi egal. Er bot allen *contadini* ein Faß Wein gegen ein Faß Wasser. Daraufhin kamen die Bauern zu Hunderten, schleppten ihre Fässer zur Villa hoch, und als die Weinlese kam, hielt er seine Abmachung ein, und das Tal schwamm in Wein.«

Gigi, Imolos rechte Hand, war ein stiller Mann und beteiligte sich selten an unseren endlosen Gesprächen, hier aber unterbrach er und sagte: »*El vino fa cantè e l'acqua fa psicè.*« (Von Wein singst du, von Wasser pißt du.) Dann gefiel ihm sein Spruch so gut, daß er ihn mit einem langgezogenen »*Udiiio!*« der Anerkennung wiederholte.

Die Arbeiter wirkten bald wie ein natürlicher Bestandteil unserer Familie. Das Fehlen jeglicher Türen, die im Küchentrakt ausgenommen, förderte die Familiarität. Imolo war der Vormann, dem Gigi in der Hierarchie folgte, und je nach der Arbeit des betreffenden Tages waren noch zwei, drei oder vier Maurer und Verputzer da. Hinzu kam der Elektriker mit seinem Gehilfen, der meistens im Parterre zu finden war, wo er mit dem riesigen und komplizierten Stromnetz kämpfte, das er selbst ausgetüftelt hatte, denn mit dem Haus begannen sich kühnste Handwerkerträume zu verwirklichen. Fragen wie: »Wollt ihr für das Haupttor Einweg- oder Zweiweg-Monitore?« kamen dem Elektriker bereits über die Lippen, als es noch keinen Gedanken an ein Tor gab, von einem Haupttor zu schweigen. Ich versuchte vergeblich zu erklären, daß es uns im gegenwärtigen Stadium lediglich um das Allernötigste gehe, die Handwerker hatten andere Ideen. Die Villa Orsola war die prachtvollste Villa der Gegend, und es war ihnen zu einer Herzensangelegenheit geworden, diese Pracht an den Tag zu bringen. Wir haben immer noch kein Tor, und es wird vermutlich nie eines geben, aber irgendwo unter dem trocknen Lehm, genau den vorgeschriebenen Meter tief, warten Videokabel auf ihren Einsatz.

Da wir den ursprünglichen Marmorkamin verloren

hatten, waren die Verkäufer, rechtlich gesehen, vertragsbrüchig geworden, so daß uns ein kleiner Teil der Kaufsumme zurückerstattet wurde. Dieses Startkapital hatte es uns ermöglicht, mit den Arbeiten an der Villa zu beginnen. Als erstes mußten einhundert Jahre Schutt, Gerümpel, Vogel- und Fledermauskot entfernt werden, dann mußten zwei Zimmer und die bestehende Küche hergerichtet und im Parterre ein Badezimmer für Allie und die Beauties gebaut werden.

Also kamen Licht und Wasser den Berg hinauf. Das Ende eines Korridors wurde als Badezimmer abgeteilt, und sanitäre Anlagen hielten in der Villa Orsola ihren Einzug. Das Kind und ich verbrachten unsere Tage damit, einerseits Imolo für seine Bemühungen um unser zerfallenes Haus Beifall zu spenden, andererseits von einer grasbewachsenen Anhöhe nahebei dessen verschachtelte Dachkonstruktion zu betrachten, Zukunftspläne zu schmieden und Phantasiefeste zu geben.

Die Gesamtkosten des ersten Arbeitsabschnittes waren deutlich geringer ausgefallen als geschätzt, so daß noch ein winziger Geldbetrag in der Kasse war.

Wir beschlossen, uns am ersten Stock zu versuchen. Etwa um diese Zeit geriet unser Leben in eine Bewegung, die uns wie auf einer Flutwelle immer ungestümer mitzureißen begann. Als erstes waren die Handwerker nicht mehr zu stoppen; sie attackierten den verfallenen ersten Stock mit der Unbeirrbarkeit einer Bullterrier-Meute, sie schlugen die Zähne hinein und ließen nicht mehr los. Sie waren uns zahlenmäßig überlegen, und unsere Beteuerungen, zahlungsunfähig zu sein, trafen auf Hohn.

Es war ihnen unvorstellbar, daß wir alles, was wir besaßen, in den Kauf des Hauses gesteckt hatten – wer würde ein Haus kaufen, dessen Renovierung er nicht finanzieren konnte? So etwas tut man nicht in Italien, niemand im Dorf würde für einen Kauf Geld leihen, sie alle sparten inbrünstig, die Erinnerungen an die Armut waren noch zu frisch. Niemand lebte über seine Verhältnisse, sie mieden instinktiv jede Situation, in der tatsächlich Geld gezahlt werden mußte. Nur Millionäre oder Verrückte hätten unser Haus gekauft. Sie hatten uns kennengelernt, sie mochten uns, sie hatten gesehen, daß wir nicht verrückt waren, also mußten wir, *per forza*, reich sein. Als wir uns außerstande sahen, die Arbeiten zu bezahlen, die im ersten Stock begonnen worden waren, bestanden sowohl der *geometra* als auch alle Handwerker darauf, daß wir später bezahlten und sie weiterarbeiteten – langsamer.

Ich vermute, an diesem Punkt hätten wir Einhalt gebieten können und sollen, aber aus Angst, eine Rechnung nicht bezahlen zu können, in einem Land, in dem das Überziehen des eigenen Bankkontos als kriminelles Delikt gilt, das sofort geahndet wird, und in dem jedwede offizielle Darlehensaufnahme Jahre, wenn nicht ein Menschenleben dauern kann, wurde ich schwach und gab nach. Imolo wollte weiterarbeiten, und in meiner Panik ließ ich ihn gewähren. Die Rechnungen waren bescheiden, die Arbeit wunderschön, und während er sich weiter damit mühte, kletterten Robbie und ich in unsere Tretmühle und versuchten verzweifelt, seine Rechnungen in Raten zu bezahlen. Irgendwann, wie es beim Glücksspiel zu gehen pflegt, stiegen die Einsätze, und unser Lavieren fand ein abruptes Ende.

Wir sahen den Handwerkern ehrfürchtig und staunend zu, beobachteten, welche Wunder sie an unserem Haus wirkten, und fürchteten zugleich das Ergebnis. Es wurde zu einem Zuschauersport. Jede Lira, die wir bekamen, wurde ihnen sofort überschrieben, Honorare, Vorschüsse und Erlöse aus Verkäufen jeder Art verschwanden in diesem Faß ohne Boden. Es ging nach der Hauskauf-Theorie des Hofdichters, nur umgekehrt. Ich spürte, wie sich Verzweiflung und Jubel mit den Lastwagenladungen Zement mischten: Verzweiflung angesichts der wachsenden Schulden, Jubel, zu erleben, wie ein unfertiges Haus sich nach einhundertjährigem Dornröschenschlaf seiner Vollendung näherte. Die wenigen Male, als die Verzweiflung die Oberhand gewann und Imolo mich weinend in einem der türlosen Zimmer fand, deutete er meine Tränen als die Tränen einer frustrierten Hausfrau, die den Zementstaub nicht mehr ertragen konnte, und er tröstete mich mit Versprechen, sein Tempo zu beschleunigen.

»Keine Sorge, Lisa«, versuchte er mich zu beruhigen. »Wir haben das Haus bald für dich fertig.« Meine Proteste waren vergebens. Um mich abzulenken, entführte er mich zu einer ausgedehnten Besichtigungstour der gerade fertiggestellten Arbeiten und machte Abstecher, um mir die nächsten Etappen zu zeigen.

Im Juni waren Imolos Bautrupp und die Besichtigungstouren ein fester Bestandteil unseres Lebens geworden. Von Montag bis Freitag waren sie von morgens um sieben bis nachmittags um fünf da. Keine Arbeit war so geringfügig, daß sie nicht einige lobende Worte erfordert hätte. Jede Minute eines jeden Wochentags wurde von seinen emsigen Arbeitern beansprucht. Mit dem Ehrgeiz der Handwerker wuchs die Zahl der Beschäftigten. Es gab einen unerreichbaren Installateur mit einem schweigenden Gehilfen, die oft verflucht wurden, weil sie in entscheidenden Momenten nicht da waren. Als unser Telefon angeschlossen worden war, klingelte es oft für den geheimnisvollen Installateur, da andere Baustellen und Privatleute versuchten, ihn aufzutreiben. Unser Auftrag war sein größter, daher nahmen alle an, daß wir ihn irgendwo in den Eingeweiden unseres neuen Abwassersystems versteckt hielten.

Ein weiteres festes Mitglied von Imolos Trupp war Luciano, der Maler mit dem riesigen Bizeps: Er stand mit einer Rolle, die an einer drei Meter langen Stange befestigt war, in der Mitte eines Raumes von acht mal acht Metern im Quadrat, strich alle Flächen, einschließlich Decke, und rührte sich dabei nur wenige Ballettschritte vom Fleck. Luciano beherrschte ein Repertoire von Liedern aus Walt Disney-Filmen, die er ab morgens um sieben mit unerbittlicher Fröhlichkeit pfiff und sang.

Des weiteren gab es den Schmied Nummer Eins, einen Meister seines Fachs, der aus dem Dorf stammte, aber fortgezogen war. Er war für vier Stockwerke Geländer im Marmortreppenhaus zuständig. Schmied Nummer Zwei, der siebzigjährige Gelsomino, wohnte mit seiner vielköpfigen Familie mitten im Dorf. Sein Vater hatte an der unvollendeten Erweiterung der Villa mitgebaut, bevor er 1916 zum Kampf nach Frankreich eingezogen worden war. Außerdem gab es noch einen Steinmetz mit einer verkrüppelten Hand und langen Lieferfristen, der den Marmor wie ein Maestro schnitt und bearbeitete.

Der Schreinermeister war ein sehr großer, schwer atmender Herr mit überaus gepflegten Umgangsformen. Dieser Riese mit der sanften Stimme schaffte sich die offene Treppenkonstruktion bis zu dem Stock hinauf, für den er gerade Fenster machte, und überprüfte jedes Maß mindestens dreimal. Er keuchte die Treppen hinauf und hinunter, kämpfte mit seinem Emphysem und unterhielt mich zugleich mit letzten Neuigkeiten vom traurigen Zustand seines überanstrengten Herzens. Seine Arbeit war durchgängig hervorragend, sein Gesundheitszustand hingegen schwankte. Ich wußte, wann er wieder im Krankenhaus war, denn dann kamen seine beiden Helfer in die Villa, die synchron arbeiteten, sprachen und hantierten. Der eine war ungewöhnlich groß und dünn, der andere klein und wie eine Haselmaus.

Morgens um neun und irgendwann am Nachmittag fand im Haus oder auf dem Gelände eine kleine Party statt, dann machten zwei bis zwanzig Arbeiter Pause, tranken viele Liter des örtlichen Weins und ruhten sich aus. Zum Mittagessen (immer drei Gänge) gingen die meisten nach Hause, da sie am Ort wohnten. Der Installateur aber und sein Gehilfe saßen oft in einer Ecke auf einem Haufen Schutt, und jeder putzte eine ganze Salami mit einem Pfund ungesalzenen umbrischen Brots weg. Umbrien trotzte vor vielen Jahrhunderten der Salzsteuer, und als Zeichen ihrer Solidarität mit der Vergangenheit salzen die *Papalini* (die Einwohner dieses ehemaligen Kirchenstaates) ihre Mahlzeiten immer noch zu wenig und ihr Brot gar nicht.

6. Kapitel

San Orsola kauert an einer Straße, die früher einmal wenige Kilometer hinter der Dorfgrenze aufhörte und in einen nahezu unpassierbaren Maultierpfad überging. Daher hatte niemand San Orsola zufällig oder auf Durchreise besucht. Es blieb von nahezu allem isoliert, was im übrigen Umbrien gut oder schlecht war, vom übrigen Italien ganz zu schweigen.

Die Orsolini wuchsen eng zusammen und heirateten untereinander. Von Reisenden, Banditen, ja sogar Steuereintreibern unbelästigt, lernten sie Fremde weder zu fürchten noch ihnen zu mißtrauen. Während des Zweiten Weltkrieges wurde ihre offene, freundliche Art auf eine harte Probe gestellt, doch trotz der Partisanen-Enklave erlebten sie nur wenige Vergeltungsschläge, und die meisten Bomben, die fielen, waren für größere, entfernt ähnlich aussehende Ziele bestimmt und trafen das Dorf aus Versehen.

Gegen Kriegsende versteckte es über ein Jahr lang zwei amerikanische Flieger und einen Offizier der englischen Luftwaffe. Die Flieger lehrten die Kinder das Lied »She'll be coming round the mountain when she comes«, damit sie es, wenn die Alliierten kämen, singen und so beweisen könnten, wie großherzig das Dorf unter deutscher Besatzung gehandelt hatte. Bis zum heutigen Tag höre ich häufig dieses »Singing aye aye yippie yippie aye«, und ich bin oft gebeten worden, den Refrain zu übersetzen, der so manchem Sechzigjährigen sehr viel bedeutet. Es ist für sie immer eine Enttäuschung, daß der Text nicht poetischer ist.

Die Berge um San Orsola waren voller Partisanen. Männer aus dem Dorf kampierten mit ihnen; der Barbesitzer des Ortes war ihr Bote. Als die Arbeiten am Haus vorangingen, kamen immer mehr Geschichten zum Vorschein und immer mehr Scheinwände. Als sie eingerissen wurden, lagen hinter einigen noch von Mäusen zernagte Kolben aus den Tagen der versteckten Getreidevorräte.

Jeder, der zum Arbeiten ins Haus kam, hatte eine eigene Theorie darüber und konnte ein weiteres Anekdotensteinchen zum Puzzle seiner Geschichte beitragen, das kein rechtes Bild ergeben wollte. Schon bald hatten die Arbeiter mehr Besuch als wir. Die Leute kamen aus der ganzen Gegend, um sich Imolos Rekonstruktion der Villa anzusehen. Alle Neuankömmlinge machten in der gleichen Weise auf sich aufmerksam, indem sie vom Vorhof aus »Oh, Imolo!« jodelten.

Jeder schien irgendwie Verbindung zur Villa zu haben, die *il palazzo* genannt wurde. Dutzende von Einheimischen waren in der großen Küche aufgewachsen, und so viele behaupteten, hier geboren oder mit so jemandem verwandt zu sein, daß mit der Zeit das Bild einer riesigen ländlichen Entbindungsstation Gestalt annahm. Der Direktor der Telefongesellschaft allerdings war tatsächlich hier geboren – es fanden sich viele Zeugen, die seinen Anspruch bestätigten –, und dem zu Ehren beförderte er uns auf der Warteliste für einen Telefonanschluß weit nach vorn.

Der *palazzo* hatte seit dem letzten Krieg auch als Bauernhof gedient. Die Schäfer, die im ersten Stock Schafe gehalten hatten, kamen ebenso zu Besuch wie die Hirten, deren Schweine einmal im Erdgeschoß umhergelaufen waren, und wie jene, die im zweiten Stock Wachteln gepäppelt hatten. Andere, die nicht aussahen, als könnten sie Schaf und Schwein auseinanderhalten, spazierten wehmütig umher. Sie waren, wie man mir sagte, früher hergekommen, um in der Weitläufigkeit des schwindelerregenden Dachbodens, in den die Luft durch vierzehn Fensteröffnungen drang, auf einem klumpigen Bett aus Fledermauskot mit jemandem zu schlafen.

Imolo und die Arbeiter sprechen über die hiesige Vergangenheit, als sei sie mit Händen zu fassen. Sie schätzen sie, wie die besten wilden *funghi* wertgeschätzt und konserviert werden, um sie nach Belieben zu genießen. Sie horten ihre Erinnerungen, begutachten sie und schließen sie wieder weg. Es sind gemeinsame Erinnerungen, in der *cantina* eines jeden großen und kleinen Hauses mit den Weinfässern gelagert, und üblicherweise ist es auch der Wein, der sie hervorholt. Imolo erklärt, in diesem Teil Umbriens seien die Tage der Armut vorüber, aber man erinnere sich häufig daran. Der Tabak habe ihr Los verändert. Bis 1945 mußten die Männer der Gegend auswandern oder sechs Tage pro Woche als Tagelöhner, Köhler oder Holzfäller in den endlosen Wäldern arbeiten. Seine Familie, die bei einem der wenigen Gutsbesitzer der Gegend einen kümmerlichen Lebensunterhalt mit Landarbeit verdiente, gehörte noch zu den glücklicheren, deren Männer zu Hause wohnen konnten und Frauen und Kinder halfen, die Ernte einzubringen.

Auf dem Boden rundum wuchs nichts, was nicht auch in der angrenzenden Toskana – und zwar besser als hier – wuchs. Dann kam der Tabak, und seitdem herrschte ein Boom, der bis 1980 jeder Familie in San Orsola ein eigenes Haus, ein Stück Land und mindestens ein Auto bescherte. Der Wolf ist also weit entfernt, aber in ihrem Lebensgefühl ist er noch da und lauert im Garten, irgendwo zwischen Lilien und Kopfsalat.

Die Alten haben alle krumme Rücken und knotige, vernarbte Hände. Viele tragen die schwarze und schwarzblaue Kleidung der Jahrhundertwende. Die alten Frauen tragen trotz der Hitze Kopftücher und dicke, faltige Wollstrümpfe. Sie sammeln ungeheure Reisigbündel, um Herd und Brotofen anzufeuern. Bei Morgengrauen und in der Abenddämmerung kann man sie mit diesen Bündeln auf dem Rücken am Straßenrand entlanghumpeln sehen, während ihre Enkel in ihren neuen Fiats vorbeibrausen. Diese Großeltern sind recht wohlhabend, auch wenn es nicht den Anschein hat, aber dieser Wohlstand kam zu spät, um ihre Lebensweise noch zu ändern. Sie leben im selben Haus wie ihre erwachsenen Kinder, vom Komfort und allen Errungenschaften der modernen Technik umgeben, aber sie halten an den vertrauten, rituellen Gebräuchen fest und arbeiten hart auf ihren eigenen Feldern und Weinbergen.

San Orsola ist ein organisiertes Dorf, das von einer Gruppe einheimischer Männer und Frauen geführt wird, dem sogenannten *proloco*. Der *proloco* sammelt im Dorf Geld und finanziert damit Tanzvergnügen und Festessen, Picknicks, Konzerte und Feuerwerk. Die Frauen treffen sich meist reihum zu Hause. Die Teenager fahren in

Auto- und Mopedkonvois von einer Disco zur nächsten, und die Männer treffen sich in einer der vier Bars am Ort zum Kartenspielen. Sie spielen ein Spiel namens *briscola* und ein weiteres namens *151*, beide mit strengen Regeln, zu denen auch (wir sind in Italien) Regeln des erlaubten Mogelns gehören. Vier Spieler sitzen um einen Tisch und knallen dramatisch die Karten hin, während Ratgeber und Verleumder um sie herumstehen und lautstark Ratschläge und Vorwürfe beisteuern. Sonntagnachmittags machen sich die Männer fein und spielen Boccia mit schweren Kugeln, die sie eine lange Sandbahn entlangrollen lassen. Kein Spiel ist vollständig ohne einen Pulk laut streitender Schiedsrichter.

Die Gemeinde San Orsola zieht sich ein langes Flußtal entlang und auf beiden Seiten die bewaldeten Berghänge hinauf. Es gibt Dutzende von Weilern, oder *frazioni*, die alle zum Dorf gehören. Den Dorfmittelpunkt bildet ein Dreieck aus Kirche, Bar und *campo sportivo*. Nach einigen Gläsern des hiesigen Sangiovese wird jeder Sie in das gemeinsame Geheimnis der Orsolani einweihen: Umbrien ist der Mittelpunkt der Welt, San Orsola Umbriens Herz. Strikt geographisch gesprochen, ist dies nicht zutreffend, aber darüber sollte man nicht streiten. Die Nähe zur toskanischen Grenze ist ebenso irrelevant wie die Nähe schöner Städte und das Herannahen des einundzwanzigsten Jahrhunderts. Als ich in Venedig lebte, glaubte ich die stolzesten Menschen der Welt gefunden zu haben, aber hier leben die stolzesten Menschen, und zwar ohne die Hochnäsigkeit der Venezianer. Sie lassen keine anderen Orte (fast alle unbekannt) gelten; dies ist der beste, der erste, der schönste. Und es funktioniert offenbar wie eine Lektion in positivem Denken: Das Dorf hat eine so angenehme Atmosphäre, daß in der ganzen Gegend potentielle Rivalen spontan sagen: »San Orsola *è bello*, eh, einen solchen Ort gibt es nicht noch einmal.«

Trotz meiner jahrelangen Gehirnwäsche vor Ort muß ich sagen, daß San Orsola in Wirklichkeit nicht das ästhetisch erfreulichste Dorf Umbriens ist. Aber die Stimmung ist *bello*, und ich teile die Meinung, daß es einen solchen Ort wirklich kein zweites Mal gibt.

In den fünfziger und sechziger Jahren, als die Arbeit noch knapp war und alle, außer den Landbesitzern, bitterarm, gingen Dutzende von Männern und Jungen zum Arbeiten in die Schweiz. Darum wird es manchmal das Schweizer Dorf genannt (von denen es in dieser Gegend viele gibt). Imolo erzählte mir:

»Ich bin auch in die Schweiz gegangen. Dort habe ich Präzision gelernt. Es ist kalt da, die Menschen sind innen kalt. Ich hatte Glück, weil ich eine Familie kennenlernte, die mich aufnahm. Ich glaube, ich wäre gestorben, wenn ich allein hätte zurechtkommen müssen. Es war hart. Von der Schweiz bin ich nach Mailand gegangen. Ich habe an alten *palazzi* und Kirchen gearbeitet. Die meisten Dorfbewohner, die fortgingen, haben draußen gelitten. Unsere Kinder werden niemals fort *müssen*, so wie wir.«

Imolo hat zwei Kinder, wie alle Familien in San Orsola. Familien werden (in strengem Ungehorsam gegen den Papst) geplant. Eines Abends in Reginas Bar, er spielte mit seinem leeren Weinglas und einer verknautschten Zigarette, sagte er zu mir,

»In anderen Dörfern gehen die Kinder jetzt nicht, weil sie müssen, sondern weil sie wollen. Ich denke, dem versuchen wir hier etwas entgegenzusetzen.«

7. Kapitel

Am 3. Juni hatte die Zweizimmerwohnung im Parterre Wasser, Strom, Installation sowie einen Anstrich, und die beiden irischen Beauties reisten mit Allie per Zug aus Venedig an und zogen dort ein. Allie hatte es geschafft, das Geheimnis des baufälligen Zustands unserer Villa bis fast zum Ende der Reise für sich zu behalten. Auf der Taxifahrt vom Bahnhof Perugia Centrale konnte er vor Aufregung nicht mehr an sich halten und ergötzte die Beauties mit den Schrecken, die auf sie warteten. Es war eine gute Taktik. Sie kamen in solcher Sorge angesichts der Vorstellung, in Betonmischmaschinen schlafen und vom Fußboden essen zu müssen, daß die spartanische Bleibe sie entzückte. Es war nicht, was sie sich unter der »Personalwohnung« vorgestellt hatten, die wir ihnen Monate zuvor recht großspurig angeboten hatten, als wir alle noch in Venedig waren, aber sie war sozusagen möbliert, sie war frisch gekalkt, und in den kleinen, tief eingelassenen Fenstern war Glas.

Imolo, Regina, Gigi und die Elektriker hatten ihre Gärten und Cantinas nach dem allernötigsten Mobiliar durchforstet. Die beiden Räume und die lange Küche wirkten wie Zellen, kahl, hoch und kühl.

Allie war begeistert von seinem Zimmer und den Fortschritten beim Entrümpeln des Hauses. Und Imolo war begeistert von Allie. Als die Arbeit des Tages zu Ende war, bat er, ihn mit ins Dorf nehmen zu dürfen.

»*Sembra un' angelo*«, wiederholte er ständig, und dieser Vergleich mit einem Engel machte meinen sehr schüchternen Sohn ausnahmsweise nicht verlegen. Wie sich zeigte, kurierte San Orsola seine Schüchternheit. Imolo nahm ihn unter seine Fittiche, weihte ihn in die Geheimnisse von feuchtem Zement und Senkblei ein, lehrte ihn den örtlichen Dialekt, und wie man ein unschlagbarer *briscola*-Spieler wird. Imolo führte ihn stolz einer Familie nach der anderen vor, gab mit Allies perfekten Italienisch an, damit, wie schnell er sich den Castellano-Dialekt mit allen Orsolani-Besonderheiten aneignete, und mit seiner Begabung für Zahlen, seinen goldblonden Locken und seinen Matrosenanzügen. Allies Charme bereitete uns den Weg ins Herz des Dorfes. Nur nette Eltern konnten so ein nettes Kind haben. Unser scheinbarer Mangel an Ehrbarkeit war vergeben, und die kleine Welt von San Orsola öffnete sich uns in einer Weise, wie wir es nie zu hoffen gewagt hatten.

Das Kind Iseult hatte sich schon ihren Platz auf dem Rücksitz manch eines Mopeds gesichert. Sie hatte sich mit dem Sohn des sardischen Schäfers weiter oben am Berg angefreundet und verbrachte ihre Nächte in Discos mit einer Horde Teenager aus dem Dorf, mit denen sie im Konvoi über umbrisches Land von einer glitzernden Tanzfläche zur nächsten fuhr. Diese Fahrten und ihre neuen Freunde teilte sie mit den irischen Beauties, und die drei verbrachten ihre Nachmittage mit exzessiven Vorbereitungen auf den bevorstehenden Abend.

In diesem konservativen Landstrich mit vielköpfigen Familien und intakten Ehen landeten wir wie von einem anderen Stern. Unsere Familie bestand aus lauter Frauen und Kindern. Die Beauties wurden in der örtlichen Saga rasch zu entfernten Cousinen, da »Aupair« hier etwas völlig Unbekanntes war. Unsere Nachbarn fanden es bizarr, Babysitter zu bezahlen; das auf einem Campingplatz zu tun, egal, wie pompös der war, fanden sie absurd. Um uns weitere Verwirrung und komplizierte Erklärungen zu ersparen, woher wir uns kannten (über die Anzeigenseiten der Zeitschrift *The Lady*), ließen wir es bei Verwandtschaft bewenden.

Die größte Verwirrung entstand bei den Versuchen, das Kind Iseult und mich auseinanderzuhalten. Wir sind uns ähnlich genug, um (bei schwachem Licht oder Sehvermögen) verwechselt zu werden. Dies führte zu zahllosen Mißverständnissen. Warum ging Allies Mutter bis in den frühen Morgen tanzen? Und warum tobte sie mit diesen halbwüchsigen Burschen durch die Gegend?

Unser vermutlich schlimmstes Verbrechen gegen Sitte und Anstand kam durch Ämterroutine ans Licht. Italien ist ein Land der Bürokratie. Nichts kann getan, installiert, angeschlossen oder überwiesen werden, ohne daß zuvor Formulare in doppelter und dreifacher Ausführung ausgefüllt wurden, von Pässen und Geburtsbescheinigungen begleitet. Namen und Nachnamen werden aufgeführt und ohne Ende wiederholt. Da nicht zwei Angehörige unseres Haushaltes denselben Nachnamen trugen, schwappten unsere Formulare auf einer Woge von Mutmaßung und Skandal nach San Orsola zurück.

Anfang Juni kam Robbie aus Schottland wieder, wo er seinen Vater auf dem windumtosten Friedhof von Keith beerdigt hatte. Durch seine Ankunft wurde unser Haushalt ehrbar. Es spielte keine Rolle, wie viele Frauen da waren, solange sie einen *capo casa* hatten. Imolo war ein Mann der Männer und wurde sofort abtrünnig, um sich mit Robbie zu verbünden, dessen Vorstöße in die Welt des Dialekts, ob des hiesigen oder überhaupt eines, zu diesem frühen Zeitpunkt in Sackgassen endeten. Imolo war für jede Beteuerung des Nichtverstehens taub. Er spürte Robbie auf, weil er den mitgebrachten Wein mit ihm teilen und ihm die Feinheiten der jeweils anstehenden Arbeiten erklären wollte.

Seinem Beispiel folgend, begannen alle Arbeiter, sich an Robbie zu wenden, und versuchten ihn aus der Abgeschiedenheit seines Tagesablaufs zu hebeln. Robbie manövrierte recht geschickt zwischen vorderer und hinterer Treppe und wußte die verschiedenen Ausgänge und Eingänge zu nutzen, um ihren häufigen Anfragen auszuweichen. Er traf alle ästhetischen Grundsatzentscheidungen für die Villa und sah daher nicht ein, warum man ihn stündlich mit Anfragen und Nichtigkeiten belästigen mußte. Ich fand Robbie im langen Schrank unter der hinteren Treppe versteckt. Ich fand ihn, wie er in der Zimmerflucht des ersten Stocks von einem Raum in den nächsten flitzte. Ich fand ihn in der oberen Loggia versteckt, und einmal fand der Installateur ihn flach auf dem Dach liegend. Er war bis in den obersten Winkel der Villa verfolgt worden und in seiner Verzweiflung durch den Turm entkommen.

»Künstler sind eigenartige Menschen«, teilte der Installateur von da an allen mit, die es hören wollten. »Robbie sucht seine Inspiration bäuchlings auf dem Dach, er setzt sein Leben dafür aufs Spiel.« Ich fand ihn eines Tages selber dort, und er sagte mir, er suche *inspirazione*.

Ich bin schon auf so manchem Dach gewesen und hätte nie vermutet, daß unter den Dachziegeln Inspiration steckt.

Mit der Zeit brachte ich alle außer dem Installateur dazu, ihn in Ruhe zu lassen. Ich erklärte, daß Robbie nicht nur ihre Fachsprache nicht verstehe, sondern daß Details ihn auch wenig interessierten und sie sich, so sehr es ihnen gegen den Strich gehen mochte, mit mir begnügen müßten. Imolo ließ sich davon nie wirklich überzeugen und meinte, von Mann zu Mann verstehe Robbie von diesen Dingen mehr als ich. Robbie hatte die Zeichnungen von dem, was gemacht werden sollte, und Imolo wollte, daß Robbie mit ihm zusammen darüber brütete. Der Installateur verfolgte Robbie weiterhin und überhäufte ihn nicht nur mit Fragen zu seiner Arbeit, sondern auch zum Wesen der Inspiration.

Alle unverheirateten und lüsternen Angehörigen des Bautrupps versuchten, die Beauties nach der Arbeit in die Hügel zu locken, aber mit wenig Erfolg. Ihr Terminkalender war voll. Sie hatten die örtliche Fußballmannschaft entdeckt und waren als offizielle Maskottchen in Dienst gestellt worden. Ihre Zeit ging fast völlig damit drauf, der Mannschaft einschließlich Reservebank zu zeigen, wie man Whiskey aus Biergläsern trinkt und wie man in Galway schwoft.

Dafür machten sie sich jeden Morgen auf den Weg, bekleidet mit schrillen Miniröcken sowie jeder Menge Kriegsbemalung und Modeschmuck. Vorgeblich lautete ihr Auftrag, für das Familienpicknick Brot zu holen. Die Beauties waren im Dorf bald ein solcher Hit, daß sie selten rechtzeitig zu unserem Mittagessen zurückkehrten.

Die Orsolani hatten noch nie derart blasse, grauäugige Frauen gesehen und ganz gewiß keine, die außerdem größer waren als sie selbst und sie im Armdrücken schlugen. Eine der Beauties sprach ein wenig Italienisch, die andere keine Silbe. Dadurch keineswegs entmutigt, verständigten sie sich durch die Sprache der sexuellen Spannung und ihre wilde Entschlossenheit, sich zu amüsieren. Die Beauties waren Mädchen, mit denen man rechnen mußte, was San Orsola fassungslos tat.

Nachdem die ersten Flirts absolviert waren, wurden sie von einer Familie zur nächsten gereicht, um Eltern und Großeltern kennenzulernen und den Wein vom Weinberg des jeweiligen Hausherrn zu probieren. Mit ihrem amazonenhaften Mut und ihrer exotischen Pracht wurden sie lange vor uns anderen in die Geheimnisse sämtlicher örtlicher Cantinas eingeführt. Die Beauties äußerten sich nur vage über diese Ausflüge, von denen sie torkelnd zurückkehrten, die aschblonden Köpfe von Alkohol benebelt.

»Sie stellen viele Fragen nach euch, und wir setzen sie eben ins Bild, so gut wir können.« Die fabulierten Auskünfte blieben haften, ein Gemisch aus Geratenem und Erfundenem, das uns den Weg ebnen sollte, in Wahrheit aber versteckte Fallen grub, die uns noch lange zu schaffen machten.

Die Beauties kehrten mit Schilderungen von Überfluß in unsere halbverhungerte Runde zurück.

»Unter jedem Haus liegen irgendwo Eichenfässer mit Wein. Es gibt Tröge und Rohre, und Eisenhaken mit rohen Schinken, die in einem modrigen Pfefferschleier hängen. Sie schneiden den Schinken hauchdünn, die Salami auch, und servieren sie dir mit Scheiben von Honigmelonen, die frisch vom Feld kommen.«

Am späteren Nachmittag taumelten die Beauties die Auffahrt hoch, und dann hatten sie nicht selten gar kein Brot dabei. Eifersüchtig verteidigten sie diese mittäglichen Einkaufstouren gegen alle Versuche, sie von ihrer ansonsten leeren Liste der Haushaltspflichten zu streichen.

»Ihr solltet die durchwachsenen Speckseiten sehen und die Krüge mit den besten Steaks, die in Öl und Kräutern eingelegt sind. Und wißt ihr, sie haben Hunderte, wirklich Hunderte Flaschen Tomatensoße gelagert. Wir werden bei der nächsten Einmachsaison dabei sein, im August, wenn es eine solche Tomatenschwemme gibt, daß niemand weiß, was man damit tun soll, außer sie mit Knoblauch, Basilikum und Olivenöl einzumachen.

Olivenöl fängt an, uns zu schmecken.«

Ihr Stehvermögen bei den Weinproben in den klammen Cantinas war legendär; von allen Seiten kamen Einladungen für die stämmigen Beauties, Weinkeller zu inspizieren, außerdem die zu Zöpfen geflochtenen Zwiebeln, die Pilze und Walnüsse, die eingemacht, eingelegt und auf derben Regalbrettern gelagert waren. Sie sprachen von Quittengelee und von Kastanienhonig mit seinem leicht bitteren Geschmack. Wenn sie sich in den Cantinas des Dorfes vollgestopft hatten, kehrten sie jedes Mal mit dem festen Entschluß zurück, Diät zu halten und bis zur Disco des folgenden Abends mehrere Pfund abzunehmen. Folglich waren Brot und Kohlehydrate immer das letzte, woran sie dachten, wenn sie mit ihren Einkaufslisten loszogen, um unsere tägliche Ration zu besorgen.

Da das Kind Iseult und ich den Pfad schon so oft bei brütender Hitze hin- und zurückgetrottet waren, hatten wir keine Lust, hinter ihnen herzugehen, um unser Brot zu holen. Jede Mittagszeit hofften wir wieder, trotz besseren Wissens, und aßen draußen im Schutt von unserer Karotischdecke schließlich doch wieder dürftige, mit Cracker servierte Mahlzeiten.

Unterdessen kannten die Beauties die jeweiligen Vorzüge einer jeden Cantina, auch der von Imolo und den anderen Arbeitern. Sie probierten den Wein vom Vorjahr, den zu Essig gewordenen Tropfen des Jahres davor und den süßen, starken *vin santo*, der aus Trockenbeeren gemacht wird. Nachdem sie die Arbeiter anfangs geschnitten hatten, freundeten sie sich aufgrund ihrer Saufkumpanei mit den Eltern und Großeltern dann doch mit ihnen an und plapperten in ihrem Pidgin-Italienisch vergnügt über Cantinas.

Wenn Imolo sich nach den Beauties erkundigte, antworteten wir jedesmal entnervt, sie seien unten in den Cantinas, und glücklich warf er den Kopf zurück.

Als er bemerkte, daß wir uns praktisch von Crackern ernährten, lobte er das Brot der Gegend ohne Ende. »Die Mädchen sollen euch welches kaufen«, sagte er immer wieder, als ob das Leben so einfach wäre. Er riet, und wir warteten hungrig. Umbrisches Brot hat, wie seine toskanische Entsprechung, einige recht erstaunliche Eigenschaften, nicht zuletzt die Fähigkeit, binnen weniger Stunden granithart zu werden. Wir entdeckten, daß es auch hervorragendes Brennmaterial abgab und pro Kilolaib im Schnitt zwanzig Minuten lang rauch- und geruchlos brannte.

Imolo, der nie kocht, aber zu allen kulinarischen Fragen seinen Senf zu geben hat und auch gibt, da er instinktiv alles besser zuzubereiten weiß als seine Frau oder ich, sagte, ich solle aus unserem altbackenen Brot *panzonella* machen, eine ortsübliche Köstlichkeit und früher das Grundnahrungsmittel vieler Orsolani. *Panzonella* mit ihren rohen Zwiebelstücken, die in Öl mit durchweichtem Brot schwimmen, ist nicht jedermanns Sache, aber es hat etwas Nostalgisches, das sich nicht vermitteln läßt, es ist wie Gerichte aus der Kindheit: Kartoffelpüree mit Haschee oder Griesbrei mit Butterauge und Zucker und Zimt.

Mitte Juni waren wir zu einem Kompromiß gekommen: Die Mädchen gingen ins Dorf, als würden sie Brot holen, und wir lernten, *ciaccia* zu machen, ein flaches Sauerteigbrot, das auf der Glut gebacken wird. Diese dicken Pittabrote schmecken sehr gut zu dem rohen Schinken und dem frischen Pecorino, die wir von den sardischen Schäfern weiter oben am Hang kauften. Der Zementstaubschleier, der inzwischen alles, uns eingeschlossen, bedeckte, förderte weder Geschmack noch Konsistenz, aber wir gewöhnten uns daran. Unser Salat wurde uns täglich von den Arbeitern und deren Ehefrauen mitgebracht. Es war die Saison des *insalata di campo*, einer Angelegenheit, die ganz Italien beschäftigt. Komplette Dörfer, die bäuchlings durch Gräben kriechen, sind nicht, wie man zunächst meinen sollte, betrunken, verrückt oder halluzinogenen Pilzen auf der Spur, sondern sie drehen und wenden jeden Grashalm, um den wilden Salat zu entdecken, der auch dort wächst. Junge wie Alte suchen den ganzen März, April, Mai, bis in den Juni hinein den aromatischen *marroncello*, und auch *grospignoli, radicchio, raponcioli* und *ginestrella*. Expertenhände kriegen *ragaggioli, lattughina* und *rucola* zu fassen. Einiges davon kann man auch auf Märkten finden, aber die Orsolani halten die Sorten ihrer Gegend für die besten. Es herrscht tiefes Mißtrauen gegen alles Gekaufte und eine große Vorliebe für Tauschhandel. Essen und Tradition sind untrennbar verknüpft. Das einzig Gute, was für die Orsolani von außerhalb ihres Dorfes kommen kann, sind Menschen.

8. Kapitel

Mein Kindertraum einer Schlafzimmer-Reise nach Jerusalem wurde wahr. Ich war einen Sommer lang widerwillige Patientin eines Londoner Kinderkrankenhauses gewesen. Dort lag ich, durch Infusionen und Schläuche an ein Bett zwischen vielen gefesselt, und las *Orlando*. Seither sehnte ich mich nach einem Haus, in dem ich von Zimmer zu Zimmer streifen und nach Belieben auf unbekanntem Terrain würde schlafen können. Nun wanderte unsere Matratze und die sie begleitende Plastikplane auf der Suche nach einem Ruheplatz durch die ganze Villa. Während des Sommers zogen Robbie und ich immer wieder um, beschränkten aber unser Umherziehen auf jeweils einen Teil des Hauses.

Die vordere Hausfassade, die zugleich die verzierteste war, ging nach Norden, und die Nordseite der Villa war von Zypressen gesäumt. Dies hatte mich zunächst enttäuscht, da in meiner Kindheit geradezu ein Kult um Südfenster getrieben worden war, doch als die Temperaturen jeden Tag auf 40 Grad hochschossen, erwies sich die Nordseite als der beste Ort, der brütenden Hitze zu entfliehen. Von der Südseite der Villa ging der Blick über einen Weinberg hinunter auf die Steinhäuser unserer Nachbarn. Bis Mitte Juli hatten wir fast alle Zimmer ausprobiert, warm und kalt, groß und klein, hatten mit ihnen geliebäugelt und waren dann weitergezogen. Wenn ich ein vielversprechendes Zimmergerippe fand, stellte ich jedes

Mal ein Regalbrett voll Nippes auf, das auf zwei aus Imolos eifersüchtig bewachtem Lager gestohlenen Terrakottasteinen balancierte. Zu dem Nippes auf dem Brett stellte ich Fotos und Bücher. Ich verschönte unsere Matratze mit einem viktorianischen Überwurf und venezianischen Brokatkissen, pflückte eine Vase Wiesenblumen, Heckenrosen oder Ginster, um mich dort heimisch zu fühlen. Die Schwalben waren vor uns da, sie hatten sich umgehend ihre Zimmer ausgesucht und mit dem Nestbau begonnen. Von Sonnenaufgang bis Sonnenuntergang schossen sie durch die unverglasten Fensteröffnungen hinein und hinaus und besprenkelten alles mit ihrem Kot. Nachts, wenn wir im Bett lagen, kamen statt ihrer Dutzende von Fledermäusen. Ich mußte mir immer wieder gut zureden, daß Fledermäuse ein unfehlbares Radarsystem haben, denn sie zischten so dicht an meinem Gesicht auf dem Kissen vorbei, daß sie sich jeden Moment in meinen Haaren zu verfangen drohten. In den Nächten, in denen offenbar Fledermaus-Konferenzen stattfanden und größere Fledermaus-Geschwader als sonst das Zimmer heimsuchten, schlief ich mit einem Laken über dem Kopf.

Da Privatsphäre der Vergangenheit angehörte, wurden wir häufig von Imolo geweckt, der bereits um sechs kam, um mit mir eine erste Runde zu machen, bevor die Arbeiter eintrafen. Er sagte mir, es bringe Unglück, mit bedecktem Gesicht zu schlafen, aber aufgrund der bedrohlichen Fledermäuse, Mücken und manchmal Hornissen mußte ich seine Warnungen ignorieren. Die Hornissen kontrollierten die nordwestliche Ecke des zweiten sowie den gesamten dritten Stock, wo sie blieben, bis Imolo Gigi zwang, sie auszuräuchern.

Dieser Vergeltungsangriff vor Morgengrauen war kein hundertprozentiger Erfolg. Von unserem Lauschposten unter dem betreffenden Zimmer, in dem ein Hornissennest von der Größe einer Geige an der hohen Decke hing, konnten wir hören, wie Imolo den Chef machte und einen bockigen Gigi ausschimpfte, der nicht mit einer brennenden Fackel die hohe Stehleiter hinaufklettern wollte.

»Nun mach schon, Gigi. *Dio buono*, es sind nur Insekten, sie werden dich nicht auffressen, es sind, also es sind keine Schlangen, weißt du, es sind keine Tiger.«

»Imolo, es sind Hornissen, und sie werden mich stechen.«

»Erzähl mir nicht, daß du vor Hornissen Angst hast!«

»Ich habe vor Hornissen Angst, Imolo. Warum kletterst du nicht auf die Leiter, und ich halte sie?«

»Nein.«

»Warum nicht?«

»Nein.«

»Du hast also auch Angst vor Hornissen.«

»Hör mal, Gigi, jetzt mach dich da hoch, Mann, wir haben heute noch viel zu tun. Ich kann nicht den ganzen Tag hier stehen und darauf warten, daß du deinen Mut zusammenkratzt.«

»Aber warum ich, Imolo?«

»*Bé!*«

Dem folgte ein lautstarker Abstieg, Kichern, ein erneuter Aufstieg, eine Wiederholung des Dialogs und dann eine Neuauflage des gesamten Ablaufs. Beim dritten Versuch wurde der Dialog durch einen Schwall von Gotteslästerungen und einige erstickte Klagelaute unterbrochen. Aus dem Geräusch der Schritte, die durchs Haus rannten, schloß ich, daß die Hornissen, angesengt und zutiefst verstört, ihren Angreifern in gnadenloser Verfolgungsjagd nachsetzten.

Die ältere der irischen Beauties vertraute mir an, sie sei gegen Wespenstiche allergisch und würde vermutlich sterben, wenn eine Hornisse sie stäche. Noch Wochen nach dem Massaker war kein Ort in der Villa vor wütenden Insekten sicher. Zweimal täglich, bei Morgengrauen und unmittelbar nach Sonnenuntergang, patroullierte ich durch die Zimmer, mit einem chinesischen Pantoffel bewaffnet, brachte Tod und Vernichtung über die vermaledeiten Tiere, klatschte sie als fünf Zentimeter lange Giftstreifen gegen die nackte Wand. Gelegentlich attackierte mich eine besonders mutige oder wütende Hornisse, ich rannte fort, sie verfolgte mich wie ein Kamikazeflieger und zwang mich, unter einer Decke Zuflucht zu suchen, manchmal eine halbe Stunde lang.

Das Haus wimmelte vor Eindringlingen. Einmal fanden wir beim Aufwachen einen Elektriker auf unserem Schlafzimmerboden liegend vor, der die Putzbrocken um unsere Matratze mit weißer Farbe markierte. Als ich ihn anstarrte, als wollte ich sagen, Also bitte, das ist doch wohl eine Verletzung unserer Privatsphäre, also bitte, wir wahren doch wohl wenigstens den Schein und kommen nicht durch die offene Tür? starrte er unverwandt und mit gewinnendem Lächeln zurück, nickte »*Buon dì*« und widmete sich wieder seinen Markierungen. An einem Zimmer Interesse zu zeigen reichte, um es interessant zu machen, der Bautrupp folgte der Anziehung und ließ sich nieder wie eine unvermeidbare Staubwolke. Aber die unsichtbare Barriere der Türschwellen hielt meist stand, und das Zimmer wurde erst besetzt, wenn wir es morgens verließen.

Robbie und ich wurden durch die Geräusche einer wortreichen Versammlung geweckt, die wenige Zentimeter neben unserer Schlafzimmertür stattfand, hätte es eine Schlafzimmertür gegeben. Gleich wurden Pläne ausgeheckt, den keuchenden Schreiner hochzuholen, damit er vor allen anderen Türen diese hier anfertigte, die Fenster auszumessen und die Läden zu bestellen, außerdem die Wände verputzen, den Estrich legen und in jedem denkbaren Winkel des Raums eine Steckdose installieren zu lassen, um nicht nur für die High-Tech-Landschaft eines jeden hochmodernen italienischen Haushalts, sondern auch für die Eventualitäten des einundzwanzigsten Jahrhunderts gerüstet zu sein. Bei Einbruch der Dunkelheit hatte sich das von uns erwählte Zimmer durch einen Prozeß trockener Osmose mit Werkzeugen, Gipssäcken, Eimern voller Marmorstaub sowie Plastikrohrrollen gefüllt. Wir schliefen den ruhelosen Schlaf gesetzwidrig eingedrungener Landstreicher.

Um sieben Uhr trampelte Lärm in unsere Richtung, dessen Lautstärke und Vielfalt einen Wanderzirkus vermuten ließen. Binnen Sekunden war er bei uns, verharrte an der klaffenden Türöffnung zu unserem provisorischen Schlafzimmer, dann verkündete Imolo mit der gleichen Dezibelzahl, mit der er auch vom Parterre zum Turm hinaufrief: »Lisa, komm und sieh dir was an!«

Imolos Vorstellung von »etwas« konnte einfach alles sein. An einem Tag war es der Fund eines weiteren, bislang unentdeckten Stapels der Originalterrakotta, die wir für die Fassade brauchten. An einem Tag war es die Entdeckung eines Skorpionnestes unter einem lockeren Stein auf der hinteren Treppe. Manchmal war es das Finden eines Fehlers in unserem Restaurierungsplan, manchmal nur eine Finte. Und manchmal holte Imolo mich aus dem Bett, damit ich die rosa Sonnenflecken bewunderte, die in den Bergsenken lagen und das Grün hervorhoben, das für Umbrien so typisch ist. Imolo liebte den Gipfel eines Berges hinter dem Haus in Richtung eines Ortes namens Zeno Poggio. Ich beobachtete, wie er ihn hingerissen anschaute und wie sich der Schleier ständiger Trauer, der auf seinem Gesicht lag, hob.

Mit dem Voranschreiten des Sommers wurde Allie für Imolo zu einem neuen Zeno Poggio, was bedeutete, daß Allie mit seiner Ankunft in San Orsola einen Schutzengel bekommen hatte. Er verbrachte seine Tage damit, Imolo und Gigi zu »helfen«, die Spätnachmittage verbrachte er im Dorf, wo er Karten- und andere Spiele lernte, und die Nächte verbrachte er in irgendeinem Schlafzimmer, das in Hörweite des unseren lag, je nachdem, wo wir uns gerade aufhielten. Während das Kind Iseult ihre prägenden Jahre auf einer Zuckerrohrplantage in Venezuela verbracht hat, verbrachte Allie diese Jahre im Zug. Er ist das einzige meiner Kinder, das mich ganz durch eine Phase jener Sucht nach rastloser Bewegung hindurchbegleitet hat, der ich gelegentlich anheimfalle. Daher ist er Umherziehen gewöhnt und hält Betten im Grunde immer noch für unnumerierte Schlafwagenplätze.

Unser ursprünglicher Plan, wonach er mit den Beauties im Erdgeschoß hätte wohnen sollen, war gescheitert. Wir hatten die nahezu lückenlose Abwesenheit der Beauties nicht in Betracht gezogen. Die Discos dröhnten bis morgens drei, und die Pizzerien besorgten das *après*-Disco-Geschäft bis vier oder fünf Uhr, so daß ihr Tagesablauf schlecht zu dem eines Babysitters paßte. Bei unseren früheren Versuchen, Kindermädchen zu engagieren, hatten wir einige beispiellose Pleiten erlebt und daraus die einfache Lehre gezogen, daß zwei Aupair-Mädchen besser seien als eines. Wir hatten in der Vergangenheit (wenn auch nur kurz) mit Helferinnen zusammengewohnt, die dermaßen verstört waren, daß niemand mit ihnen hätte zusammenwohnen können. Daraus folgerten wir, wenn ein Mädchen schon eine Freundin hatte, die bereit war, mit ihr ins Ausland zu gehen, dort zu wohnen und zu arbeiten, konnte keine der beiden völlig unmöglich oder verrückt sein. Die Beauties waren wirklich außergewöhnlich reizende Mädchen, und da ihre Hauptaufgabe darin bestand, mich bei den seltenen Gelegenheiten zu vertreten, wenn ich verreisen mußte, fanden wir ihr schonungsloses Geselligkeitsleben, solange ich da war, nicht allzu beunruhigend.

Imolo, Allies eifersüchtiger Beschützer, stellte mich wegen der Pflichten der Beauties zur Rede und rügte mich, daß ich mein Haus nicht in Ordnung hielte. Ich kannte die Beauties inzwischen gut genug, um ihnen zu vertrauen und zu wissen, daß sie in meiner Abwesenheit kein Whiskey-Wetttrinken veranstalteten und daß sie auch vor Mittag aufstanden, wenn ich fort war. Imolo quittierte diesen speziellen Aspekt unseres häuslichen Arrangements mit sehr viel Kopfschütteln. Das Kind Iseult erzählte ihm einmal, die Beauties seien Engel, verglichen mit einigen Exemplaren, die wir in der Vergangenheit in unseren menschlichen Zoo aufgenommen hätten. Dies beruhigte ihn allerdings keineswegs, sondern machte ihn nur noch besorgter, wer und was sich um seinen kleinen Allie kümmern durfte.

Imolo holte mich weiterhin jeden Morgen früh aus dem Bett. Er zeigte mir eine besondere wilde Orchidee, die ersten Krokusse, ein Finkennest. Wenn es gar nichts anderes gab, weckte er mich, um mir ein Stück Kuchen und eine Plastiktasse selbstgemachten Trockenbeerenwein anzubieten. Welchen Grund er auch haben mochte, binnen Minuten nach Ankunft der Arbeiter wurde ich herbeizitiert, und ein Teil eines jeden Tages von Montag bis Freitag verbrachte ich damit, hinter Imolo und seiner Maurermeute herzutrudeln.

Das Kind Iseult bewohnte ein relativ kleines Zimmer im zweiten Stock am Ende der Haupttreppe. Sie hatte diesen Raum bei der Ankunft gewählt, zog nicht um und wollte nicht tauschen, und sie mag ihn immer noch besonders gern. In gewisser Weise war es das am wenigsten bewohnbare Zimmer, drei von vier Wänden hatten tiefe Risse, die Decke war kaum der Rede wert. Das wenige, was wir anderen besaßen, zog es magisch in das Zimmer des Kindes, ausgeborgt und dann verloren unter den sich auftürmenden Halden aus Kleidern, Kram, Zeitschriften und den ewigen Gesichtsmasken. In unregelmäßigen Abständen verwandelte das Kind das unsägliche Chaos ihres Zimmers in einen Schrein unbefleckter Reinheit und Ordnung. Daß ein solcher Tag sie erwischt hatte, war klar, wenn ihr Haar als Knoten auf dem Kopf zu liegen kam, festgehalten von einer Zahnbürste. Dann raffte sie ihre Kleider, rollte die Ärmel hoch und kam zur Sache. Diese Sache nahm sie ebenso ernst wie ihr Vergnügen. An diesen Tagen hatte sie so extreme Vorstellungen von Hygiene und Ordnung, daß ein italienischer Haushalt daneben fast schlampig wirkte. Dies mag wie ein Widerspruch in sich klingen, aber so war es. Jeder Gegenstand in ihrem Zimmer wurde geschrubbt, desinfiziert und gewienert. In Venedig hatte sie, wenn diese Arbeitsattacken sie heimsuchten, die Sprungfedern ihres Bettes poliert. Alles, was auch nur im entferntesten angeschmuddelt wirkte, wurde fortgeworfen. Dazu gehörten leider in aller Regel auch all jene kleinen, abhanden gekommenen Dinge, die mir, Robbie oder Allie so teuer waren. Bücher mit Eselsohren landeten im schwarzen Müllsack, es folgten Kleider, die zerrissen oder abgetragen waren, im Grunde mußte alles fort, was nicht wirklich perfekt war oder auch nur ästhetisch nicht genügte, ungeachtet seines Wertes, seiner Nützlichkeit oder seiner sentimentalen Bedeutung. Wenn das Zimmer fertig war, ertrug sie es nicht, es zu besudeln, und zögerte, ihr Bett zu zerknautschen oder ihre Sachen mit Fingerabdrücken zu beflecken.

War ihr Tatendrang auf Hochtouren, schwappte er meist von ihrem Zimmer auf andere über, die sie mit der gleichen verbissenen Hingabe attackierte. Erschien das halbnackte Kind mit einer Zahnbürste im langen Lokkenhaar in der Küche, gab es keinen Frieden für niemand. Sie schrubbte auf allen vieren den Fußboden, lachte über ihren eigenen Fanatismus, ließ sich aber nicht abhalten. Sie führte einen zeitweiligen Vernichtungsfeldzug gegen Staub und Unordnung. Erlahmte ihr Tatendrang, bevor ihre Aufgabe beendet war, sah der Raum mitunter aus, als sei er von einem Wirbelsturm heimgesucht worden. Hielt ihr Tatendrang an, hatte das Zimmer am Schluß einen sterilen, makellosen Designer-Look, und sie war zutiefst beleidigt, wenn jemand den Versuch wagte, es zu benutzen. In der übrigen Zeit trieben ihre Unachtsamkeit und Schlampigkeit den Rest der Familie an den Rand der Verzweiflung. Überall hinterließ sie eine Spur aus Essen, Kleidern und Kosmetika. Der Slum war nie weit entfernt.

Imolo begann, den Beauties und dem Kind Iseult wegen ihres gemeinsamen Hangs zu chaotischer Unordnung Vorträge zu halten. Sie verwirrten ihn zutiefst, aber er fand ihre Überspanntheiten charmant. Er sprach von ihnen so liebevoll, als handele es sich um seltene Tiere, die er noch nie gesehen hatte, nun aber mit Neugier beobachtete. Als er versuchte, sie für die Feinheiten seiner Bauarbeiten zu interessieren und damit keinen Erfolg hatte, schien es ihn nicht zu kümmern. Er hatte Allies ungeteilte und ständige Aufmerksamkeit und war daher bereit, auf das Interesse der Mädchen zu verzichten.

Wen er wirklich unbedingt rekrutieren wollte, war Robbie. Jeden Abend, wenn Robbie sich fein machte, um in Reginas Bar hinunterzugehen, bombardierte Imolo ihn mit aufgesparten Fragen. Dies geschah mit solcher Regelmäßigkeit, daß die letzten Etappen von Robbies Umkleiden Züge eines höfischen Rituals annahmen. Imolo, Allies Hand umklammernd, lehnte in der Tür, ich war zugegen, um zu übersetzen, während Robbie seinen abtrennbaren Kragen einknöpfte, seine Fliege band, seine Manschettenknöpfe zumachte, aus seiner beachtlichen Westenkollektion eine auswählte und schließlich seine

Taschenuhr, an deren Kettenende ein ovaler Lapislazuli hing, an der Weste befestigte. Imolo beobachtete das alles verzückt, vom unfertigen Zustand des Raums, in dem wir uns jeweils befanden, mit seinem festsitzenden Zementstaub und den gesprungenen Wänden, wandte er sich dieser Erscheinung der Jahrhundertwende zu.

Es störte nicht nur Imolo, sondern das ganze Dorf, daß wir kein Auto hatten. Uns störte es auch. Darum herrschte allgemeine Erleichterung, als Robbies silberner Panther, nach einer Zeit der Krankheit und Rekonvaleszenz in Siena, uns schließlich nach Umbrien folgte. Es war für unsere Nachbarn ein nicht versiegender Quell der Erheiterung, mitanzusehen, wie sich nicht nur die gesamte Familie, sondern noch bis zu zwei Freunde aus diesem vermeintlich winzigen Zweisitzer herausfalteten. Wir paßten hinein wie Puzzlestücke. Nach der Ankunft des Wagens war jeder noch verbliebene Zweifel zerstreut, ob Robbie eine Größe war, mit der man würde rechnen müssen. Imolo verkündete, er sei *forte*, ein Lob, das bis dahin seiner bevorzugten Fußballmannschaft, dem AC Milan, vorbehalten gewesen war, und er verdoppelte seine Bemühungen, Robbie für sich zu gewinnen.

Nach einigen heiklen Verhandlungen, die Männersolidarität und Realität in Einklang bringen mußten, kamen wir zu einem Kompromiß. Robbie wurde zu einer wöchentlichen Inspektionstour verdonnert, und als sei er ein Facharzt auf Visite, wurden die schwierigsten Fälle für ihn aufgespart, und sein Wille wurde Gesetz. Bei gravierenderen Meinungsverschiedenheiten verfügte ich über die alles entscheidende Waffe der Übersetzung, die ich mit einer gewissen Unverfrorenheit handhabte, indem ich gelegentlich hier etwas ausließ und dort etwas ausschmückte, um genau die Entscheidung zu erreichen, die mir paßte.

Mit dem Beginn dieser wöchentlichen Inspektionen hatte Imolo angefangen, Robbie »Maestro« zu nennen. Der Maestro war sich der Absurdität seiner Lage bewußt und betonte sie, indem er seine Runde nie machte, ohne zuvor des Effektes wegen einen Fez aufgesetzt und einen Stockdegen ergriffen zu haben, mit dem er auf seine Vorschläge deutete. Erst als er eines Nachmittags zu diesem Termin in der Originaltracht der schottischen Highlander antrat, entdeckte Imolo hinter dem Unsinn einen Hauch Ironie. Er beschimpfte ihn ohne Umschweife und mit ebenso viel Gefühl wie seinen geliebten AC Milan, wenn dieser ein Spiel verlor. Und er rächte sich, indem er die wöchentlichen Rundgänge strich. Das hätte den Maestro freuen sollen, aber ich glaube, seine byronschen Spielereien fehlten ihm.

9. Kapitel

Tagsüber malte der Maestro im offenen Dachstuhl. Allie half bei den Bauarbeiten und verkrustete sich regelmäßig mit nassem Zement. Imolo begann, Allies Kleider zum Waschen seiner Frau Maria mitzunehmen und am folgenden Tag als makellos gefaltete Päckchen zurückzubringen. Das Kind Iseult schlief bis in den Nachmittag und schöpfte Kraft für eine weitere Nacht zermürbenden Vergnügens. Die Beauties schliefen ebenfalls, halbtot, in ihrer abgesperrten Wohnung, in der lediglich ein laufendes Radio auf Leben hindeutete.

Nur Iseult konnte durch deren Schlummer dringen. Wenn sie aufwachte und Zugang zum einzigen Badezimmer im Haus wollte, hämmerte sie mit solcher Wucht an die Türen und Fenster, daß sich die Beauties schließlich rührten. Bevor sie ihre Höhle aufzuschließen geruhten, trugen sie Handgemenge aus und schrien sich an, um zu entscheiden, wer zuerst ins Badezimmer gehen würde. Sobald die Tür offen war, würde Iseult, wie sie aus Erfahrung wußten, wie eine Besatzungsarmee einfallen. Von dem Augenblick an, in dem sie Fuß in das kleine Duschbad setzte, verfiel es nicht nur in einen Zustand äußersten Chaos, Iseult kam auch stundenlang nicht mehr heraus. Sie war taub für Bitten und Beleidigungen. Äußerst widerwillig duldete sie es, wenn jemand sich an ihr vorbeiquetschte und den Raum mit ihr teilte, aber sie ließ sich von niemandem hinausmanövrieren. Allie badete inzwischen bei Imolo zu Hause, der Maestro und ich konnten in den Abend- und Nachtstunden ins Bad, wir hätten dort auch übernachten können, falls uns danach gewesen wäre, während die anderen Anwärter die Tanzflächen Mittelitaliens abklapperten.

Tagsüber wurde ich in die Welt der Steine eingeweiht. Böden, Wände, Simse, Stürze, Stufen und Treppenhäuser waren ausnahmslos aus Stein. Überall behinderten Steine die Arbeit der Bagger. Ich wurde regelrecht zu einem Groupie im örtlichen Marmorlager, wo ich Qualität, Schattierung und Transportweg eines jeden Marmorblocks erörterte und in der Werkstatt über die kreischenden Fräsen hinweg meine Wünsche brüllte.

Wenn ich Imolo und die Beaufsichtigung seiner Arbeiten schwänzte, dann zugunsten des Ödlands meines zukünftigen Gartens. Ich päppelte in Töpfen Windensamen und schabte im steinharten Dreck herum, um Kapuzinerkresse, Rittersporn und Astern den Boden zu bereiten. Ich kaufte vom örtlichen Gärtner Geranien und meine ersten Kräuter: Rosmarin, Thymian, Salbei und Majoran. Ich kaufte zahllose feuchte Zeitungspapierbündel mit Basilikumpflanzen. Ich kaufte eine Spitzhacke, um damit den kompakten Kies und den festgebackenen Lehm aufzubrechen, die um das Haus die Erde ersetzten, ich pflanzte und goß, hütete und hätschelte einige überaus kränkliche und unglückliche Pflanzen.

Allie erzählte mir dauernd, der Korridor in jedem Stockwerk der Villa, der alten und neuen Teil des Hauses verbindet, sei 18 Meter lang. Es machte ihm das größte Vergnügen, mit Zahlen zu spielen, sie zu addieren, zu multiplizieren und zu dividieren. Er hatte jeden Raum, jeden Spalt und jeden Winkel der Villa ausgemessen, er wußte, wie viele Türen fehlten und wie viele Fensterläden, wie viele hundert Meter Kupfer- und Plastikrohr für die Installation, wie viele hundert Meter Kabel für das Stromnetz nötig waren. Er verbrachte seine Tage mit Rechnen. Im Erdgeschoß war der Korridor auf beiden Seiten offen und lief über wiederum 18 Metern als säulenbestandene Loggia weiter, woran sich rechtwinklig nach Süden und zum Weinberg hin noch einmal zwölf Meter anschlossen.

Diese Loggia war zweistöckig angelegt. Bei unserer Ankunft war sie im Parterre eine nicht sehr geschickt getarnte Falltür in den Keller, vielleicht auch der Versuch eines Recycling-Kunstwerks. Trotz des primitiv instand gesetzten Fußbodens war die Bausubstanz nahezu unversehrt. Im ersten Stock umlief sie, was als Ballsaal entworfen, aber als Getreidelager benutzt worden war. Dort war die Loggia als Idee erkennbar, aber es fehlten die Feinheiten. Am Ende aller ellenlangen Listen dessen, was zu erledigen war, noch nach den Undsoweiter, kam der Ballsaal. Wir machten dafür umfassende Pläne, und Robbie hatte schon die Farben des Marmors ausgesucht, der eines Tages als Fußboden verlegt werden sollte. Er bestimmte Gestalt und Größe der Kassettendecke, in Dutzenden von Skizzen und Zeichnungen des Maestro tauchten Balkontüren mit drei Rundbögen auf. Ich war unzählige Male mit Imolo und dem Elektriker, mit dem Schreiner und dem Marmorsteinmetz in diesem Raum hin und her, auf und ab gegangen. Dessen Ausbau war ein Projekt, über das alle sprachen und an das niemand glaubte.

Mir war es wichtiger, bei diesem wunderschönen, baufälligen Raum einen Anfang zu machen, als überall im nichtvorhandenen Garten Kabel für Video-Monitore zu haben. Ich drängte oft darauf, in diesem Paraderaum der Villa mit der Arbeit, und sei es nur Proforma-Arbeit zu beginnen. Imolo war taub gegen mein Bitten; er verfolgte seinen eigenen Kurs, von dem er nur durch äußere Umstände, die Lieferfristen des Marmorlieferanten oder Allie abzubringen war. Eines Nachts träumte er, Allie sei durch den Boden der Loggia auf den nackten Fels im Keller gestürzt. Am folgenden Tag schob er den Zementmischer hinters Haus, bereitete dort seine Mischung und verstärkte den Loggiaboden.

Am folgenden Tag entfernten der Maestro und ich, sehr zu Imolos Erheiterung, die neuen Zementklumpen, die auf die Sockel der elf Säulen gefallen waren, und hieben unsere Spitzhacke in die Steinsplitter, wo ich mir Blumenbeete um die Säulen vorstellte. In den Schutt am Sockel jeder der fünfeinhalb Meter hohen Säulen pflanzten wir abwechselnd Jasmin und Glyzinien, so daß sich deren gedrehte Stämme eines Tages bis über die aufwendig ornamentierten Terrakottakapitelle hinaus winden und ineinander verknoten würden. Sie würden anmutig die Balkone der Loggia im ersten Stock umranken, auf die man aus dem Ballsaal oder dem Salon heraustreten könnte, sobald Imolo Balkone und Ballsaal gebaut hätte. Sie würden den Saal mit berauschendem Duft füllen. Das alles erklärte ich Imolo und dem Baggerführer (der erst dazu gebracht werden mußte, die schlimmsten Felsbrokken in unseren Pflanzlöchern zu zerkleinern). Ich führte sie durch die staubigen Trümmer, sprang über Krater, die der Bagger gemacht und für spätere Sickergruben und Kanalisationsrohre offen gelassen hatte, sowie über andere Gräben, die ausgehoben und dann aufgegeben worden waren, Reste der Ausschachtungen für eine Wasserleitung, die in den fünfziger Jahren geplant war.

Am frühen Abend senkte sich Stille über das alte San Orsola, wenn der Bagger abgeschaltet wurde, der Preßlufthammer seine Vorstöße in den Stein einstellte, den er gerade attackierte, und die Fräsen ihr Sägblatt nicht mehr durch die Terrakotta-Fliesen schwirren ließ. Die Arbeiter jodelten nicht mehr »Imolo, zeig dich!«, Imolo erschien nicht mehr an einem der zweiundsiebzig Fenster wie der Kaspar auf dem Jahrmarkt, der seinem Publikum zuruft. Eine Karawane lärmender 500er Fiats bewegte sich in Richtung Dorf, und auch wir verließen das Haus.

Um sechs war die schlimmste Hitze des Tages vorüber, und die Schotterstraße, auf italienisch zutreffend »weiße« Straße genannt, wurde wieder passierbar. Allie, bewaffnet mit Schwimmweste, Schwimmflossen und Taucherbrille, lief oft mit dem Kind Iseult voraus, um sich in Giovannis See zu stürzen, der zur Größe eines Teichs ausgetrocknet war. Ich nutzte die Gelegenheit, um, vor spöttischen Blicken geschützt, meine kümmerlichen Kräuter und Blumen zu pflegen, vom starken Duft der Lilien ermutigt, die unverzagt im erstickenden Unkraut blühten. Dann folgte ich meinen Kindern, ging an der blaugekleideten Madonna in ihrem Bildstock vorüber, um mich nach dem Schwimmen mit ihnen zu treffen. Sie tauchten zitternd und mit blauen Lippen aus dem Seelein auf, das sie mit Tausenden quakender Frösche teilten.

Wir folgten dem Pfad zum Bach, der auf unserer Seite des Tals die Tabakpflanzungen durchschnitt, und befanden uns auf der Zielgeraden zu Reginas Bar. Wir hielten an, um riesige Sträuße Winden zu pflücken, die am Wegrand blühten, und herumliegende Stachelschwein-Stacheln aufzulesen. Das letzte Stück Straße war von Walnußbäumen gesäumt. Über die Hauptstraße, die auch nicht viel mehr war als ein asphaltierter Pfad, ging es den gegenüberliegenden Hang hoch zur Bar. Als Zugeständnis an das Sommergeschäft hatte Regina zwei lange, wacklige Bänke vor die Wand ihrer Kneipe gestellt und davor einen weißen Plastiktisch.

Um halb sieben waren alle Plätze von erschöpften Tabakbauern besetzt, die fast völlig in Lumpen gekleidet waren. Sie saßen zusammengesackt, den Kopf nach unten auf den hühnergescharrten Staub zu ihren Füßen gesenkt. Das Trinken war ein hastiges Kippen. Kaum war ein Getränk bestellt, wurde es in einem Zug hinuntergestürzt und das leere Glas sofort an Regina oder den umherstehenden Carlo zurückgereicht, als müsse jede Spur verwischt werden. Daher wirkten die Tabakbauern wie Antialkoholiker, während sie sich in Wahrheit heillos betranken. Zwei Neuankömmlinge ließen ein Tablett mit dickflüssigem Weißwein kommen, schütteten ihn wie Medizin in sich hinein und sackten wieder zusammen.

Imolo, Gigi und noch ein paar von unserem Bautrupp saßen lieber auf einer niedrigen Steinmauer an einer Seite der Bar. Sie unterschieden sich von den Bauern durch ihre Overalls sowie den Zementstaub in Haar und Gesicht. Auch sie tranken verstohlen, und auch sie wirkten von Müdigkeit überwältigt. Bei Allies Ankunft schüttelte Imolo einige seiner fünfzig Jahre ab und machte ihm auf der Mauer Platz. Ein Chor geknurrter »*Buona sera*« begleitete unsere Ankunft. Regina legte das Kaninchen beiseite, das sie gerade ausnahm, und spülte die Hände flüchtig unter dem Wasserhahn ab, bevor sie uns mit blut- und gallenfleckigen Fingern bediente. Ich kippte ein kleines Glas rauhen Vecchia Romagna gegen die Erschöpfung durch die Tretmühle, die mein Los geworden war. Mein Leben schien im wesentlichen darin zu bestehen, nutzlos im Kreis zu rennen, was fast so ermüdend wie ein Tagespensum harter Arbeit ist, aber leider weniger produktiv.

Wie auf ein geheimes Zeichen standen alle Männer auf und drängten in die enge Bar, wobei sie soviel Lärm wie möglich machten. Einem Starenschwarm gleich, der sich auf Telegrafendrähten niederläßt, bildeten sie Gruppen von jeweils vier Spielern. Die übrigen wurden zu selbsternannten Schiedsrichtern, und eine Runde konzentrierten Kartenspiels begann. Imolo bekam immer einen Platz, und Allie stand dicht an seinem Ellbogen.

Im *palazzo* hatten wir einen Telefonanschluß und eine Telefonnummer, aber kein Telefon. Man hatte uns versichert, der Apparat sei sozusagen schon da, mit Betonung der vielen Bedeutungsnuancen von »sozusagen«. Daher erledigte ich meine beruflichen und privaten Anrufe weiterhin von Reginas Telefon. Dieser öffentliche Fernsprecher hing an der Wand, darunter häufte sich der zusammengekehrte Dreck vom Bar-Fußboden. Neben Staub, Bonbonpapier und Kippen lagen da auch Federn und Hühnerfüße.

Das Kind Iseult nutzte die Hauptverkehrszeit in der Bar, um sich in auffälliger Abgeschiedenheit auf eine der jetzt leeren Bänke zu setzen. Die Burschen und jungen Männer drifteten langsam aus der Bar in die Abendsonne zurück, um sich mit ihr zu unterhalten. Um halb sieben gesellten sich die Beauties zu ihr – angemalt, aufgedonnert und zu allen Schandtaten bereit. Kurz danach kam in einer Staubwolke Maestro Robbie mit aufheulendem Motor angefahren und parkte das Auto gewagt am abschüssigen Hang. Mehrere Männer sprangen auf, um ihm in die Rippen zu boxen und in den Ellbogen zu zwicken. Sie luden ihn zum Trinken ein, ließen ihn aber nie einen ausgeben. (Er ist Biertrinker, und sie tadeln ihn, weil er nicht Wein trinkt.)

Aus den hohen Fenstern der Villa ging der Blick über die Baumreihen hinweg auf die Tabakpflanzungen. Ich stand immer früher auf, nicht nur, um vor der Invasion der Arbeiter auf den Beinen zu sein, sondern auch, um mich um meine Lilien und die beiden erstaunlichen Winden zu kümmern, die der rätselhaften Epidemie getrotzt hatten, von der ihre Artgenossen dahingerafft geworden waren. Eine der Winden hatte sich als Stütze einen absterbenden Pflaumenbaum gewählt, der genau dort stand, wo eines Tages mein Kräutergarten sein würde, wo sich zur Zeit aber noch das Widerstandsnest einiger Tomaten befand, die sich, lange nachdem die letzten grünen Bohnen und Salatköpfe vor dem heranrückenden Unkraut bedingungslos kapituliert hatten, durch den Sommer kämpften. Jede blauviolette Windenblüte, die sich um die bröcklige schwarze Rinde des Pflaumenbaum-Wirtes schlang, erfüllte mich mit Freude. Ich liebe Winden, solange ich zurückdenken kann. Gesundheit und Glück sind für mich mit dem Wachsen und Gedeihen dieser südamerikanischen Kletterpflanzen verwoben. Ich wertete es als gutes Omen, daß zwei meiner Samen den Überlebenstest bestanden hatten, und empfand es als Geschenk, daß ich jeden Morgen vor die Tür treten und in meiner Wildnis eine blaue Wolke zarter Glocken sehen konnte.

Ich blickte auf die Tabakarbeiter, die sich am Fluß trafen, kaum daß die gefleckten Lerchen in Scharen aus den Feldern aufgestiegen waren. Die Arbeiter trugen ihre Uniform aus Lumpen, eine einmütige und freiwillige Rückkehr zu den Bräuchen der Vergangenheit auf dem Weg in die tägliche Schufterei auf den Feldern. Ich beobachtete, wie sie sich nach Familien aufteilten. Die einzigen Gründe, nicht in den Tabakfeldern zu arbeiten, waren Tod oder vollständige Lähmung. Kein anderes Gebrechen konnte die Achtzigjährigen davon abhalten, ihre Fetzen anzuziehen und sich über die tyrannische, breitblättrige Tabakpflanze zu bücken. Alte Frauen, der Rücken fast im rechten Winkel gekrümmt durch Kyphose, die Hände knotig von Arthritis und die Augen trüb vom grauen Star, nahmen ihren Platz in den Reihen jener ein, die sich vor dem Herrn des Wohlstands beugten. Die langen Stunden unter der brennenden Sonne, das ständige Bücken und die nötige Konzentration – bei dieser arbeitsintensiven Feldfrucht steht und fällt die spätere Ernte mit dem kundigen Verlesen – ließen die Arbeiter vor Erschöpfung fast zusammenbrechen. Aber frühmorgens kamen sie voller Tatendrang und guter Laune, mit Scherzen und Geplänkel. Ihre Stimmen wehten nur als

Geräusche den Berg zu mir hinauf, der Sinn der Worte blieb verschlossen im abgehackten Dorfdialekt, einer fremden Sprache, die durch Zypressen und Vogelgezwitscher zu mir drang.

10. Kapitel

Manchmal standen abends bis zu zehn Autos mit laufendem Motor und laut aufgedrehten Autoradios vor der Villa. Man konkurrierte darum, an diesem Abend das Kind Iseult befördern zu dürfen. Irgendwann nach dem Abendessen und dem Einbruch der Dunkelheit herrschten auf dem wagenübersäten Vorhof lautes Dröhnen, flackerndes Scheinwerferlicht und Gehupe. Hinter den Autos versuchten Vorreiter auf Mopeds ihr Glück. Die jungen Orsolani fuhren im Pulk. Freitag- und Samstagnacht blieben sie bis kurz vor Sonnenaufgang fort, an den anderen Abenden kamen sie früher. Welches Auto das Kind auch wählen mochte, immer brachten sie alle nach Hause.

Da wir im mittleren Teil des *palazzo* noch keinen Strom hatten, waren wir völlig auf Kerzen angewiesen. Das Kind Iseult hat (wie ich) im Dunkeln Angst und bestand daher darauf, von einem Schwarm junger Männer die gefährliche Treppe hinaufbegleitet zu werden. Die Mädchen des Ortes hatten vor dem Haus zuviel Angst, um auch nur die Autos zu verlassen. Das Kind bewahrte in der ersten Nische des Marmortreppenhauses eine Kerze auf, bei deren flackerndem Licht sie die breite, freitragende Treppe hinauf zu Bett ging. Ihre Stufen hatten kein Geländer, rechts und links stürzte man geradewegs ins Nichts. Das Schlafzimmer des Kindes war achtundvierzig Treppenstufen und vier Absätze entfernt. Die größte Herausforderung bestand allerdings darin, die drei fehlenden Stufen aufzuspüren, wo ein versäumter Sprung und der folgende Sturz fast zwangsläufig den Tod bedeutet hätte. Am obersten Treppenabsatz lag ein Korridorabschnitt von mehreren Metern Länge, wo das fehlende Dach den Fußboden zum Einstürzen gebracht hatte. Nur durch vorsichtigstes Balancieren auf einem einigermaßen stabilen Träger kam man auf die andere Seite.

An der Türschwelle ihres improvisierten Schlafzimmers angekommen, pflegte das Kind Iseult mit einer gewissen Erbarmungslosigkeit sich und die Kerze zu verbarrikadieren. Ihre Begleiter waren dann auf eigene Kerzen und Taschenlampen angewiesen. Taschenlampen hatten im *palazzo* ein kurzes Leben. Wie Socken und Unterhosen in der wöchentlichen Wäsche, verschwanden auch sie spurlos und blieben auf ewig verschollen.

Eines Nachts, nachdem sie der ortsüblichen Sitte gefrönt hatte, mehrere Stunden lang bei laufendem Motor im Auto zu sitzen, Musik zu hören und sich wispernd über Leben, Kunst und Metaphysik zu unterhalten, wurde die Schar der Beschützer müde, kehrte um, fuhr nach Hause und ließ das Kind in der Obhut eines lispelnden Adonis mit großen Händen zurück. Adonis kannte den *palazzo* gut, er hatte uns schon oft bei Tag besucht und war sicher, daß die heimtückischen Fallen für ihn keine Gefahr darstellten. Um drei Uhr eskortierte er das Kind zu ihrem Zimmer, wo sie umgehend in einen ohnmachtsartigen Schlaf fiel. Mit einer Kerze und einem Feuerzeug in Reserve wollte er den Rückweg ins Parterre antreten.

Es war eine sternenlose Nacht, das Treppenhaus war in

tiefes Dunkel gehüllt wie er selbst, nachdem ein Luftstoß vom Dach seine Kerze ausgeblasen hatte. Als Adonis sie mit dem Feuerzeug wieder anzünden wollte, erschreckte ihn ein Nachtvogel, der von den morschen Balken auf ihn herabstieß. Er ließ die Kerze fallen und hörte sie so tief unten aufschlagen, daß er Angst bekam. Sein Feuerzeug war irgendwo neben ihm in den Bauschutt gefallen. Auf allen vieren begann er, danach zu suchen, verlor die Orientierung und fand sich an einem Eisenträger über dem Abgrund hängend wieder. Da er ein gut trainierter und muskulöser Adonis war, hievte er sich auf die Kante des langen Korridors zurück. Er behielt die Ruhe; er war mit dem Grundriß des Hauses vertraut, er würde sich hinauslotsen, indem er sich am rohen Putz und am Mauerwerk entlangtastete und die Türen bis zur hinteren Treppe zählte.

Er konnte nicht wissen, daß Imolo am Tag zuvor die Einbauten der früher hier untergebrachten Ställe entfernt hatte. Ehemals zugemauerte Türöffnungen waren offen, eine Türöffnung, die es gab, solange Adonis lebte, war jetzt zugemauert. Je länger er sich an den Wänden entlangdrückte und Öffnungen zählte, um so verwirrter wurde er, bis er jede Orientierung verlor und überall anstieß. Nachdem er ein weiteres Mal auf den Träger geklettert war und in der Luft gebaumelt hatte, gab er auf und kroch (mit ruinösen Folgen für seine Armani-Hose) in einen relativ sicheren Winkel, wo er an einen Berg Werkzeug gekauert wartete, bis die Dämmerung ihn retten würde. Er saß dort über zwei Stunden und wimmerte, wenn er seine Schnittwunden, seine blauen Flekken und seinen verletzten Stolz befühlte. Mehrmals war mir, als hörte ich ihn rufen, aber das Haus war voller wimmernder Katzen, jaulender Köter und Nachtvögel, so daß ich mich umdrehte und weiterschlief.

Ich versuchte das Kind Iseult zu überreden, ihre Freunde zu überreden, zum einen die Motoren abzustellen, wenn sie sie abholten, und zum anderen nach ihr zu rufen, statt weiterhin dieser besonders enervierenden Huperei zu frönen. Sie brauchte außerordentlich lange, um ihrer ausgedehnten Toilette für diese Ausflüge den letzten Schliff zu geben, so daß das Dröhnen und Quäken bis zu einer halben Stunde dauern konnte. Aber meine Kinder sind sehr italienisch und lieben beide den Lärm aufheulender Motoren und blökender Hupen. Also wurde die Stille der Nacht weiterhin zerrissen, und das Lied der Nachtigall, die irgendwo weit oben in einer Zypresse saß, immer wieder von der Autokarawane verschluckt. Immer mehr Autos kamen wegen des Kindes Iseult und wegen der Beauties. Lange nachdem sie abgefahren waren, bogen immer noch kleine Karawanen Hoffnungsfroher in unsere steinige Auffahrt.

Bereits seit Ende Mai war unser Gelände immer mehr zu einem ländlichen Parkplatz geworden. Wer in den umliegenden Wäldern *funghi* suchte, kannte den *palazzo* und war gewohnt, ausgerechnet dort sein Auto abzustellen und gegebenenfalls in sein Pilzsucher-Kostüm zu schlüpfen, wo eigentlich unser Garten sein sollte. An Wochenenden standen unweigerlich Autos vor dem Haus, bevor wir auch nur aufgewacht waren. Ich versuchte die Missetäter abzufangen, indem ich bei Tagesanbruch aufstand, aber sie kamen noch früher. Ich versuchte von dem Kind zu erfahren, ob die Autos da waren, wenn sie von der Disco zurückkam, aber sie war zu benommen, sie wußte es nicht. Ich fragte die Beauties, aber sie waren zu müde, sie wußten es nicht. Also wuchs die Autokippe. Imolo begann etwas von einem Tor zu murmeln, aber da es weder Zaun noch Mauer gab, das Land an manchen Stellen als nackter Fels abfiel, und es zudem mehrere Zugangsstellen gab, wo die Bulldozer sich in den Hang gefressen hatten, war kaum auszumachen, wo etwas derart Offizielles wie ein Tor hätte installiert werden sollen. Allie beschloß, für das Befahren unseres Geländes Gebühren zu erheben. Er verbrachte ein Wochenende mit dem Malen eines Schildes, auf dem in burgunderfarbenem Lack: 10.000 Lire stand. Dann verbrachte er viele Stunden damit, Autos mit zehntausend malzunehmen, um auszurechnen, wieviel er pro Woche, pro Monat und pro Jahr verdienen würde. Er zerstritt sich mit seiner Schwester, als sie sich weigerte, ihren Verehrern Eintrittsgebühr abzuknöpfen. Am Montagmorgen stellte Imolo Allies Mautschild am Rande unseres holprigen Weges unter einem kümmerlichen Olivenbaum auf.

Als das Schild stand, bemerkte Imolo, daß aus dem baufälligen Lagerraum im Parterre einige seiner Werkzeuge fehlten. Alle Arbeiter überprüften ihr Werkzeug und entdeckten mehrere kleinere Diebstähle. Imolo nahm das Gesetz in seine Hände und donnerte in seinem verbeulten kanariengelben Fiat 500 davon, um Schlosser Nummer Zwei Gelsomino zu suchen. Zwanzig Minuten später waren sie wieder da, Imolo wirkte immer noch beleidigt, der alte Gelsomino ausgesprochen beschwipst. Imolo stapfte umher, diskutierte und bestellte dann eine Schranke der Art, wie sie an Grenzen und Bahnübergängen üblich sind.

Aufgrund des Besucherstroms für die Arbeiter, die Beauties, Iseult und uns, der häufigen Anlieferung von Sand, Zement, Steinen und Werkzeugen sowie der noch häufigeren Fahrten der Arbeiter ins Dorf und zurück erwies sich diese Lösung bald als unpraktisch. Groß war die Zahl kreativer Verwünschungen, die den Namen der Madonna mit allen üblichen Haus- und Nutztieren verbanden, darunter auch einige exotischere Neuschöpfungen wie: »Madonna Boa Constrictor!« Dann lenkte Imolo ein, nicht ohne mit den beigen Overall-Schultern zu zucken und den Kopf zu schütteln, als wolle er sagen, statt des Schlagbaums könne man ebensogut das Tor zur Hölle öffnen; er persönlich übernehme dafür keinerlei Verantwortung. Als der willfährige Gigi die Vorhängeschlösser entfernte, grub Imolo eine weitere verkrumpelte Zigarette aus seiner Brusttasche und setzte sich zum Rauchen auf einen großen Stein. Danach wurde der Schlagbaum nur nachts und an Wochenenden geschlossen. Er hielt Neugierige und Pilzsucher ebenso fern wie eventuelle Diebe und Banditen. In der Folge konnte die nächtliche Invasion der Begleitfahrzeuge zu meinem geheuchelten Bedauern nicht länger mit laufendem Motor in unseren zukünftigen Garten einfallen.

Die Ausflüge bis zum frühen Morgen gingen davon unbeeinflußt weiter. Schlosser Nummer Zwei Gelsomino war ein wettergegerbter Siebzigjähriger mit listigem Lächeln und häufigem Schmollmund, wie ein Bub, der geküßt werden möchte. Sein Sohn Leonardo war kaum älter als zwanzig und sah aus, als sei er direkt aus einem Fresko des Piero della Francesca herabgestiegen.

Er hatte die Lippen seines Vaters, und die Beauties und das Kind verbrachten viele Abende mit ihm und seinen Freunden auf der Tanzfläche.

»Bist du nicht müde, wenn du die ganze Nacht tanzt?« fragte ich ihn eines Tages, als er hochkam, um Imolo beim Mauern zu helfen.

»Aber wir tanzen nicht die ganze Nacht«, schmollte er. »Wir fahren zu verschiedenen Diskotheken an verschiedenen Orten. Du weißt ja, bis Rimini ist es ganz schön weit.«

»Ah«, sagte ich, nicht viel klüger. Rimini liegt an der Küste. Aber die Regelmäßigkeit und die Dauer der Ausflüge hatten meine Neugier geweckt. Sie schienen randvoll mit Flirts, aber ohne expliziten Sex. Außerdem war San Orsola ein Dorf, in dem fast alle Bewohner das Überqueren der Gemeindegrenze als Schritt über den Rand der Erde empfanden. Die einzige Ausnahme waren die Disco-Gänger, zwischen fünfzehn und fünfundzwanzig Jahre alt, eine Meute lediger und unermüdlicher Tänzer. Ich wußte ferner, daß das Kind Iseult selten Geld hatte und die Beauties für einen Hungerlohn »arbeiteten«, daß sie sich also das teure Essen und die Eintrittspreise nicht leisten konnten. Getränke fielen wohl, jedenfalls beim Kind, nicht sehr ins Gewicht, da sie der Coca Cola-Fraktion angehörte. Wie für viele ihrer hiesigen Gleichaltrigen war für sie ein ordentlicher Schluck ein halber Liter Orangenlimonade.

»Wer bezahlt dein Essen?« fragte ich sie eines Nachmittags, als sie aus ihrem Schlaf erwachte. »Und wieso hat auch nur einer von ihnen genug Geld, um dich jeden Abend zum Essen einzuladen?«

»Sie laden mich nicht zum Essen ein, Mamma«, sagte sie. »Sie bezahlen meinen Eintritt und sonst nichts.«

»Und was ißt du? Du ißt nie, bevor du fortgehst.«

»Mir wird im Auto schlecht, Mamma«, erzählte sie mir. »Wir fahren die ganze Nacht gemeinsam umher. Manchmal fahren wir nach Rimini, manchmal nach Perugia. Wir fahren nach Florenz und Siena, Arezzo und Foligno. Wir gehen etwa zehn Minuten lang in die Diskothek, dann stecken alle die Köpfe zusammen und streiten, wohin wir als nächstes wollen, schließlich fahren wir ans andere Ende von Italien, und es dauert drei oder vier Stunden, bis wir zurück sind. Sie fahren alle so schnell, und die Straßen sind kurvenreich. Ich würde mich übergeben, wenn ich etwas essen würde.«

»Und mögen die anderen das Herumfahren? Das müssen sie ja wohl, nehme ich an.«

»Oh ja, sie finden es wunderbar. Mir wird nur eben schlecht.«

»Und warum fährst du dann mit?«

»Weil ich jung bin und zum Dorf gehören möchte, außerdem schlafe ich fast die ganze Zeit und wache erst am Meer oder mitten in Florenz auf. Das gefällt mir.«

Allie hatte sehr oft bei Imolo zu Abend gegessen. Er kannte dessen Ehefrau Maria gut und spielte mit den beiden Kindern *briscola*. Auch die Beauties waren mit Imolos Haus vertraut, obwohl sie seine Cantina und deren Inhalt offenbar besser kannten als das Erdgeschoß. Aber es war ein großer Tag für Robbie und mich, als Imolo uns alle offiziell zum Mittagessen einlud. Es war unsere erste Einführung in die Welt von San Orsola über die Grenzen unseres Weilers, die Bars und Läden hinaus. Imolos Haus stand etwas außerhalb des Ortes, am Rand eines anderen Weilers inmitten von Felsen und Sonnenröschen.

Maria d'Imolo (wie wir sie nannten, um sie von all den anderen Marias zu unterscheiden) war mollig, blond und so bemüht, gefällig zu sein, daß ihre Worte atemlos herauspurzelten. Sie sah viel jünger aus als Imolo, mit dem sie offenbar eine enge Freundschaft verband, auch wenn die beiden sich ständig neckten. Marias Schultern waren eigenartig schief, sie trippelte wie eine aufgescheuchte Glucke in der Küche umher und tischte uns kein Mittagessen auf, sondern veranstaltete ein Bankett. Erst gab es *crostini*, kleine Scheiben gerösteten Brots mit pikantem Aufstrich, danach Marias selbstgemachte *tagliatelle*, hergestellt mit der Hilfe ihrer Tochter, die so alt war wie das Kind Iseult. Der dritte Gang war am Spieß gebratenes Huhn, es folgten Kaninchen und schließlich gebratene Taube. Als Dessert gab es üppigen, süßen *mascarpone* mit Kaffee und Marsala, zum Schluß Birnen mit Pecorino.

Imolo hatte an jedem Gang etwas auszusetzen, die Birnen und den Käse ausgenommen, die er geradezu lyrisch pries.

»Eh, *sì*«, wies Maria ihn zurecht. »Die Birnen sind nur wunderbar, weil sie aus deinem Garten kommen.« Dann wandte sie sich zu mir und vertraute mir an, daß Imolo bei Tisch niemals zufrieden sei.

»Wenn man ihn hört, kann er alles besser kochen, aber das Problem ist, daß er nie kocht, er beschwert sich nur.«

Imolo grinste, ohne jede Reue. »Eh, la Maria ist heute zart besaitet, ihr fehlt *Beautiful*.«

Später fand ich heraus, daß *Beautiful* eine Fernsehserie mit vielen hundert Folgen war, nach der das halbe Dorf süchtig war. Sie tratschten über die Personen, als seien sie Orsolani, und einige Frauen führten hitzige Debatten über deren unsäglich verwickeltes Leben.

Der Kaffee wurde in bayrischen Tassen mit Blattgoldverzierung serviert, die Maria feierlich aus einer Glasvitrine im unbenutzten Eßzimmer holte, danach machte Imolo mit uns die Große Rundreise durch seine Cantina. Sein Weinkeller war angelegt, um der Doppelbedrohung durch Inflation und Naturkatastrophen zu trotzen. Imolo und Maria benutzten vier Räume als Vorratskammern und hatten ein Treibhaus, Zitronenraum genannt, das im Winter von einem einzigen Zitronenbaum fast ganz ausgefüllt wurde. Der Baum gehörte zu den sieben Wundern dieses Landstrichs. Das Klima in San Orsola ist zu kalt, als daß Orangen und Zitronen wie an der italienischen Riviera und weiter im Süden im Freien wachsen könnten. Daher werden Zitronenbäume in Terrakotta-Töpfe gepflanzt und im Winter in Schutzhaft genommen.

In einer eleganten Florentiner Villa ist eine *limonaia* meist ein ebenso eleganter Wintergarten, hier ist ein Zitronenraum in aller Regel ein dunkler Raum mit einer breiten Türöffnung, um die gewaltigen Töpfe hindurchzubekommen. Er ist oft fensterlos, wie bei Imolo. Die Töpfe sind verschieden groß, häufig aber so riesig, daß man vier Männer brauchte, um sie zu bewegen, daher stehen die Pflanzen auf einem Brett mit Rollen. Imolos Topf war ein alter, eiserner Zementmischer, und aus diesem Grund, sagte er, gedeihe sein Zitronenbaum besser als andere: er trinke das Eisen. Als er mit uns hinunterging, um uns den Baum zu zeigen, stand er in voller Blüte. Imolo schien sich darüber zu freuen wie ein stolzer Vater. Sein sonst recht ernstes Gesicht strahlte, als er einen Zweig der stark duftenden Blüten für das Kind Iseult und dann einen für mich abbrach. Ich fürchtete, er könne darum weniger Früchte tragen.

»Eh, *no*, eh«, beruhigte er uns glücklich. »Nichts kann meinen Zitronenbaum kaputtmachen, er trägt fast hundert Zitronen. Stell dir das vor. Hundert Zitronen.« Er dachte ein bißchen nach, dann sagte er, »Du solltest auch einen Zitronenbaum haben, Lisa.« Dann dachte er noch ein bißchen nach. »Aber er wäre nicht wie meiner. Was verstehst du von Zitronenbäumen?«

Wir standen noch vor seinem Haus, als er mich recht ausführlich und unwirsch über Wohl und Wehe des Zitrusfruchtanbaus zurechtwies. Als wir wieder im Haus waren, veränderte sich sein Benehmen und wurde zu einem Inbegriff von Feingefühl und Freundlichkeit. Trotz seines berüchtigten Jodelns, das von einem Tal zum anderen zu hören war, hatte Imolo eine tiefe und ruhige Stimme, sobald er sich auf ein Gespräch unter vier Augen einließ. In seinen Augen lagen eine endlose Traurigkeit und Tiefe, und seine Nase war viele Male gebrochen. Sie war nicht geschwollen oder vernarbt, sie sah nur aus, als habe sie sich gegen die Anstrengung entschieden, weiterhin aus dem Gesicht herauszuragen, um zukünftige Dresche zu mindern. Statt dessen knickte sie im Sattel nach unten. Die Wirkung war nicht unattraktiv; es sah aus wie die übertriebene Variante einer römischen Statue.

Imolo und Maria sprachen so liebevoll von Allie, daß

ich den Eindruck bekam, sie wollten mich dazu bewegen, ihn zur Adoption freizugeben. Allie selbst war derartiges Lob von ihnen offenbar gewöhnt – er war bei ihnen, mit ihren Kindern und deren Sachen wie zu Hause. Mit ihrem Sohn tauschte er kryptische Mitteilungen im örtlichen Dialekt aus, wofür er weiteres Lob einstrich. In unserem Weiler lebten keine weiteren Kinder, alle anderen waren im Dorf unten. Allie war es zwar gelungen, bei Erwachsenen seine Schüchternheit abzulegen, indem er bei Imolos Kumpeln die Runde machte und mit den Dorfältesten zahllose Kartenspiele absolvierte, aber es fiel ihm immer noch schwer, sich unter Gleichaltrige zu mischen. Im September würde er mit ihnen zur Schule gehen, und er hatte beschlossen, mit Freundschaften zu Jungen in seinem eigenen Alter bis dahin zu warten. Er vermißte immer noch seinen besten Freund in Venedig, einen Jungen namens Gabriele del Corso, an den er Postkarten kritzelte, die er nie abschickte.

Imolo wollte nichts davon hören, daß sich sein geliebter Allie wie die übrige Familie mit vollem Magen in den Zweisitzer klemmte, und bestand darauf, ihn nach dem Mittagessen nach Hause zu fahren. Also machten Allie, ich und Imolo uns in Imolos bestem Auto auf dem Weg, den Werktags-Fiat 500 ließen wir am Wegrand halb unter Brombeerhecken versteckt stehen. Auf dem kurzen Rückweg lag Imolo mir wegen des betrüblichen Zustandes meines Gemüsegartens in den Ohren. Die Vernachlässigung des *orto* ist ein nahezu ebenso schweres Vergehen wie die Vernachlässigung der eigenen Kinder.

Als wir die Villa kauften, hatte eine Dame mich gebeten, noch ein Jahr lang ein kleines Stück Land hinter dem

Haus behalten zu dürfen. Sie sagte, es habe seit Jahren ihr gehört. Wir stimmten gern zu, wie wir in der Hoffnung, uns bei unseren Nachbarn beliebt zu machen, später noch vielem zustimmen würden. Fast das ganze erste Jahr waren wir entweder in Venedig oder im Ausland, so daß sich unsere Interessen im Grund erst seit unserer Ankunft im April ins Gehege kamen. Die fragliche Dame kletterte still über ihren Zaun aus Sprungfedern, alten Toren und Zinkblech, um ein winziges Knoblauchbeet zu bestellen. Sie hatte uns angeboten, so viel zu nehmen, wie wir wollten, aber ich hatte es nie gewagt, ihre Großzügigkeit auf die Probe zu stellen. Aus Verlegenheit wagte sie offenbar nicht, das umzäunte Stückchen Land richtig zu nutzen, und als sie es Ende Mai offiziell zurückgab, war es für uns zu spät, noch etwas zu pflanzen, und sie hatte weder Sommergemüse noch Salat. Nur die Winden gediehen, deren Samen ich in einem Haushaltswarengeschäft in Schottland gekauft und heimlich gesät hatte. Auf der Samentüte stand, sie liebten Ödland. Die beiden überlebenden Pflanzen putzten mein Ödland jedenfalls sofort ganz ungemein, sie kämpften sich durch Unmengen von Labkraut und blühten auf dem abgestorbenen Pflaumenbaum. Imolo stieß sich an ihrer Üppigkeit in einem Gemüsebeet, und riet mir, sie herauszureißen und nicht noch mehr Zeit und Wasser auf sie zu verschwenden.

»Du mußt das im Herbst richtig angehen. Du hättest früher daran denken sollen. Es ist eine Schande.«

Ich führte als mildernden Umstand an, das Land sei verpachtet gewesen, doch das wurde als unzureichende Entschuldigung vom Tisch gewischt.

»Es war unsinnig, einer solchen Bitte zuzustimmen. Wo ist denn jetzt dein *orto* für den Sommer, und wo ist ihrer? Natürlich kannst du von mir jederzeit soviel Salat haben, wie du willst. Du hast ja gesehen, wieviel wir haben, aber du hättest selbst daran denken sollen.«

Ich fand es ganz besonders ärgerlich, mir Predigten über das kleine Einmaleins der Hauswirtschaft und Gärtnerei anhören zu müssen, weil letztere nicht nur mein Hobby, sondern meine Leidenschaft ist. Ich hatte so lange Jahre von einem richtigen Garten geträumt, daß die Ungeduld mich fast auffraß. Meine Hände waren, metaphorisch gesprochen, immer noch gekränkt, weil sie bei einem so schlichten Test wie einem Salatbeet versagt hatten, daher führte ich meine gärtnerischen Phantasien nicht weiter aus. Ich dankte ihm für seine und Marias Gastfreundlichkeit und führte Allie zu den Lilien, damit er mit mir ihre Knospen betrachtete.

Imolos letzte Bemerkung, die durch das Tal hallte, sollte uns an ein Ereignis erinnern, zu dem wir inzwischen so oft eingeladen worden waren, daß die ganze Familie vor Erwartung bebte:

»Vergeßt nicht, zur *festa* der Madonnina del campo zu kommen … alle zusammen, die Mädchen, die ganze Familie! Ihr vergeßt es nicht?

»Wir vergessen es nicht.«

»Mittagessen am Sonntag.«

»Ja.«

Als der Wagen um die erste Kurve gefahren war, kam er nochmal in Hörweite.

»*E allora?* Werdet ihr da sein?«

11. Kapitel

Die *festa* fiel auf den dritten Sonntag im Juni. Imolo hatte seit Wochen davon gesprochen. Jeden Tag, wenn er zur Arbeit kam, nahm er mich beiseite und erwähnte die *festa*, als habe er sie gerade auf dem Weg zum Haus hinauf entdeckt. In der Woche zwischen unserem Mittagessen bei ihm und der *festa* wurde mein rechter Ellbogen aufgrund der Häufigkeit seiner vertraulichen Mitteilungen zu diesem Thema grün und blau. Dabei waren die einzigen Hinweise auf Vorbereitungen rein verbal. Aber zwei Tage vor dem Fest der Madonna der Felder gesellte sich zum üblichen Chor aus Vögeln, die in den Bäumen riefen, Schäfern, die in den umliegenden Feldern und Wäldern riefen, sowie Arbeitern, die einander durch den *palazzo* zuriefen, ein eigenartiges Gegackere. Ich ging dem nach und entdeckte, daß es aus dem Hinterhof meiner Nachbarin Signora Maria del Gallo kam. Das Geräusch stammte zur Hälfte von einer Herde Gänse und Enten sowie einem verzagten Haufen Hühner, die in einem provisorischen Verschlag darauf warteten, geschlachtet zu werden. Die andere Hälfte stammte von alten Frauen, die auf umgedrehten Ölfässern im Kreis um ein Feuer saßen, auf das ein großer Eisenkessel zum Kochen gestellt worden war. Eine der Frauen, die ich schon in den Tabakfeldern hatte arbeiten sehen und die irgendwie mit Gigi verwandt war, erzählte eine Geschichte, und als Folge wieherte eine ihrer Freundinnen wie ein Esel und bekam einen solchen Lachanfall, daß sie ins Feuer zu fallen drohte.

Der unverwechselbare Geruch von nassen Federn und angesengten Federkielen zog den ganzen Morgen lang den Weinberg hinauf. Allie, dessen sensibler Seele man immer noch die Augen verbinden mußte, wenn er an einem Metzgergeschäft vorübergehen sollte, und der nicht aß, wenn er in der Küche zufällig Fleisch gesehen hatte, war von dem Kreischen und Gackern derart verstört, daß wir ihn zu überzeugen versuchten, die Tiere würden nicht abgemurkst, sondern geimpft. Er glaubte uns, weil er uns glauben wollte. Als er außer Hörweite war, weil er den sich sonnenden Beauties Kokosnußöl brachte, sagte Imolo zu mir: »Geflügel töten, rupfen und ausnehmen ist Frauenarbeit.« Ich hatte bemerkt, daß jeder Mann, der dabei half und ein wenig Geschick bewies, auf eine Weise gelobt, sogar ein wenig bewundert wurde, als habe er ein Kind zur Welt gebracht oder sonst eine widernatürliche Tat vollbracht. Von einigen Männern im Dorf hieß es, sie seien »wie eine Frau«, was sich auf ihre Fähigkeit bezog, ein Huhn zu rupfen und auszunehmen.

Die Vorbereitungen zum Fest waren nun in vollem Gang. Nach der Arbeit errichteten die Männer bei dem Bildstock am Wegrand ein Gerüst und einen Baldachin. An die hohe, galgenähnliche Konstruktion wurde eine Glocke gehängt. Zwei Lastwagen mit Brettern und Bökken, Tischdecken und Limonadekästen wirbelten Staub auf und hielten dann neben dem alten Nicasi-Schuppen an der zweiten Biegung des Feldweges, der zu unserem Haus führte. Die Aufregung war ansteckend. Allie fing an, sich wie das Kind Iseult zu benehmen, er holte seine

Koffer hervor, probierte ein Matrosenhemd nach dem anderen und stieg in jede kurze und jede lange Hose, die er besaß. Er war seinem Verhalten nach Italiener genug, um im zarten Alter von sechs Jahren zu wissen, daß *festa* bedeutete, sich herauszuputzen. Imolo hatte gesagt, es würden andere Kinder bei der *festa* sein, was bei Allie einen panischen Eitelkeitsanfall auslöste.

Das Kind Iseult, voll Enthusiasmus angesichts der bevorstehenden Festivitäten, entschied sich zu dem beispiellosen Schritt, ihre Galane fortzuschicken und einen ganzen Abend lang zu Hause zu bleiben. Wir aßen im Freien unter den Sternen, auf einem geebneten Platz zwischen hohen Stapeln Bodenkacheln. Es war fast Vollmond, mit seinem rosa Hof und der Schar von Glühwürmchen war das Licht weicher als das unserer üblichen Kerzen. Als die Batterien unseres Kofferradios aufgaben und die Puccini-Arien abschnitten, die wir gerade hörten, trugen wir das aufziehbare Grammophon hinaus, das die Beauties freundlicherweise aus Venedig herbeigeschleppt hatten, und kurbelten abwechselnd seine verkratzten Zweiminuten-Tangos an. Wir machten einige halbherzige Versuche, Charade zu spielen, aber die Nacht war zu träge und auch schlicht zu dunkel, um die Nuancen der Vorführung zu würdigen. Also saßen wir nur zusammen, redeten bis zwei Uhr früh und suchten dann die jeweiligen Matratzen auf.

Als ich um sieben aufstand, stellte ich fest, daß sowohl Allie als auch das Kind Iseult vor mir aufgestanden waren. Allie war damit beschäftigt, sein Haar in Form zu gelen und die Ringellocken in Gigolomanier an den Kopf zu klatschen. Das Kind schäumte über vor Energie. Sie trug nichts als eine abgeschnittene Jeans und im Haar eine Zahnbürste. Sie hatte jeden beweglichen Gegenstand aus der Küche geräumt, der Fußboden schwamm in einer wolkigen Seifenlauge.

»Tut mir leid«, sagte sie, als sie durch das aufgewirbelte Zementwasser watete. »Ich bin mit einer *labastida* aufgewacht.«

Labastida ist ein Wort aus dem südamerikanischen Spanisch, das eine unerklärliche und meist sinnlose Handlung bezeichnet. Es geht zurück auf die de Labastida-Familie, einen Clan spanischer Adliger, die in ihrem Stolz immer nur Angehörige ihrer eigenen Familie heirateten, was schließlich zu einer solchen Inzucht führte, daß ihre Handlungen von einer an Geisteskrankheit grenzenden Blödheit waren. Das Kind stammte väterlicherseits von einer langen Linie der de Labastidas ab.

Auf einer Insel, die durch die gemauerte Feuerstelle des erhöhten Kamins entstand, frühstückten wir Pfirsiche, Crackers mit Honig und heißen Milchkaffee. Um halb neun war das Kind mit Schrubben und Waschen fertig. Um neun war der Fußboden soweit getrocknet, daß er wieder seine ursprüngliche Zementstaubpatina hatte. Um halb zehn hatten sich die Beauties aus ihrem Schönheitsschlaf erhoben, waren fein gemacht und platzten vor Ungeduld, daß es endlich losging. Wir warteten unruhig, nach zehn gesellte sich Robbie in weißem Leinenanzug mit Goldbrokatweste zu uns. Aus irgendeinem Grund hatten wir uns alle weiß gekleidet, als erwarteten wir eine Erstkommunion.

Um elf Uhr läutete die Glocke auf ihrem Galgen, und auf dem Weg durchs Tal kam ihr Ruf auch zu uns. Wir gingen die Schotterstraße hinunter, die mit gelben Blütenblättern bestreut war. Ginster war eimerweise von den umliegenden Bergen geholt und ganz bis hinunter zum Bildstock gestreut worden. Am dichtesten lagen die süß duftenden Blüten um Maria del Gallos Haus und an der Kurve hinter der Ruine des Tempelritter-Turms, vor dem Haus der Cenci. Und dicht lagen sie an der Scheune, wo das gemeinsame Mittagessen serviert werden würde. Eine Menschenmenge sammelte sich, sie kam aus allen Richtungen über die Feldwege und traf sich am Bildstock.

Don Annibale, der verhutzelte Priester, war schon da, begleitet von einem Franziskanerpater in brauner Kutte und Sandalen sowie einem Meßdiener mit neongrünem Trainingsanzug unter dem Chorhemd. Vor der Statuette in ihrem Bildstock hatte man einen kleinen Küchentisch aufgestellt. Darauf stand ein angeschlagenes und verblichenes Gemälde der Madonna, eine Vase Wiesenblumen und ein von Gänseblümchen und Ehrenpreis umranktes Kruzifix, das Don Annibale dann emporstreckte.

Alte Männer in unglaublich steifen Sonntagsanzügen näherten sich dem Bildstock, mit langsamen Schritten unter bunten Schirmen. Einige der Anzüge schienen von allein zu laufen, so sehr waren ihre Träger geschrumpft, am meisten Fleisch aber hatte das Alter von den Knochen unseres Nachbarn Cenci gezehrt. Er hatte das Stadium der Magerkeit lange hinter sich gelassen, er war ein Skelett: seine Haut bestürzend durchscheinend, sein Kopf unnatürlich lang. In der Menge, die sich um den Bildstock sammelte, wiesen viele Gesichter Spuren früherer Mangelernährung auf.

Das spiegelte sich auch in einigen Spitznamen. Die Mädchen hatten Leuten, die sie kennengelernt hatten und deren Namen sie nicht wußten, Tiernamen gegeben. Als sich die Einheimischen jetzt hier begrüßten, stellte ich fest, daß dies tatsächlich ihre Namen waren. Sie faßten sich an den Schultern, hielten sich an der Hand, küßten sich und sagten,

»Na, Schlangenkopf, wie geht's?«

»Du siehst ja, Fischgesicht, ich kann nicht klagen.«

»Ach, Kaninchen, wo bist du gewesen?«

»*Dio buono*, Truthahn. Und du?«

Zum Bestiarium gehörten auch Hähne, Eidechsen, Haselmäuse, Läuse und dergleichen; alle Namen waren liebevoll gemeint.

Cencis außergewöhnliches Aussehen spottete jeder Analogie aus dem Tierreich. Er war einzigartig. Seine Haut hing in so regelmäßigen und einheitlichen Falten herab, als habe man versucht, die berühmten Fortuny-Falten in Menschenhaut auszuführen. Nicht nur war sein Kopf lang, sein Gesicht war so schmal, daß die Züge darin kaum Platz fanden. Die durchsichtigen, herabhängenden Ohren reichten an den Gesichtsfalten vorbei bis fast auf den steifen Hemdkragen. Aus den weiten Serge-Manschetten seines Jacketts ragten zwei riesige rote Hände, die auf besorgniserregend dürftige Weise mit den Vogelknochen des Handgelenks verbunden waren. Die Finger waren von Arthritis zu Knoten und Stümpfen verzerrt. Die Adern standen hervor, ihr Pochen erbrachte den notwendigen Beweis, daß Cenci am Leben war. Kaum zu glauben, daß jemand leben konnte, der so zerbrechlich wirkte.

Cenci schien sich seines todesverachtenden Aussehens nicht bewußt. Er lächelte beseligt alle an, die er erblickte. Die Beauties erzählten mir, er sei immer für ein Glas schwarzen Weins zu haben. Er machte noch seinen eigenen, zusammen mit seinem lebenslangen Freund Gianni und seiner Frau Nunzia. In ihrer Cantina lagen zahllose Fässer, und an Sommerabenden lauerten sie Passanten auf, damit sie hereinkämen und ihn probierten. Das Kind und ich waren bei unseren Spaziergängen einige Male bei ihm stehengeblieben, um ihn zu grüßen, aber er wirkte immer verlegen und schüchtern. Jetzt sagte er:

»Kommt uns doch mal wieder besuchen. Euer Junge kommt oft mit Imolo zu uns … Werdet ihr kommen?«

Wir alle versprachen, daß wir kommen würden.

Er flüsterte Robbie zu: »Komm den Wein probieren.« Allie übersetzte aus dem schweren Dialekt.

»Einfach, aber gut!« rief Cenci mit seiner hohen, zittrigen Stimme. Ihn schauerte, und er seufzte: »*Uddìo!* Er ist so gut!«

Dem folgte ein kurzer Tumult, als sein Freund Gianni sein Mikrophon hervorkramte, es an seinen künstlichen Kehlkopf hielt, es einstöpselte und dann mit Roboterstimme »Eh, *sì*, eh!« hervorkrächzte, was seine Lieblingsbemerkung war. Als das gesagt war, kehrte er den Vorgang um, schraubte das Mikrophon auseinander, bedeckte die Luftröhrenöffnung mit einem Stück Gaze, das ihm griffbereit als schmuddeliger Vorhang um den Hals hing, und steckte das Mikrophon in die Tasche, wo es blieb, bis ihn der Drang erneut überfiel, seiner Zustimmung verbal Ausdruck zu verschaffen.

Cencis Bewegungen waren langsam und ungelenk, als

er zur Madonnina hinaufging. Auf den sonst farblosen Furchen seines Gesichtes lag ein sanfter rosa Schimmer. Es fand ein Fest statt, eine gutgelaunte Zusammenkunft. Er war aufgeregt. Seine hellen, wässrigen Augen schossen durch die Menge und blitzten bei jedem bekannten Gesicht auf. Er war unter Freunden. Sie hatten siebzig Jahre lang miteinander geschuftet. Als Kinder hatten sie in den Hügeln und Bächen Nahrung gesucht und Spaß gehabt. Seine und ihre Erinnerungen waren die gleichen.

Er ging einen Schritt zurück auf uns zu.

»Ich war vierzig Jahre lang Gärtner in der anderen Villa in San Orsola, die dem Doktor gehört, der euch den *palazzo* verkauft hat. Eh, *sì*, eh, jetzt bin ich dafür zu klapprig, und der Doktor hat den Garten aufgegeben, was ein Jammer ist. Ich vergnüge mich jetzt damit, nach meinen Weinstöcken zu sehen und Kartoffeln zu pflanzen, und der Mais am Rand des Weinbergs neben dem *palazzo* gehört mir«, sagte er stolz.

Imolo hatte mir erzählt, Cenci besitze, im Gegensatz zu den meisten seiner Altersgenossen, weder Haus noch Land. Sein ganzer Ehrgeiz richte sich auf ein langes Leben. Er giere nach Leben, trotz aller Rüsselkäfer, die sich in den siebzig oder achtzig Jahren eingenistet hätten, die sein Leben nun schon währte.

Das Kind Iseult erzählte mir, sie habe Cenci schon besucht. Im Gegensatz zu mir war sie nicht schüchtern und wartete nicht auf Einladungen. »Wenn er vom Weinberg hereinkommt, klettert er in eine Kaminecke und balanciert seine Knochen auf eine Bank. Die Küche ist schwarz vor Rauch, der Kamin auch, und er und Gianni sitzen und gucken leer und kichern miteinander. Über dem Feuer hängt ein Topf Wasser an einer Kette, und unter seinem Sitz hat Cenci eine kleine Blechbüchse, in die er spuckt. Einmal saß ich da und starrte ihn an. Man kann durch seinen Kopf hindurchsehen. Er sah, daß ich mich fragte, wie er sich am Leben hielt, und er sagte: »*Sò na cèrqua*« (Ich bin stark wie eine Eiche). Er ist so lieb, du solltest ihn wirklich besuchen.«

Während sich die Prozession auf Brücke und Bach zu bewegte, beobachtete ich Cenci, einen glücklichen Mann, für den jeder neue Tag ein Geschenk ist. Regina hatte mir erzählt, daß unter den Falten seines vertrockneten Körpers Arthritis, Lungenentzündung, Rippenfellentzündung, Emphysem und Krebs gelauert hatten. Während er unter Mühen zum Bach hinunterging und dabei die Beinknochen aus der steifen Hüfte schwang, lächelte er immer noch alle und jeden an. Er flüsterte vor sich hin und kaute imaginären Tabak in einem Mund, den der Verlust der Zähne geleert hatte. Er murmelte während des gesamten Gottesdienstes, und ich stellte mir vor, daß er sagte: »*Sò na cèrqua, sò na cèrqua.*«

Cencis Frau Nunzia wuselte neben ihm herum, und trotz seiner Langsamkeit gelang ihr der Eindruck, als bereite es ihr Schwierigkeiten, mit ihm Schritt zu halten. Sie war über siebzig, sah aber viel jünger aus und hatte das Auftreten und die Anmut eines koketten Mädchens. Sie neigte ihr rougegerötetes Gesicht von einer Seite zur anderen, mit einer Hand hielt sie eine traditionelle marineblaue Strickjacke vor der eingefallenen Brust, die andere streckte ein gelbes, mit orangefarbenen Mohnblumen bedrucktes Schirmchen hoch in die Luft. Sie lief zwischen Cenci und Gianni. Cenci bewegte die Lippen, Gianni kämpfte mit seinem Mikrophon und seinem Kehlkopf, während Nunzia losplapperte, halb zu sich, halb zu der vorrückenden Menge. Nunzia und Maria del Gallo waren die Großherzoginnen dieser *festa*. Sie fand auf ihrer Straße statt, das Essen wurde in der Scheune am Ende von Nunzias Garten serviert. Maria del Gallo allerdings ging nie zur *festa*, sie erzählte mir, sie sei nicht mehr dabei gewesen, seit ihr Schwager vor zwanzig Jahren einen Schlaganfall erlitten hatte. Daher war Nunzia die Königin der Veranstaltung. Es war ihr Tag, ihre Chance, all die verstreuten Familien von den Hügeln rundum wiederzusehen und sie nach dem Mittagessen in ihre verrauchte Küche mitzunehmen, während Cenci und Gianni in ihrer gemeinsamen Cantina Hof hielten.

Aufregung lag in der Luft. Die Lerchen waren mit ihr aufgestiegen, die nestbauenden Finken hielten inne, um sie zu erkunden. Über uns stand Maria del Gallo auf dem Balkon, sie trug ihr Sonntagskleid (marineblau), von Geranienkaskaden gerahmt. Obwohl die Glocke läutete und Don Annibale Gebete intonierte, führten die Männer, die weiter oben das Schwein und die Hühner brieten, den Namen der Madonna ständig unnütz im Munde. Ihre Stimmen trugen weit, und die Gemeinde an der Wegbiegung lachte über die Profanität. Nunzia zog ein Gesicht und zuckte kichernd mit den Schultern. Sie ist ein beliebter Zeitvertreib hier, diese Blasphemie oder *bestemmia*: die Verknüpfung von Tiernamen mit religiösen Begriffen. Die Gemeinde der *Papalini* (Nachfahren der Untertanen des ehemaligen Kirchenstaates) sieht das mit Nachsicht und einigem Stolz. Der Vatikan regierte seine Staaten hart, knechtete seine Bauern und spielte ihnen übel mit, bis 1861 die Einigung Italiens mehr oder weniger abgeschlossen war. Es gibt noch immer eine Nähe zur Kirche, und die Religion ist tief verwurzelt, aber ebenso tief verwurzelt ist der Impuls, ihre Macht zu beschneiden; sich nicht bis zur Servilität einschüchtern zu lassen.

Als wir versuchten, uns unter die Menge zu mischen, gab man uns das Gefühl, willkommen zu sein. Allie war der Liebling vieler Familien geworden. Nunzia und die Signora Maria horteten beide einen kleinen Vorrat an Süßigkeiten und Orangenlimonade, um ihn zum Bleiben zu überreden. Er war leicht zu überreden. Als sich die Menge aus allen Altersgruppen zu einer lockeren Prozession formte, führte Nunzia ihren Freunden und Freundinnen beglückt vor, wie nah sie dem neuen Kind stand.

»Wir sind alte Freunde«, teilte sie niemand Bestimmtem und doch laut genug mit, um ebenso Don Annibale wie die fernen Gotteslästerer zu übertönen. »Er kommt mich fast jeden Tag besuchen, nicht wahr, Alessandro?«

Allie war zu schüchtern, um zu antworten. Da er einer Verbündeten nicht widersprechen mochte, blieb er als Zeichen seiner Loyalität dicht bei Nunzia. Aber was sie oder andere ihn dann auch fragen mochte, er schwieg, in einem Anfall von Verlegenheit befangen.

Schließlich richtete Nunzia ihre Aufmerksamkeit auf Robbie und mich. Wir gingen in der langsam kriechenden Schlange zum Bach hinunter, Voyeure ihres Rituals. Don Annibale betete laut, die Gemeinde folgte ihm zur Brücke und flüsterte die Antworten, »*Gesú, perdonate le nostre colpe!*« Nunzia, die unser Unbehagen als Ungläubige zu spüren schien, kommentierte das gesamte Geschehen, nur von ihren Gebeten unterbrochen.

»Sie ist unsere Madonna der Arbeit«, wisperte sie. »Sie schützt die Felder und die Früchte unserer Arbeit. *Gesú, perdonate le nostre colpe*. Wir bitten um Vergebung, und sie paßt auf unseren Mais auf ... Und die Kartoffeln. Wenn es die Madonnina nicht gäbe, hätten wir schreckliche Kartoffeln. Sie werden alle schmierig. Die alte Madonnina wurde im Krieg gestohlen. Wir mußten jedes Jahr zu einem leeren Bildstock gehen, bis diese hineingestellt wurde, das war '54. Es war eine Huldigung ... *Gesú, perdonate le nostre colpe!* ... So beten wir Christen.«

An der Brücke hielt Don Annibale. Sein Meßdiener, ein kleiner Junge, den ich oft auf der Straße unter Reginas Bar mit seinem Fahrrad Kunststückchen hatte machen sehen, rieb sich an den Waden den Staub von seinen neuen Reebok-Turnschuhen und schwang den Weihrauch. Der alte Franziskaner senkte abwechselnd den Kopf und hob ihn zum wolkenlos blauen Himmel, wobei er lautlos die Lippen bewegte, und zwar weder im Einklang mit Don Annibale noch mit der Gemeinde, als spreche er eigene Gebete. Es wirkte wie eine Szene aus einem ausländischen Film, synchronisiert.

Don Annibale streckte seinen ausgezehrten Arm in alle vier Himmelsrichtungen, hielt in jede das Kreuz und wehrte Unheil ab. Dann sprach er von Heimsuchungen, als kenne er den Schrecken jeder erwähnten Plage. Er wirkte ohne Zweifel alt genug, um alle persönlich erlebt zu haben, ob Blitz, Unwetter, Hunger, Krankheit oder Krieg, Geißelung oder Erdbeben.

»Erlöse uns, Herr«, rief er aus, das Kruzifix hochgereckt, und es herrschte eine solche Spannung, daß ich erwartete, der Blitz würde ihn hier und jetzt auf dieser engen Brücke treffen. Es geschah eines jener Wunder, die im Ausbleiben bestehen: Don Annibale blieb unversehrt, es herrschte allgemein Erstaunen und Erleichterung, daß er überlebte, um die Prozession bunter Schirme umzudrehen und sie, nach einigem taktischen Durcheinander, als der Schwanz der gewundenen Schlange ihr Kopf wurde, zum Bildstock und zum wartenden Baldachin zurückzuführen.

In der höchsten Mittagshitze war ich ebenso erleichtert wie Nunzia und ihre Freundinnen. Im Augenblick der Anrufung hatte sogar der kleine Junge mit der riesigen roten Baseballmütze innegehalten, der Hornisse gespielt hatte und ständig allen zwischen den Füßen herumgelaufen war. Und eine Horde schnatternder junger Mädchen in sehr engen Shorts und trägerlosen Oberteilen, die das Kind Iseult in ihre Mitte schubsten und dann mitschlurften, dabei alle Gebete mitsprachen, die örtlichen Typen beäugten und deren sexuelle Vorlieben diskutierten, hatte ihre Kaugummis ausgespuckt und reglos dagestanden wie eine Schar himmelgewandter Gesichter auf einem Fresko.

Wieder am Bildstock, las Don Annibale die Messe und predigte kurz über abnehmende Flüsse und abnehmende Gemeinden.

»Noch vor zwanzig Jahren wären Hunderte von Menschen zu dieser Messe gekommen. In jedem Bauernhaus in den Bergen«, sagte er und schwang seinen winzigen rechten Arm in einer so stürmischen Geste, daß die Wiesenblumen fast vom Kruzifix geflogen wären, »lebten bis zu dreißig Menschen. Jetzt stehen diese Häuser leer. Das Tal hat in der Vergangenheit viele Prüfungen überlebt, aber in jenen Tagen waren die Sorgen leichter zu erkennen, sie trugen keine Maske.«

Das Abendmahl wurde ausgegeben, und in die relative Stille, die dabei herrschte, echote von einem der Köche ein wehklagendes »*Dio buono!*« den Berg hinab. Flüsternd diskutierte man die Identität des Übeltäters. Einige Köche und Helfer wurden sofort freigesprochen mit der Begründung, der Fluch sei für sie viel zu gemäßigt.

»Eh, *Dio buono!* Der hätte doch mindestens noch ein Schwein oder einen Hund ins Spiel gebracht.«

»Oder ein Stachelschwein!« piepste Cenci dazwischen.

»Eh, *sì*, eh!« Allgemeine Zustimmung wurde laut und übertönte die letzten Worte von Don Annibales Segen. Dann wandten sich alle dem Schuppen zu und den heranwehenden Düften des Mittagessens.

12. Kapitel

Die Orsolani haben die Ausrichtung dörflicher Festessen zu einer Kunst ausgebildet. Bei vielen hundert Krügen ihres schweren Trebbiano-Weins haben sie über jeden Aspekt ihrer Vorbereitung und Durchführung nachgedacht. Für jeden Abschnitt des großen Plans fanden sich Teams derjenigen zusammen, die dafür am besten geeignet waren. Eine Gruppe montierte die drei Meter langen Grills auf Böcke, brannte die Äste zu Holzkohle und kümmerte sich um den Brennstoff-Vorrat. Eine andere marinierte Lamm-, Hühner- und Schweinefleisch, Enten und Tauben, die zum Grillen bestimmt waren. Ein weiterer (unersetzlicher) Helfer war Giacomo, der Fleischkoch. Aufgrund seiner Fähigkeiten war er überaus gefragt. Er widmete sich seiner Aufgabe mit soviel Anmut, wie seine gewaltige Gestalt ihm erlaubte. Er war knapp zwei Meter groß, und seine Schultern waren so breit, daß es aus der Ferne aussah, als beugten sich mehrere Männer über das Grillfleisch. Er war der einzige Mann im Dorf, der die muskulösere der gigantischen irischen Beauties im Armdrücken schlagen konnte. Auf seinem Gesicht stand stets ein leeres Grinsen.

Drei andere Männer, darunter Imolo, waren dafür zuständig, die Tiere zum Schlachten zu bringen und anschließend zu zerlegen. Imolo gehörte zu den wenigen Dorfbewohnern beiderlei Geschlechts, die beim Töten von Tieren zimperlich waren. Er zerteilte sie und nahm sie aus, schreckte aber davor zurück, ihnen das Leben zu nehmen. Alles Gefiederte galt natürlich als Frauenarbeit und mußte daher auch von Frauen liquidiert werden. Maria del Gallo, Nunzia und eine Freundin waren die Fleischsoßenköchinnen für den ersten Nudelgang. Das war ihr Stolz und ihre Spezialität. Maria d'Imolo steuerte ihre besondere Paste aus Hühnerleber und Innereien bei, die mit Sellerie, Zwiebeln, Knoblauch und Petersilie gekocht und auf die unabdingbaren *crostini* gestrichen wurde – unabdingbar, weil zu jedem umbrischen Essen irgendwann zu den beiden *antipasto*-Gängen drei Sorten *crostini* serviert werden müssen. Die dünnen Brotscheiben wurden mit Tomate, Paprika und Knoblauch, *funghi* (je nach Saison mit oder ohne Trüffel) oder der erwähnten Leber – *fegatello* – bestrichen. Das Wort *festa* – ob Party, Abendessen, Mittagessen, Erstkommunion, Taufe, Hochzeit, Picknick, Cocktail, einfach jede Art von Einladung – beschwor sofort drei Sorten *crostini* herauf, gefolgt von zwei Varianten Pasta und Fleisch.

Unsere Einführung in die ortsübliche Speisefolge hatte bei Maria und Imolo begonnen, sie gehorchte einem unabänderlichen Muster, das sich in jahrhundertelanger Tradition gebildet hatte. Die landlosen *contadini* bekamen ein solches Festmahl nur dreimal im Jahr. Zum einen bei diesem Mittagessen, das früher der *padrone* am Tag der Madonnina der Felder für seine Feldarbeiter ausrichtete; dann am Namenstag des Schutzheiligen des Dorfes; und schließlich am Neujahrstag, an dem jeder Haushalt, egal wie arm, mit einem Festschmaus Weihnachten feierte. Und ein Festschmaus beginnt mit drei Sorten *crostini* …

Jedesmal wenn ich einen Ausflug in die öffentlichere Welt des Dorfes machte, entdeckte ich ein weiteres Detail unseres Privatlebens. Bei jenem ersten Festessen entdeckte ich, daß das Kind Iseult sich verliebt hatte, nicht, wie man meinen könnte, in einen der Burschen des Ortes, sondern in die hiesige Variante der *penne al pomodoro* (kurze Makkaroni mit frischer Tomatensauce). Ich mußte sie davor bewahren, buchstäblich in die Servierschüsseln zu fallen, die zwei beschürzte Hausfrauen herumreichten. Eine Leidenschaft, die mit gemeinschaftlichen Mittagessen im Dorf begonnen hatte, blühte und gedieh in solchem Maße, daß Iseult sich noch heute im wesentlichen von diesem Gericht ernährt. Die Erinnerung an diese ersten Begegnungen mit bislang unvorstellbaren Mengen mag erklären, wieso sie später, wenn sie im *palazzo* auf sich allein gestellt war, riesige Portionen davon kochte: genug *penne al pomodoro* für eine ganze Armee oder eine Zusammenkunft aller Orsolani.

Der Schuppen hatte keine Fenster, sondern Terrakottasteine mit wabenförmigen Löchern, so daß von drei Seiten kühle rosa Lichtpfeile einfielen. Der Boden war mit Ginsterblüten bestreut, ihr Duft mischte sich mit dem Duft des schweren Weins, der in Fässern an der Tür stand. Imolo wollte, daß Robbie sich wohl fühlte. Daher flüsterte er ihm weithin hörbar zu, der Wein sei von der Familie gestiftet, die früher einmal Besitzer des Landgutes und unseres Hauses gewesen sei. Er zeigte ihm einige Herren dieser ehemals illustren, nun jedoch im Abstieg befindlichen Familie, die um die Klapptische saßen. Robbie verstand von all dem kein einziges Wort und wollte die Beauties zum Übersetzen anheuern. Nur eine von ihnen sprach Italienisch, und zwar nicht die, die er fragte. Es beanspruchte die ersten drei Gänge des Essens, das daraus resultierende Durcheinander zu jedermanns Zufriedenheit zu klären.

Große Weinflaschen ohne Etikett wurden tischauf und -ab gereicht und passierten dabei Barrikaden aus Sprudelwasser und Orangenlimonade. Ich saß Beppe del Gallo gegenüber, eingezwängt zwischen Allie und Robbie. Imolo kidnappte Allie fast, noch bevor das Essen anfing; Robbie war vollauf damit beschäftigt, das Rätsel von Wein, Schuppen und *palazzo* mit allen zu lösen, die an einer Klärung des Problems interessiert waren.

Auf Beppe del Gallos dicken Lippen lag immer ein halb entschuldigendes Lächeln. Er hatte den Gesichtsausdruck eines unartigen Jungen, der von seinem Lieblingsonkel beim Äpfelklauen erwischt wird. Seine Haut hatte den violetten Ton eines Kartoffelessers, der in Beppes Fall durch eine freudige Zuneigung zum eigenen, ebenfalls violettfarbenen Wein noch verstärkt wurde. Nach fünfzig Jahren Schinderei in der Landwirtschaft (die meiste Zeit im eisernen Griff des Halbpachtsystems *mezzadria*) hatte er sich zur Ruhe gesetzt. Wie bei den meisten Rentnern der Gegend hatte dies seinen Tatendrang oder seine Energie nicht vermindert. Das Alter machte ihn nur langsamer. Man konnte ihn immer noch von Sonnenaufgang bis Sonnenuntergang vor unseren hinteren Fenstern in seinem gepachteten Weinberg oder in seinem Gemüsegarten werkeln sehen. Er erzählte mir:

»Dieses Jahr haben wir einen langen Streifen Land gepachtet und gepflügt. Wir werden *grènturco* (Mais) auch für den Markt haben. Und am Ende des Jahres habe ich säckeweise Kartoffeln ... jede Menge ... zu verkaufen. An den Gräben habe ich Wassermelonen.«

Wenn die Dürre kam und die Tabakarbeiter in den Feldern vor Hitze fast umfielen, würde er ihnen Wassermelonen verkaufen. Der Gedanke an diesen zukünftigen Wohlstand und seine Schlauheit freute ihn ohne Ende. Er hatte sein Schicksal überlistet: Er würde nicht als armer, landloser Bauer sterben. Er beugte sich über den Tisch und schob sein Gesicht mit den geplatzten Äderchen näher an meines.

»Im letzten Monat ist ein Stachelschwein in meinen Saubohnen gewesen. War es auch bei euch? War es hinter euren Bohnen her?«

Ich wünschte, ich hätte Saubohnen gehabt, hinter denen etwas auch nur halb so Exotisches wie ein marodierendes Stachelschwein hätte her sein können. Aber in der allgemeinen Atmosphäre von *bonhomie* schien es nicht angebracht, den betrüblichen Zustand meines Gartens zur Sprache zu bringen. Statt dessen versicherte ich ihm, daß kein Stachelschwein durch den Weinberg auf unser Land gekommen sei.

»Eh, *no*, eh!« sagte er und sah sich um, damit seine Nachbarn sich am Gespräch beteiligten: zu seiner Rechten Gianni mit dem Mikrophon, zu seiner Linken ein Angehöriger des Schlangenkopf-Clans. »Eh, *no*, eh! Weißt du überhaupt, was ein Stachelschwein ist?«

Seine Gefährten parierten aufs Stichwort, und alle drei Männer begannen, verschiedene Eigenschaften des Tiers zu beschreiben. Hätte ich nicht bereits gewußt, was ein Stachelschwein ist, ich hätte durch diese Unterhaltung die merkwürdige Vorstellung eines Tieres gewonnen, das größer ist als ein Hund, aber kleiner als ein Pferd und das unter der Haut eine Reihe von Bogenschleudern hat, die Stacheln von bis zu einem Meter Länge über so große Entfernungen zu schießen vermögen, daß über die genaue Distanz keine Einigkeit zu erzielen war. Ich blieb vorübergehend aus dem Gespräch ausgeschlossen, als die Männer mehrere wichtige Stachelschwein-Referenzen besprachen, dann wandte sich Beppo del Gallo treuherzig an mich und sagte:

»Eines weiß ich über Stachelschweine, und das ist, daß ich mal in einer Nacht an der Brücke eins gefangen habe. Es wog sicher achtzehn Kilo. Wir haben es gebraten. Es war wirklich gut. Ich kann dir nicht sagen, wieviel wir in dieser Nacht gegessen haben. So viel! *Uddìo.*«

Wir redeten und tranken und nickten, bis der Vogelgesang rundum aufhörte und ein Grillenchor einsetzte. Drei Brüder vom Hügel hinter unserem Haus standen untergehakt, um sich und ihre innere Weinladung zu stützen. Der mittlere, ein alter Mann mit hagerem Gesicht und Augen wie Rosinen, warf den Kopf zurück und sang in klagendem Tremolo Liebeslieder, die an Grabgesänge erinnerten. Mittendrin hörte er auf und starrte auf seine großen, klobigen Stiefel.

»Weiter«, ermutigte ihn die noch verbliebene Handvoll Leute.

»Weiter«, sagte auch ich.

Allie räusperte sich und blickte peinlich berührt, womit er deutlich machte, daß der Sänger seinetwegen nicht fortfahren mußte.

»Weiter«, drängten auch seine Brüder.

Der Sänger schüttelte traurig den Kopf. »Früher hatte ich eine große Stimme, ich habe immer bei der Ernte gesungen. Aber ich habe sie verloren«, sagte er und starrte unverwandt auf seine Füße, als könne er sie dort wiederfinden, wenn er nur lange genug schaute.

Das Kind Iseult und die Beauties waren schon vor einiger Zeit mit einer Horde Jugendlicher verschwunden. Sie tauchten, aufgelöst und verschwitzt, im Scheunentor auf.

»Kommt jetzt«, sagten sie.

Ihre Ankunft war für die nicht völlig Betrunkenen das Signal, hinauszustolpern. Allie nahm die Gelegenheit wahr, mich und Robbie auf die Füße zu ziehen, und auch wir gingen und machten uns auf den Heimweg den Berg hinauf. Als wir an den Weinstöcken vorbeitaumelten, die bläulich glänzten, weil sie mit Kupfersulfat gespritzt worden waren, am sprießenden Mais und an den staubigen Brombeerbüschen entlang, folgten uns die erstickten Schreie des erneut begonnenen Liebesliedes, wie gefangen in der stehenden Hitze.

Nach dem Fest der Madonnina fiel es mir leichter, bei den Leuten im Dorf ein- und auszugehen. Ich begann, meine Nachbarn zu besuchen, und Allie war mein Losungswort. Robbie und ich wagten uns weiter ins Zentrum des Dorfes hinein, an den Grenzen von Reginas Bar vorbei zu einer anderen Bar, einer ruhigeren und weniger bizarren Kneipe, die völlig mit wildem Wein zugewachsen war.

Einige Bauernhäuser am Wegrand waren so groß, daß ich mir gut vorstellen konnte, mich bei Tag darin zu verlaufen, von nachts zu schweigen. Es war üblich, geräumig zu bauen. Ich war mehr an die buntgewürfelten, katenkleinen Häuser Liguriens gewöhnt, die dicht an den Klippen und auf jedem bißchen Land hockten, das vom Meer aus von den nordafrikanischen Piraten nicht einzusehen war. Dann hatte ich die Hütten und kleinen Bauernhäuser anderer italienischer Landstriche kennengelernt. In Venedig lebten Familien wie geschickt gepackte Sardinen auf unglaublich wenig Raum. Natürlich hatte es immer herrschaftliche Villen gegeben: die Villen der Toskana und des Veneto, aber mit wenigen Ausnahmen waren das nicht die Orte, an denen wir gelebt hatten. Zu den Überraschungen Umbriens gehörte das Gefühl von Weite, drinnen wie draußen. Scheinbar endlose Waldflächen streckten sich bis zum Horizont, massive Steinhäuser mit drei und vier Stockwerken beherbergten ebenso viele, oft mehr Familien, und jede wohnte bequem in hohen Räumen mit großen Fenstern.

Da wir Tag für Tag die Straße hin- und hergingen, wußten wir sehr genau, wie weit die Frucht auf den Feldern war und in welchem Zustand sich beispielsweise die Gräben befanden. Da ich in den ersten Monaten unseres Aufenthaltes auf das Schreiben verzichtet hatte, mehr aus Notwendigkeit denn aus freien Stücken (es herrschte zuviel Durcheinander), flüchtete ich mich in Erinnerungen an meine Zeiten als Farmerin. Vor fünfzehn Jahren war ich aus den verlassenen venezolanischen Anden zurückgekehrt, wo ich in eine Zuckerrohr- und Avocadoplantage hineingeheiratet hatte; aber unser Umzug aufs Land weckte offenbar meine Liebe zur Erde aus ihrem Winterschlaf. Ich betrachtete mit professionellem Blick die lange Walnußbaumallee und das langsame Reifen ihrer grünen und gefleckten Früchte. Ich bemerkte die Kräuselkrankheit an Nunzias Pfirsichbaum, den Blattbrand an den gerade umgesetzten Paprikapflanzen, aber vor allem bemerkte ich das wachsende Verlangen in mir, zu säen und zu ernten.

Es war tagaus, tagein heiß. Die Beauties verloren ein klein wenig an Attraktivität, als sich ihr Sonnenbrand schälte und Blasen bekam. Das Kind, das, wie ich auch, von Natur eine dunkle Haut hat, wurde tief zimtfarben, und sie verglich den Farbton täglich mit Allies weniger bräunungswilligem Teint und Robbies nahezu ebenso spektakulärer Färbung. Da ich fast die ganze Zeit drinnen bei Imolo und den Arbeitern blieb, war ich zum ersten Mal die blasseste der Familie. Wir aßen zwar immer noch im künftigen Garten zu Mittag und tranken dort auch weiterhin unsere (im Handumdrehen lauwarmen) Kaltgetränke, erkannten aber langsam die dringende Notwendigkeit von Schatten. Wir dachten immer häufiger an Pergolas und Lauben, überdachte Wege und großblättrige Bäume.

Mein ursprünglicher Gartenentwurf, mindestens hundertmal mit allen dazugehörigen Pflanzenlisten skizziert, mußte verändert werden, um diesem neuen Aspekt Rechnung zu tragen. In den beiden Gärten, die ich in Norfolk restauriert hatte, hatten sehr alte Bäume gestanden, die Rekonstruktion war eher eine archäologische Grabung als ein kreativer Akt gewesen. Ich hatte noch nie eine Baustelle in einen schönen Garten verwandelt. Selbst in Venezuela, wo ich im Grunde bei Null angefangen hatte, war »Null« ein Garten in einem Innenhof gewesen, der auf drei Seiten von Kolonnaden und auf der vierten von einem riesigen Avocadobaum begrenzt war. Mein Traum für Umbrien waren eine Mischung aus englischem Landhaus-Garten und einem tropischen Wunschbild.

Ich begriff, daß es zu heiß war, um an einer Staudenrabatte im englischen Stil entlangschlendern zu wollen (falls mir jemals eine gelingen sollte), wenn an deren Ende nicht ein schattiger Platz und vielleicht ein Brunnen lockten. Da ich von Natur aus unsportlich bin, wurden mir diese Überlegungen besonders wichtig. Vor meinem geistigen Auge sah ich mich, in der Zeit nach der Entfernung des Bauschutts und nach der harten Arbeit, Wege und Beete anlegen und Bäume, Ableger und Blumenzwiebeln pflanzen, mich räkelnd in einer Amazonas-Hängematte liegen, mit etwas Kühlem zu trinken und einem schattigen Platz zum Lesen. Selbst mir fiel es manchmal schwer, aus dem, was der Bulldozer angerichtet hatte, in meiner Phantasie jene Idylle entstehen zu lassen – von der Vorstellungskraft anderer ganz zu schweigen. Aber ich arbeitete darauf hin und zwang mich, an meinen Traum zu glauben. Wenn ich darüber sprach, was ich recht häufig tat, ließ meine Familie mich gewähren. Robbie half mir sogar, den Garten neu zu planen und Schatten und Lauben gegen die Sonne einzufügen.

Ich begann, mir Monat für Monat Gedankennotizen zu machen, was in anderen Gärten gut wuchs und was lediglich überlebte. Diese Gärten waren begrenzt. Der typische San Orsola-Garten bestand aus Bäumen, Gras, ein paar Blumen, einem riesigen Gemüsebeet und vielleicht ein paar Weinstöcken. Die beiden Marias hatten mehr

Blumen als die anderen. Blumen waren, wie Geflügel, Sache der Frauen, ihre Bestimmung der Friedhof.

Ich sah, wie meine Winden blühten und welkten und wie sich die Lilien unverdrossen ihrer Blütezeit näherten. Ich sah, wie sich Schmetterlingsschwärme über den weitaus zahlreicheren Brennesseln trafen, und ich träumte von zahllosen Blumen, die eines Tages da sein würden, wo jetzt Schutt war. Bis dahin machte ich Kompromisse und pflanzte Palmen, Rosen, Hibiskus und Oleander in Terrakottatöpfe.

Eines Tages zog eine Herde schmuddeliger sardischer Schafe zu einer gemähten Wiese oberhalb des Baches, und ihre Halsglocken klangen wie eine fremde, malerische Symphonie. Am folgenden Tag rief ich meine Familie herbei, damit sie sah, wie wunderschön die Schafe als schäumender Fluß elfenbeinfarbener Wolle den Hang hinunterglitten. Einen Tag später gingen wir alle in die Bar mit dem wilden Wein, um Tischfußball zu spielen, und kamen erst nach Einbruch der Dunkelheit zurück. Tags darauf war in meinen sechs sienesischen Terrakottatöpfen nichts als die nackte Erde. Ich nahm die Niederlage sehr persönlich. Als die Schafe am Abend zurückkehrten, von einem wild aussehenden Sarden und drei ebenso wilden sardischen Maremma-Hunden gehütet, beschimpfte ich alle mit einem wütenden Wortschwall. Die Hunde ignorierten mich völlig. Der Schäfer hörte ein paar Sekunden lang zu und tat dann das gleiche, er schlenderte mit seinen humpelnden Schafen davon, während ich hinter ihm herschrie. Ich drängte mich durch die Schafe, um ihn zu verfolgen. Sein Blick war gelangweilt und gänzlich ohne jede Reue.

»Ich bringe sie um, wenn sie wiederkommen, hast du mich verstanden?«

Imolo war mir ins Freie gefolgt und zog mich zurück.

»Lisa«, redete er auf mich ein, »laß ihn in Ruhe, er kann gefährlich werden. Komm jetzt«, sagte er und führte mich an den Schultern zu unserem Ginsterhang zurück. »Er versteht kein Italienisch, nur sardischen Dialekt, aber die Schafe sind ein Kreuz, das wir alle tragen müssen. Komm jetzt.«

13. Kapitel

Ich stand gerade in der Küche, marinierte Hühnerbrust für unser abendliches Grillen und wendete die blassen Fleischstücke in Olivenöl, Thymian und Weißwein, als Imolo so aufgeregt hereinkam, daß er sich auf eins der Ölfässer setzen mußte, die wir als Stühle benutzten.

»Jetzt sind wir verbunden«, sagte er und quetschte meine ölige Hand in seiner. In all den Wochen unserer erzwungenen Intimität hatte er nie einen Annäherungsversuch unternommen, und ich wußte auch, daß er das niemals tun würde, also wartete ich, bis er sich beruhigte.

»Lisa, wir sind jetzt verbunden! Komm mit, komm und sieh selbst.« Er führte mich aus der Küche, den langen Korridor entlang, der vor kurzem ausgebessert und befestigt worden war, mit seinen grauen Verputzhüllen, die auf einen Anstrich warteten, und den Wunden, wo Stromkabel, Gas- und Wasserrohre ihn überquert hatten. Er führte mich in das quadratische Badezimmer, wo er seit einigen Tagen mit dem Installateur und seinem Gehilfen gearbeitet hatte.

»Jetzt schließ die Augen.«

Als ich sie öffnete, brannte elektrisches Licht im Raum, und aus den Hähnen lief Wasser ins Waschbecken.

Es war immer schwieriger geworden, die knapp schrankgroße Parterre-Dusche in der Wohnung der Beauties zu benutzen. Das Leben schien zu kurz, um sich in die Warteschlange hinter dem Kind Iseult und den

Beauties einzureihen, die die Zelle ständig mit Beschlag belegten, und die Wohnung verkam proportional zur Länge der Zeit, die sie dort lebten. Seit Allie oben bei uns wohnte, war die Wohnung zur Sammelstelle schmutziger Wäsche, der sechs nicht stubenreinen Katzenbabys, ihrer vergessenen Schüsselchen mit modernder Nahrung und zu einer kompletten Kosmetiksalon-Einrichtung geworden. Die Ankunft von heißem und kaltem Wasser im ersten Stock sowie von sanitären Anlagen jener Art, die man gern für selbstverständlich hält, brachte einen völlig neuen Lebensstandard in die Villa San Orsola. Ein richtiges Badezimmer mit der zusätzlichen Vergünstigung einer wunderbaren Aussicht durch Zypressen hindurch war ein solcher Luxus, daß wir einen Vorgeschmack davon bekamen, wie das Leben sein würde, falls wir jemals zu Möbel und Türen kämen.

Ein großer roter Samtvorhang aus unserer Wohnung in Venedig wurde vor die Badezimmertür genagelt. Wir bedeckten eine Öltonne mit einem Spitzentuch und stellten unsere Toilettensachen darauf. Es gab eine Dusche, die auf den neu gefliesten, mit Carrara-Marmor verlegten Fußboden regnete. Eines Tages würde unter dieser Dusche eine viktorianische Badewanne stehen. Aber dieser Tag schien nicht näher zu rücken. Trotz beträchtlichen Aufwands kam ich mit den Hafenbehörden in Livorno keinen Schritt weiter. Dort waren drei Zwölf-Meter-Container beschlagnahmt worden, die uns gehörten und nicht nur die gußeiserne Wanne enthielten, sondern vierzig alte Türen sowie alles, was wir an Möbeln und Einrichtungsgegenständen besaßen. Jeden Tag rief ich von Reginas Bar aus Livorno an und beschwerte mich, forderte die Freigabe der Sachen, bettelte darum. Seit das Schiff vor sieben Wochen festgemacht hatte und die Container ausgeladen worden waren, war nichts geschehen, was man auch nur im entferntesten als positiv hätte bezeichnen können. Es schien unsinnig, sich durch die Bürokratie unseren ersten Sommer in Umbrien verderben zu lassen, also lebten wir in kreativ improvisiertem Mobiliar, füllten die Räume mit Wiesenblumen und freuten uns trotz fehlender Einrichtung an unserem Haus.

Nachdem der Tabak gepflanzt und von schlappen Setzlingen zu aufrechten Pflanzen hochgehätschelt worden war, als der Mais wuchs und das Heu sicher in Ballen gepackt war, senkte sich eine Stille über das Tal, die sich angenehm in der relativen Ruhe eines jeden Abends spiegelte. Wir schlenderten ein paar hundert Meter weiter zu der zweiten Bar, wo wir einige neue Orsolani kennenlernten. Die zweite Bar hieß nur die Bar, als gäbe es keine andere, weder im Dorf noch in der nebelhaften Umgebung jenseits seiner Grenzen.

Die Bar wurde von Menchina geführt, einer puppenhaften Dame ungewissen Alters. Menchina litt unter Migräne, und zwar seit vierzig Jahren. An den Tagen, wenn die Kopfschmerzen besonders schlimm waren, trug sie ein rotes Tuch um die Stirn. Nach vierzig Jahren Dienst in der Bar benahm sie sich, als sei die Bar eine Erweiterung ihres Wohnzimmers. Sie war oft stundenlang leer. Wenn der Laden nebenan geschlossen und sonst nichts zu tun war, legte Menchina an einem der drei Tische im Innenraum Patiencen. Manchmal spielte sie Stunden. Ihre Stimme war rauh und sehr sinnlich, ihre Bewegungen nervös und schnell, obwohl alles, was sie tat, durch ihre übermäßige Nervosität verzögert wurde und lange dauerte. Vielleicht in Folge der Zeiten völligen Alleinseins, die durch Zeiten mit viel Gesellschaft unterbrochen wurden, sprach sie oft mit sich selbst oder mit Giada, der Schoßhund-Promenadenmischung ihrer Tochter. Giada war ein Viertel Chihuahua und drei Viertel Gernegroß, eifersüchtig buhlte sie um Menchinas Zuneigung. Menchina debattierte mit ihr, als sei sie ein ausgewachsener, bockiger Teenager.

Als ich Menchina kennenlernte, freundeten wir uns sofort über Blumen an. Die Einfassung der Terrasse vor der Bar zeigte die Früchte ihrer Arbeit: ein Garten aus Topfpflanzen ganz nach meinem Herzen. Ich erkannte in diesen Bemühungen die verhinderte Gärtnerin. Jede Rose und jeder Busch der Einfassung mußte mit Töpfen seltener Lilien und verschiedener Kamelien, Gardenien und Begonien um Platz kämpfen. Auf der schmalen Treppe am Ende der Terrasse, die zu ihrer Wohnung im ersten Stock führte, konkurrierten Hibiskus, Azaleen, Hortensien und Agapanthuslilien um das bißchen Licht, das durch die Pergola aus wildem Wein sikkerte.

Das Leben unter diesem Wein war friedlich, und zwar auf eine süchtig machende Weise. Wir verbrachten dort bald ebensoviel Zeit wie Menchina mit ihren Patiencen. Neben der Terrasse war die Bar, und neben der Bar war der Dorfladen. Ließ man der Zeit ihren gemächlichen, von Klima und Tradition bestimmten Gang, konnte man da frisches Brot, Pecorino, Getränke, Obst aus Menchinas Obstgarten und Wein aus dem Keller ihres Mannes kaufen. Das Lädchen war auch der allgemeine Umschlagplatz für Klatsch, den Menchina sammelte und wieder austeilte, wobei sie in ihrem Bemühen um Fairneß die Finger in Gebetshaltung so fest aufeinanderpreßte, daß es ihren abgeblätterten, dunkelroten Nagellack strapazierte.

Sobald ein Baby in die Bar oder den Laden kam, hielt Menchina ihren bemalten Daumen hoch, brachte das Kind dazu, ihn zu nehmen, dann wirbelte sie mit ihm auf dem Terrazzoboden herum und summte ein paar Takte immer der gleichen Polka, tanzte immer die gleichen Schritte und schien sich dabei an eine lange zurückliegende Zeit zu erinnern, als es noch keinen Grund für rote Stirnbänder oder die Geduld endloser, einsamer Patiencen gegeben hatte.

Abends, nachdem die Arbeiter fortgegangen waren und eine Spur aus Werkzeugen und halbbeendeter Arbeit hinterlassen hatten, nach unserem Ausflug in die Bar und zum Telefon in Reginas Bar, um die Hafenbehörden wegen unserer Möbel anzurufen, senkte sich Ruhe über die Villa. Diese Ruhe war so betörend, daß sie von Zeit zu Zeit sogar das Kind Iseult und die Beauties zu umgarnen vermochte. Dann wurde die Stille hier und dort von ihrem Übermut durchbrochen und konnte sich doch behaupten, auch sie waren bezaubert vom Duft der drei Blüten des Zitronenbaums in einem der geplünderten Terrakottatöpfe sowie des kletternden Jasmins, den ich in einen anderen gelockt hatte. Frösche und Grillen quakten und sangen aus allen Himmelsrichtungen, und am umbrischen Himmel leuchteten mehr Sterne, als ich jemals gesehen hatte.

Wir hatten uns angewöhnt, abends draußen zu sitzen und das Halbdunkel des Hauses zu fliehen. Als Elektrizität kam, war das wunderbar, um unseren Plattenspieler einzustöpseln, Kühlschrank und Boiler zu benutzen und die Treppe zu beleuchten, doch in der großen Küche fanden wir das Licht abends störend grell. Uns fehlten die Glühwürmchen und die Nähe der Nachtigall, die wachte. Schleiereulen nisteten in dem jungen Eichenwäldchen auf unserem Grundstück, vierzig, fünfzig Meter von der Villa entfernt. Ihr milchiger Kot klatschte in das hohe Gras, und ihre Warnschreie klangen durch die Nacht. Das Fehlen von Möbeln war weniger hinderlich, solange wir draußen saßen; der Vorhof war eigentlich allzu möbliert, denn er war besetzt durch Imolos Kästen, Berge von Baumaterial sowie die beiden Zementmischer, die Wache standen.

Der Mond war in dieser Gegend ein ständiges Thema. In der Landwirtschaft wurde viel von ihm bestimmt, so war es auch in Venezuela gewesen. Wenn die Tabakbauern in Reginas Bar saßen und über Mondphasen und den besten Zeitpunkt sprachen, etwas zu pflanzen und zu beschneiden, konnte ich mein Quentchen Erfahrung beitragen, und als dieses schwache Bindeglied gefunden war, schmiedete ich es täglich und lernte durch diese Mondspekulationen neue Leute kennen.

In der Bar war auch Menchina im Bann der Mondphasen: Sie beeinflußten ihre Migräne, ihr rotes Stirnband wurde nach den Mondphasen und dem Drehen des Windes geknüpft. Sie versicherte mir, der Mond wirke nicht nur auf Kopfschmerzen, Pflanzen, Katzen, Hunde und Kinder, sondern auch auf Schwangerschaften.

»Eh, *sì*, eh! Alle Schwangerschaften enden mehr oder weniger zu Vollmond. Bei Tieren auf dem Bauernhof ist das immer so, bei Frauen ist es allgemein bekannt. ›Wenn der Mond voll ist, kommt das Kind.‹ Meine beiden kamen auf die Nacht pünktlich.«

Über das Thema Mond lernten wir auch Silvio, den Dichter, kennen. Der Dichter (der auch der Schuster war) kam ohne Ausnahme jeden Abend Punkt acht Uhr fünfzehn, um einen Kaffee zu trinken und zwei elegant dünne Zigaretten zu rauchen. Im Gegensatz zu den meisten Männern seiner Generation (er war über achtzig) kleidete er sich wie ein Dandy in Anzug und Weste. Sein üppiges weißes Haar war makellos geschnitten und geölt und hätte eher zu einem Teenager als zu dem Urgroßvater gepaßt, der er war. Der Dichter stand mit seinen ein Meter fünfundvierzig vor der hohen Bartheke und konnte gerade hinaufreichen. Eines Abends kam er mit einem ausgefransten Stück Pappkarton herein, das er wie den Taktstock eines Kapellmeisters unter dem Arm hielt. Die Pappe war brüchig, gelb und von einem Gemüsekarton abgerissen. Außerdem war sie mit Kugelschreiber bekritzelt.

Kaum hatte er die Bar betreten, verkündete er: »Menchina, ich habe ein Gedicht über den Mond geschrieben. Ich habe den ganzen Tag damit gekämpft. Ich habe das Gefühl, als habe es mich gewürgt, und nun ist meine Kehle trocken – was soll ich trinken?«

Menchina hatte einen Vorrat an Sprichwörtern auf Lager, die sie auf Knopfdruck produzierte, wie ein mediterranes Poesiealbum. Nun mußte sie sich nicht lange mühen und quälen, um einen ihrer Lieblingssprüche anzubringen. Silvios Frage »Was soll ich trinken?« gab ihr das perfekte Stichwort für einen ihrer liebsten Sätze:

Nun te mètte ntul cammino
Si la bòcca n sa de vino.

(Geh nirgendwohin ohne den Geschmack von Wein im Mund.)

Silvio war von Natur aus abstinent. Er trank nur zum Essen Wein, wie er uns sofort erzählte. Sein Standardgetränk war, wie wir beobachten konnten, ein Martini, serviert in einem geeisten Cocktailglas mit Olive und Spieß, aber er nippte nur daran und schlug alle Einladungen zu weiteren Getränken aus, die er in der Bar erhielt. Auf seine penible Weise lehnte er Menchinas heiser vorgetragenen Wein-Vorschlag höflich ab, bestellte seinen Kaffee und benetzte sich damit die Lippen. Dann wandte er sich unvermittelt an mich und erklärte:

»Ich habe vergangene Woche jeden Nachmittag auf dich gewartet. Warum bist du nicht erschienen wie versprochen?«

Ich hatte nie mehr als ein freundliches Kopfnicken mit ihm gewechselt, und das sagte ich ihm.

Menchina unterbrach: »Er ist taub, du mußt schreien.«

Er schüttelte betrübt den Kopf, nachdem ich geschrien hatte, und lächelte ironisch,

»In mir ist nichts Böses«, sagte er. »Ich bin ein Dichter, mein Herz ist in meinen Reimen, aber eine andere Seite meines Herzens verehrt Frauen und ihren Körper ... Ich liebe sie, habe sie immer geliebt. Als ich ein junger Mann war, bin ich von einer Villa zur nächsten gezogen und habe die Füße der Damen gemessen, um in mein Dorf zurückzukehren und Schuhe für sie zu machen (damals gab es keine Schuhgeschäfte, wir *contadini* trugen Holzschuhe). Ich machte mir einen kleinen Spiegel mit verstellbarem Winkel, und wenn ich den Fuß einer Dame vermaß, konnte ich ihr zugleich unter den Rock gucken.

Jedes Jahr ziehe ich Blumen, ein kleines Blumenbeet, um Sträuße zu machen. Du hast versprochen, mich zu besuchen und dir meine Blumen und meine Gedichte anzusehen, und du hast einen alten Mann warten lassen.«

Silvios Stimme war quengelig. Menchina unterbrach erneut: »Das ist die *Mutter*, Silvio«, rief sie. »Du hast mit der Tochter gesprochen, das sind die Mutter und ihr Mann.«

Silvio blickte erstaunt und starrte ängstlich von Robbie zu mir und zurück, taxierte Robbies Größe und Körperbau und verglich das mit seiner eigenen winzigen Zerbrechlichkeit. Er entschuldigte sich überschwenglich, vor allem bei Robbie. Er errötete und war ganz aufgeregt. Als wolle er beweisen, wie seriös er sei, begann er, über den Krieg zu sprechen, und als er sah, daß ich mich für dieses Thema wirklich interessierte, blieb er und sprach eine Stunde oder länger über die Schlacht um Montecassino. Er sprach über das Leben im Dorf in den zwanziger und dreißiger Jahren, während ich ihm Fragen zubrüllte und Robbie die wesentlichen Punkte seiner Erzählung übersetzte.

Es gelang dem Dichter Silvio nie, mich und das Kind Iseult auseinanderzuhalten. Ich erriet, daß er das Kind um ein Foto gebeten hatte, da er irrtümlich mich danach fragte und wegen meiner Schäbigkeit schalt, einem alten

Mann nicht seinen Willen zu lassen. Das Kind Iseult wollte ihm kein Foto geben, da ihr der Gedanke unangenehm war, was er damit tun könnte, sie klagte aber, daß er sie gelegentlich festhalte und mit seinen Kriegsgeschichten fast zu Tode langweile.

Der einzige, der eine direkte Beziehung zu Silvio aufbaute, war Allie, der regelmäßig Karten mit ihm spielte. Der kleine Junge und der alte Mann stritten sich stundenlang über ihre Karten und ihre Stiche. Dazwischen strömten Silvios ungeordnete Erinnerungen heraus, vermischt mit Zeilen seiner Gedichte. Allie war unser Botschafter, er gab uns sicheres Geleit in den inneren Kreis des Dorfes, führte uns über Gastfreundschaft und *bonhomie* hinaus in einen Bereich der Freundschaft und Verpflichtung. Italien ist eine Welt der Gefälligkeiten, die man einander tut. Weit entfernt von Bestechung und Korruption der höchsten Schichten, überleben und gedeihen Land, Städte, Dörfer und Familien durch ein System gegenseitiger Hilfe. Nicht dein Geld entscheidet, ob etwas erledigt wird, sondern wen du kennst und wer dir welchen Freundesdienst schuldet.

Über Silvio lernte ich seine neun Kinder und mit der Zeit auch seine siebzehn Enkelkinder kennen, die alle erwachsen waren und von denen einige selbst Familien hatten. Die Beauties manövrierten immer noch durch die Cantinas. In ihrem Schlepp wurde auch Robbie eingeladen. Es dauerte Tage, bis er sich von dem übersäuerten Magen und den dröhnenden Kopfschmerzen erholt hatte, die auf diese gründlichen Feldforschungen folgten. Ich wurde immer häufiger beiseite genommen und in verschiedene Küchen geführt, um dort Kaffee und *mistrà* zu trinken und über Krankheiten, Kinder und Rezepte zu sprechen.

In San Orsola gab es einen gemeinsamen Schatz von Rezepten und Zutaten, aus dem sich alle Köchinnen und Küchen des Dorfes bedienten. In einem regional bestimmten Land, wo jede Region ihre eigene Küche allen anderen vorzieht, schien mir dieser Teil Umbriens der kulinarisch exklusivste Ort zu sein, an dem ich je gewesen war. Viele Orsolani mißtrauen, vielleicht klugerweise, allem, was sie nicht selbst angebaut oder gezogen haben. Die meisten Küchen des Dorfes waren eine eigenartige Mischung aus uralt und high-tech. Es hatte sich herumgesprochen, daß wir keine Geschirrspülmaschine hatten. Dies, gekoppelt mit dem Fehlen einer Tiefkühltruhe, beunruhigte unsere Nachbarn viel mehr als das unserer Meinung nach dringendere Problem der fehlenden Möbel. Die beiden Marias bedrängten mich, umgehend einen Geschirrspüler zu kaufen.

»Spülen ist eine solche Plackerei«, sagten sie zu mir. »Eh, *sì*, eh! Du mußt einen Geschirrspüler haben, Abwaschen ist eine Vergeudung kostbarer Zeit ... Zeit, die mit etwas Sinnvollem zugebracht werden könnte, wie Pasta machen.«

Dreimal die Woche wurde ein Holzbrett von einem Meter Breite und anderthalb Meter Länge über jeden Küchentisch gelegt. Hinzu kamen ein dünnes Nudelholz sowie einige spezielle Teigkratzer. Aus einem Krug wurde ein Berg Mehl aufs Brett geschüttet. Die wahren Fundamentalisten benutzten nur Mehl, das in einer der wenigen verbliebenen Mühlen der Gegend auf traditionelle Weise steingemahlen wurde, da ihrer Ansicht nach der Staat alles, was abgepackt verkauft wurde, manipuliert und möglicherweise vergiftet hatte. In die Mitte wurde eine Vertiefung gemacht und frische Eier hineingeschlagen. Maria d'Imolo versicherte mir, es müßten unbedingt ganz frische Eier sein, anderenfalls würde der Nudelteig kleben. Ich habe niemals zu überprüfen gewagt, ob das wahr ist. Die Tabellenführer unter den Pastasorten sind in San Orsola *tagliatelle*, *pappardelle* (breitere Streifen, die zu Wild serviert werden), *agnolotti* (breitrandige Ravioli, mit Ricotta und Spinat gefüllt) und *cappelletti* (Dreispitze, mit drei Sorten Hackfleisch und Gewürzen gefüllt). *Cappelletti* gibt es ausschließlich zu Neujahr und zu Weihnachten. Nudelmaschinen werden verachtet.

»Du kannst deine Pasta auch gleich frisch im Nudelgeschäft kaufen, wenn du eine Nudelmaschine benutzt«, sagte Maria d'Imolo häufig. »Die Maschine preßt den Teig zusammen, dadurch bekommt er einen anderen Geschmack und eine andere Konsistenz. Er nimmt die Soße anders auf. Man kann maschinengemachte *pastasciutta* sofort erkennen. Es ist einfach nicht dasselbe. Imolo ist nicht sehr *pastasciuttero*, er mag eigentlich nur *tagliatelle*, sonst würde ich mehr machen.

Als wir heirateten, hat er gefragt: ›Kannst du Pasta machen?‹ Ich habe geantwortet, ich hätte noch nie welche gemacht. Er zuckte mit den Achseln und sagte, ›Nun, wenn du mich heiratest, wirst du es lernen müssen. Ich kann das andere Zeug nicht essen.‹ Ich habe lange gebraucht, um es zu lernen. Ich habe es nicht als Kind mitgekriegt wie die anderen Mädchen. Ich bin nicht von hier, weißt du. Ich bin im nächsten Dorf geboren. Mein Vater war *contadino*. Wir waren damals sehr arm, wie alle landlosen Landarbeiter. Wir konnten nur überleben, weil meine Mutter in Mailand als Amme arbeitete. Jedes Mal, wenn eines meiner Geschwister geboren wurde, ließ sie das Baby bei uns zu Hause und ging nach Mailand. Ein paar Frauen aus San Orsola und dem Nachbardorf machten das auch. Manchmal haben wir sie sechs Monate lang nicht gesehen.

Nun, Lisa, wir hatten einen Nachbarn, der war, wenn du den Ausdruck entschuldigst, wie ein Stück Hundescheiße, das einem am Schuh klebt. Er wollte Ärger, und er machte welchen. Er zerrte meinen Vater mit einer erfundenen Anklage vor Gericht. Mein Vater hatte nichts getan, es war ein Streit zwischen Nachbarn, aber ohne Grund. Vielleicht konnte der Nachbar es nicht ertragen, eine Familie so froh und glücklich zu sehen.

Mein Vater mußte sich einen Rechtsanwalt nehmen. Stell dir das vor, zu der damaligen Zeit, nach Città di Castello laufen und einen Rechtsanwalt finden! Das war sehr beängstigend.

Er wurde freigesprochen, es war eine alberne Grenzstreitigkeit, aber die Anwaltskosten waren mehr, als mein Vater mit einem Jahr Feldarbeit verdienen konnte.« Maria hielt inne und schüttelte die blonden Locken, verwundert darüber, daß es überhaupt so etwas wie Gemeinheit in der Welt gab. Sie blickte sich rasch in der Küche um, auf den riesigen Fernsehapparat in der Ecke, auf die Kaminverkleidung aus Stein, die Imolo in seiner Freizeit behauen hatte, auf ihre ordentlich aufgereihten Küchengeräte und das gerupfte Huhn, das über den Wasserhähnen ihres Spülsteins hing, seufzte glücklich über ihr eigenes Schicksal und dann traurig über das ihres Vaters.

»Er mußte fort, ins Ausland. Er ging nach Nizza und arbeitete die Schulden ab; er wohnte ärmlich und rakkerte sich ab. Sobald er konnte, ließ er uns nachkommen, seine Frau und sechs Kinder. Die ersten beiden Jahre lebten wir bei jemandem im Weinkeller, alle acht, wir lebten kaum besser als Bettler, aber wir arbeiteten. Dann ging es langsam bergauf. Ich habe in Nizza gelebt, bis ich Imolo heiratete. Er war aus der Schweiz zu Besuch und ich aus Frankreich. Sobald wir konnten, kehrten wir nach San Orsola zurück. Ich würde nirgends anders wohnen wollen, und du weißt ja, Imolo ist wie ein Vogel ohne Himmel, wenn er vom Dorf fort ist. Nicht einmal nach Castello fährt er gern.«

Nach vierzehn Jahren in Frankreich schien Maria von dort nichts als die Sprache und die anhaltende Begeisterung für eine bestimmte Pilzquiche und eine Zitronen-Tarte mit Baiserhaube mitgebracht zu haben.

»Aber was ist mit dem übrigen französischen Essen – magst du das nicht?«

»Naja, einiges schon«, räumte sie widerwillig ein. »Aber es ist nicht wie das, was wir hier machen. Als wir hungrig waren, hätten wir auch unsere Schürzen gegessen. Ich habe viele französische Sachen gegessen, natürlich, aber sie sind nicht wie unsere.« Sie schüttelte den Kopf. »Ein Leben ohne Pasta ist eine traurige Angelegenheit.«

Maria bemühte sich, mir das Nudelmachen beizubringen. Sie wollte unbedingt, daß auch die Beauties es lernten, aber es gelang ihr nicht, sie aus der Cantina zu lokken. Das Geheimnis lag im Ausrollen und Falten. Der Teig mußte eine bestimmte Feuchtigkeit haben, sonst war alles umsonst. Wenn das Unglück zuschlug und er zu mißlingen drohte, mußten die papierdünnen gelben Teigschichten getrocknet werden. Dafür nahm Maria einen elektrischen Föhn und fuhr mit dem heißen Luftstrahl an den widerspenstigen Nudelhostien auf und ab.

Meine eigenen Bemühungen schlugen dermaßen fehl, daß ich bei diesen Unterrichtsstunden im Nudelmachen die einfachsten Aufgaben zugeteilt bekam. Ich schnitt ein wenig, aber auch das nur unter strenger Aufsicht, da ich nicht gerade schneiden konnte. In etwa fünfzehn Jahren, sagte man mir, würde ich es gelernt haben. Marias Hand war so sicher, daß sie, wenn es Zeit war für *Beautiful*, ihre Aufmerksamkeit der perfekten Umsetzung umbrischer Küche und zugleich dem erotischen Karussell ihrer Lieblings-Seifenoper widmen konnte.

14. Kapitel

Als die Polizei in die Villa kam, um zu untersuchen, warum einer der Beauties im örtlichen Krankenhaus ein Terrakottasplitter aus dem linken Auge entfernt werden mußte, ließen sie die Angelegenheit schließlich fallen, weil die verblüffenden Geschichten so widersprüchlich waren und die Zeugen sich beharrlich weigerten, einen Schuldigen auszudeuten. Da ich zu dieser Zeit mit Robbie und Allie aus gewesen war, erfuhr auch ich nie, warum im Durchgang zwischen den beiden Haushälften Cricket gespielt und warum als Cricketball ein Stück Terrakotta benutzt worden war. Da alle Beteiligten mit den Beauties befreundet waren, verweigerten auch sie die Auskunft darüber, wer die betreffende Scherbe geschlagen hatte. Ich habe eine grobe Vorstellung davon, worum es bei Cricket geht, und hatte daher dem verwirrten *maresciallo* und den ihn eskortierenden Polizeibeamten etwas voraus. In einer Gegend fast ohne Verbrechen waren sie von ihrem entschiedenen Vorhaben, Anzeige zu erstatten, nicht leicht abzubringen, aber was sie unter Mühen herausfanden, war dermaßen surreal, daß sie seither unsere Menagerie mit einigem Mißtrauen beäugen.

Im ersten Stock des Regionalkrankenhauses, auf einer brütenden, stickigen Station namens »Frauenmedizin«, ertrug unterdessen eine irische Beauty die Hitze mit einer großen Klappe über einem Auge, während ihre Gefährtin neben ihr saß und sie zu schneller Genesung anspornte, damit sie ja die magischen Höhepunkte der Sommerdiscos nicht verpaßte. Rechts und links von ihnen und auf der ganzen Etage schwitzten die einheimischen Frauen ihre Krankheiten aus und hatten außerdem mit der Belästigung durch den lärmenden Besucherstrom zu kämpfen, der sich um das Bett der verletzten Beauty scharte. Unsere damaligen Besuche in diesem Krankenhaus waren die ersten von vielen, wir sollten es so gut kennenlernen, daß meine Füße, wenn ich daran vorbeikomme, immer noch automatisch auf dessen enge und streng bewachte Eingangshalle zugehen.

Nach fünftägiger Marter in dieser äußerst hygienischen Sauna, die eine als Patientin, die andere als pflegende Begleitung, kehrten die Beauties geläutert ins Dorf zurück. Sie feierten ihre Rückkehr, indem sie ihre Barschaft zusammenkratzten und ein kleines blaues Moped kauften, mit dem sie nachts von einem entfernten Ort zum anderen kommen konnten, ohne auf widerstrebende Begleiter warten zu müssen. Nachdem sie diese neue Mobilität und Unabhängigkeit gewonnen hatten, sahen wir sie kaum noch. Sie sollten an sich bis Anfang Oktober bleiben, aber aufgrund unseres recht ungeregelten Haushaltes (und der unbegrenzten Faszination des hiesigen Unterhaltungsangebotes) hatten wir uns locker darauf verständigt, daß ihre Dienste nur während unserer seltenen Abwesenheit benötigt wurden und sie die übrige Zeit sich selbst überlassen waren. Die Parterre-Wohnung hatte ihr eigenes, lebhaftes geselliges Leben. Notlieferungen von Wassermelonen konnten um drei Uhr morgens anfallen, und aus den Fenstern dröhnte Musik, ob die Mädchen da waren oder nicht. Viele ihrer Freunde waren auch Iseults Freunde, und viele Ausflüge unternahmen sie gemeinsam.

Die rudimentäre Regelung, die ich anfangs angestrebt hatte, war einem Zustand des sporadischen Chaos gewichen, unterbrochen von Ausflügen nach Rom. Waren sie zu Hause, hörten wir, zuverlässig wie eine Kirchturmuhr, um Punkt zehn, den Motor des winzigen, ramponierten blauen *motorino* losknattern, begleitet von dem allabendlichen Streit, welche der Beauties zur Kurve vor dem Haus unserer Nachbarin Maria laufen mußte und welche das asthmatische Gefährt fahren durfte. Der Hügel zur Villa war zu steil für beide. Mit seiner Bauweise kommt es ein italienisches Moped an sich hart an, auch nur eine der drallen Schönen zu tragen, doch sobald bergabwärts beide daraufsaßen, riß das Bremskabel todsicher. Nachts, irgendwann zwischen drei und sechs und vom stotternden Minimotor ihres Gefährts angekündigt, kehrten die Mädchen zurück, störten Eulen und Nachtigallen und schreckten uns kurz aus dem Schlaf.

Die *festa* der Madonnina del campo war Wochen zuvor angekündigt worden, doch das zweite Sommerfest von San Orsola rückte heran und stand nahezu ohne Warnung vor der Tür. Es galt offenbar als so bedeutendes Ereignis, daß alle davon wissen mußten, wir eingeschlossen. Das war eine *festa*, die man seit Jahrhunderten beging. Ursprünglich hatten die Mönche von San Orsola sie veranstaltet. Jedes Jahr wurde ein Dorfbewohner bestimmt, der für das Fest Lebensmittel sammelte. Dafür mußte er zu den verschiedenen Klöstern im Umkreis gehen, um Mehl, Honig, Eier, Fleisch und Käse zu holen, die für diesen Tag benötigt wurden. Alle Gutsbesitzer spendeten etwas. Nun, da die Mönche verschwunden waren, wurde das Fest vom *proloco* organisiert, und das Essen wurde teils gestiftet, teils gekauft.

Das Mittagessen wurde in Küchen sowie auf den Holzkohlegrills am Sportplatz zubereitet, und zu diesem *campo sportivo* führten uns Iseult und die Beauties eines Sonntags im Juli. Wieder waren die Straßen mit Ginsterblüten bestreut, die intensiv dufteten, wenn eine Brise sie aufwirbelte. Eine von Don Annibale angeführte Prozession zog durchs Dorf, aus jedem Fenster hingen handbestickte Tischtücher und Bettüberwürfe aus Leinen, blendend weiße Fahnen in der Sonne. Zwei Männer trugen das angeschlagene Ölgemälde der San Orsola und flößten den Sarazenen, die ich Monate zuvor in einen Winkel der Kirche eingeklemmt entdeckt hatte, Gottesfurcht ein; hinter dem Gemälde trippelten mehrere Meßdiener in weißen Chorhemden und grellfarbenen Turnschuhen, gefolgt von einer Blaskapelle und einer sich schlängelnden, schwitzenden Gemeinde aus mehr Dorfbewohnern, als ich je gesehen hatte.

Am hinteren Teil dieser Prozession (deren Ziel die Kirche war) herrschten ein starker Schwund in Richtung Bar und ein zunehmender Exodus zum *campo sportivo*, der am anderen Dorfende lag, hinter einem kleinen, ummauerten Friedhof, der von Zypressen eingefaßt war.

Bei drei Sorten *crostini*, zwei Sorten Pasta, Kalbsbraten mit Erbsen und riesigen, überladenen Platten mit gebratenem Huhn und Lamm lernten wir Dutzende neuer Orsolani kennen. Als Ausweis dienten, wie immer, die Kinder: Allie schien nicht nur jedermann zu kennen, er war auch sehr gefragt bei den jeweiligen Kartenrunden.

Offenbar hatte er in den Monaten zuvor nicht nur *briscola* gemeistert, er hatte auch Glück im Spiel gehabt und war ein begehrter Partner. Die Beauties sollten, schließlich war es ein Fest, ihre beachtlichen Fähigkeiten im Armdrücken vorführen, und Iseult vergab alle Tänze für den bevorstehenden Tanzabend.

Nachdem man den ganzen Nachmittag lang hingebungsvoll getrunken hatte, von Sportwettkämpfen nur unwesentlich unterbrochen, begannen die Vorbereitungen für den *ballo liscio*, das Tanzvergnügen, das zu so vielen italienischen Festen gehört. Ein Akkordeonspieler und ein unsäglich betrunkener Geiger nahmen am Ende eines Tennisplatzes Aufstellung und kaum hatten sie den ersten Ton gespielt, stürmten die Orsolani den Teerboden. Imolos Frau Maria fand sich dort in den Armen von Franco wieder, einem sechzigjährigen Bauarbeiter. Er walzte mit der mechanischen Grazie einer viktorianischen Aufziehpuppe, die auf einem Spiegelsee tanzt. Silvio warf sich, ungeachtet seiner achtzig Jahre und scheinbaren Zerbrechlichkeit, in den Kampf, wobei er sich die größten Mädchen und Frauen mit den größten Busen griff. Die Tangos, Walzer und Polkas wurden nur durch eine gelegentliche Mazurka unterbrochen. Es wurde dunkel, und auf dem Tanzboden herrschte Gedränge. Ich bekam bei einigen Polkas die Füße plattgetreten und stolperte durch einen Walzer, bevor ich mich an den Rand des Geschehens zurückzog, überzeugt, daß ich Tanzstunden würde nehmen müssen, um die Schritte zu lernen. Zwei oder drei Paare tanzten nicht einfach, sie beherrschten Schrittfolgen von bewundernswerter Komplexität.

Lange nach Mitternacht gingen wir nach Hause, trotteten durch das Tal die drei Kilometer zu unserer Villa, begleitet von Akkordeonklängen und Stimmengewirr. Es war, als seien wir durch das Taufritual des Eintauchens in die Dorfgemeinschaft aufgenommen worden, denn auf den Kleidern trugen wir säuerlich riechende Weinspuren nach Hause, außerdem Orangenlimonadeflecken, Kaffeespritzer, Fett vom spätabendlichen Grillen, Lehm sowie Blut vom Nasenbluten, das Allie auf dem Fußballplatz überfallen hatte. Noch lange, nachdem wir zu Bett gegangen waren, erklang die Musik, von Rufen und Lachen unterbrochen. Wir spielten mit der Idee, zurückzugehen und weiter mitzufeiern, aber an den hiesigen Wein muß man sich gewöhnen, und es bedarf einer ausgedehnten Lehrzeit, seine Wirkung zu ertragen. Mit brummendem Kopf konnte ich nur noch nach Hause stolpern, während der betrunkene Geiger, der schon zu Beginn ausgesehen hatte, als werde ihn eine einzige plötzliche Bewegung, mit Sicherheit aber die nächste halbe Stunde umkielen, noch immer fiedelte, als wir gingen. Dabei schwankte er bedenklich auf seinem Stuhl und wurde im Gesicht immer röter, während er unentwegt Plastikbecher mit dem tödlichen Gesöff kippte. Am folgenden Tag beklagten sich alle Mädchen über blaue Flecke, weil beim Tanzen so viele kleine Männer den Kopf in ihren Busen vergraben hatten.

Nach der zweiten *festa* gab es eine Flaute. Die wichtigsten Arbeiten in der Landwirtschaft waren jetzt Hacken und Wässern. Wasser wurde von künstlich angelegten Seen auf die Felder gepumpt, so daß die Pflanzen grün blieben und in atemberaubendem Tempo wuchsen. An den Waldwegen reiften wilde Pflaumen und fielen zu Boden, die ersten Aprikosen würden bald soweit sein. Die Reben hatten sich über ihre Drähte getastet und gewunden, die gekappten Weidenstümpfe, die sie stützten, wucherten und trieben Reihen durchsichtiger grüner Blätter und drahtiger Ranken. Es hatten sich so viele Weintrauben gebildet, und sie wurden so prall, daß die Stöcke ihr Gewicht unmöglich würden tragen können. Die wuchernde Wegwarte mit ihren stachligen Blättern, staksigen Stielen und kurzlebigen blaßblauen Blüten hatte die letzten Mohnblumen zu Boden gedrückt.

Inzwischen war es für Picknicks zu heiß. Aus Salami und der Mortadella troff das Fett, das Brot wellte sich und wurde zu Toast, sobald wir es hinaustrugen. Aber Allie war ein unermüdlicher Picknicker, der auch dann noch seine trocknen Brotkanten, seinen in braunes Papier gewickelten, durchfettenden Aufschnitt und die Dosen mit lauwarmen Sardinen packte, als das Essen im Freien unter der erbarmungslosen Sonne für alle anderen kein Vergnügen mehr war. Seine Entschiedenheit scheiterte schließlich an der Wegwarte und einer besonders niederträchtigen Distelsorte. Sie drang durch Leinenschuhe, Hosen, Taschen und alles, was wir als Sitzunterlage wählten, und man konnte sich ernsthaft daran verletzen. Widerwillig gab Allie seine Mittagessen in den angrenzenden Feldern zugunsten der schlichten, zementstaubüberpuderten Mahlzeiten auf, die unsere tägliche Kost waren.

Irgendwann Ende Juli verschwanden die üblichen Merkmale des Sommers und wichen fast über Nacht verdorrten Farnen und Gräsern, fallenden Blättern, reifenden Brombeeren und einer Palette aus Ocker-, Orange- und Rottönen. Wie auf ein geheimes Zeichen verwelkten die Blumen oder warfen die Blütenblätter ab und nahmen den Gärten jede Farbe. Lange vor Mitte August war der Sommer, wie ich ihn immer gekannt hatte, vorüber. Bei sengender Hitze setzten die üblichen Veränderungen des Herbstes ein. Die Eichenblätter wurden einheitlich rotbraun, blieben aber hängen. Verschrumpelt und gewellt, klammerten sie sich stur an ihre Bäume. Rund ums Dorf gab es fast nur Eichenwälder: Es gab klassische Eichen, Zerreichen, einige wenige Steineichen, und alle behielten ihre Blätter, nicht nur bis zum Winter, sondern den ganzen Winter hindurch. Wenn sie schließlich fielen, dann nur, weil sie spät im folgenden Frühjahr von den neuen fortgestoßen wurden. Daher war die Landschaft nie ganz öde; selbst mitten im Winter blieben die Rot- und Orangetöne der Eichen, sie lagen über den Bergen wie ein tröstlicher, leuchtender Schleier.

Der August in Umbrien war ein träger Monat für alles, außer Tabak und Mais. Sie wuchsen so schnell, daß die staubigen weißen Straßen, die das ganze Jahr die weiten Felder geteilt hatten, fast über Nacht zu Alleen durch hochragende Stengel hindurch wurden. Der Tabak wurde üppig gewässert und außerdem alle zwei Wochen mit einer stinkenden Chemikalie besprüht, von der man munkelte, sie sei schon vor Jahren sowohl von der EG wie von der Regierung verboten worden. An den relativ kühlen Abenden, zwischen Mückenklatschen und Weinnippen, erfuhr ich, daß die Benutzung dieses Produktes strittig war. Angeblich war es krebserzeugend, und viele Bauern, die früher für die wenigen größeren Landbesitzer der Gegend gearbeitet hatten, beklagten sich bitter über seine toxische Wirkung:

»Selbst wenn man vorher ein Taschentuch vors Gesicht bindet, wird einem beim Sprühen schlecht. Es ist kein Zufall, daß es hier so viele Fälle von *il male brutto* (»das häßliche Übel«) gibt: Kehlkopf- und Magenkrebs.«

Die Augusttage schlichen träge dahin. Allie war froh, daß alle Dorfkinder Schulferien hatten. Das gab ihm die Möglichkeit, von morgens bis abends mit ihnen Fußball zu spielen. Er schien, ebenso wie seine neuen Freunde, von der Hitze merkwürdig unbeeindruckt, wenn sie beim Spiel ein Stück Ödland aufscharrten und wechselseitig ihre Fußbälle zum Platzen brachten. Er hatte sein Vorhaben längst revidiert, die Kinder des Ortes erst zum Schulanfang kennenlernen zu wollen, und er hatte viele traurige Stunden lang Menchinas Hibiskusbaum zerdrückt, während er sich am Geländer der Bar festhielt und das Kommen und Gehen der Dorfjungen beobachtete.

Imolo hatte ihm die Bekanntschaft aller über Vierzigjährigen besorgt, und das Kind Iseult hatte für ihn ersatzweise viele Freunde und Kumpel in der Altersstufe zwischen fünfzehn und fünfundzwanzig gefunden. Aber er sehnte sich danach, Jungen in seinem Alter kennenzulernen und mit ihnen zu spielen. Seinen besten Freund, den Mittelgroßen Daniele, hatten wir an Menchinas Fußballtisch kennengelernt. Der Mittelgroße Daniele wohnte nebenan und war süchtig nach Mortadella-Brötchen, die er in halbstündigen Abständen zu jeder Tages- und Nachtzeit aß. Ständig kauend, hatte er angefangen, uns beim Tischfußball zuzusehen. Nach vierzehn Tagen hatte er sich sogar bereit erklärt, sein Brot hinzulegen und eine Runde lang ins Tor zu gehen, und da zeigte sich, daß er erbarmungslos geschickt darin war, die Minibälle von den Füßen seiner zwei Verteidigerreihen prallen zu lassen.

Er erzählte uns stolz, sein Vater sei der beste Tischfußballspieler von San Orsola. Er begann, abends auf uns zu warten, um mit uns zu spielen. Er organisierte ein Match mit einem anderen Team, und eines Tages bat er Allie, mit ihm zu spielen, und nannte ihn Allie. Von diesem Augenblick an waren Allie und der Mittelgroße Daniele unzertrennlich. Wagte jemand zu erwähnen, daß Daniele eher mollig war, um nicht zu sagen dick, schwang Allie sich mit solcher Leidenschaft zu seiner Verteidigung auf, daß der Name Mittelgroßer Daniele aufkam und hängenblieb. Allie hegte immer stärker den Wunsch, den Mittelgroßen Daniele zu uns einzuladen. Imolo riet ihm, damit bis zur Ankunft der Möbel zu warten. Und so begannen die Freuden des Campings selbst für Allie schal zu werden.

In der Schlacht um unsere beschlagnahmten Möbel war unterdessen ein Stillstand eingetreten. Unsere drei Zwölfmeter-Container waren immer noch in einem Bürokratengestrüpp in Livorno gefangen. In Genua hatten einige Monate zuvor die Hafenarbeiter gestreikt, was alle Sendungen nach Italien, unsere eingeschlossen, verzögert hatte. In dem dadurch verursachten Chaos waren die Container so lange festgehalten worden, daß die Dokumente für ihre Freigabe abgelaufen waren. In Italien haben alle Dokumente eine festgelegte Lebensdauer, und im Gegensatz zum durchschnittlichen Italiener sterben sie jung.

Da es einen Streik gegeben hatte – ein unvorhersehbares Ereignis –, lehnten die Hafenbehörden in Livorno jegliche Verantwortung für die entstandene Situation ab. Ich versuchte vergeblich, ihnen klar zu machen, daß ich angesichts der Lage zwar ihre Unschuld akzeptierte, doch auch meine eigene geltend machen wolle. Die Container waren in einem schwarzen Loch versunken, das in keiner der zehntausend Verordnungen, Klauseln und Unterklauseln vorkam, wie sie jeder Hafenbehörde lieb und teuer sind, und es drohte die Möglichkeit, daß wir unser Eigentum nie wiedersehen würden. Vor einer Geräuschkulisse von Streit und lauten Begrüßungen umklammerte ich den Hörer des einzigen öffentlichen Telefons und versuchte, den Reedereivertreter und einen bestimmten Zollbeamten dazu zu bekommen, unsere Sachen abzufertigen. Diese Gespräche waren so weit gediehen, daß der Reedereivertreter unweigerlich jedes Gespräch beendete, indem er mit herablassender, mich zur Raserei bringender Ruhe sagte: »Also, ich weiß, es wird Ihnen nicht gefallen, Signora Santobin, aber ich hänge jetzt wieder auf.«

Dann machte ich es mir vor Reginas Bar auf einer der langen Bänke bequem, um auf einen doppelten Vecchia Romagna zu warten, während die Kinder die Tiefkühltruhe auseinandernahmen, um Blobs, Super Marios, Boomies oder irgendein anderes buntes Eis am Stiel zu finden, nach dem sie in dieser Woche gerade süchtig waren. Robbie trank Bier der lauwarmen und unappetitlichen Sorte, dem die Einheimischen während ihrer Boccia-Wettkämpfe auf der langen Sandbahn hinter der Bar zusprachen. Er erinnerte mich an alle Hindernisse, die ich überwunden hatte, um unseren ersten Container Möbel von Norfolk nach Italien und von Livorno bis in einen Kanal in Venedig zu bekommen. Er drängte mich, hinzufahren und persönlich mit ihnen zu sprechen. Ich warf ein, daß sie sich weigerten, mich zu empfangen.

»Na ja, wir campen hier – nimm die Kinder und campe dort, bis sie dir unsere Sachen geben.«

Da wir kein Auto besaßen, das uns alle legal nach Livorno hätte bringen können, versicherte ich mich der Dienste eines Taxifahrers aus Città di Castello, der uns von San Orsola zum Hafen bringen sollte. Als ich das Taxi bestellte, war es der Fahrer, der vorschlug, am 10. August zu fahren, *il giorno delle stelle cadente*, »am Tag der fallenden Sterne«. Er erklärte, wenn man am 10. August, nur dann, eine Sternschnuppe sehe und sich etwas wünsche, gehe der Wunsch in Erfüllung. In Abwesenheit fallender Sterne, aber umgeben von einer Menge fallenden Gemäuers, machten das Kind Iseult, Allie und ich uns an dem Tag mit der glückverheißenden Aura auf den Weg.

Wir waren darauf eingestimmt, unser Anliegen auf die hilfloseste und herzergreifendste Weise darzulegen. Die fünfstündige Taxifahrt, die Hitze und die Kosten für alles verfehlten nicht ihre überzeugend erbarmungswürdige Wirkung. Ich hatte den Kindern eingeschärft, still vor sich hin zu weinen und das Reden mir zu überlassen. Ich hatte ihnen eingeschärft, sich keine Überraschung anmerken zu lassen, welche Geschichten ich auch zum besten geben würde. Ihre Tränen sollten ungehindert fließen, aber es durfte keine unschicklichen Geräusche geben. Wir alle mußten so einnehmend wie möglich aussehen und penibel sauber sein.

So fuhren wir auch los, aber bei der Ankunft in Livorno waren wir wegen der Hitze verschmiert und klatschnaß. Wir säuberten uns auf dem Rücksitz des Taxis mit einer Packung feuchter Erfrischungstücher, für das Kind hatten wir ein sauberes, gebügeltes Kleid von züchtigem Schnitt mit monströs gestärktem weißem Kragen, für Allie einen hinreißenden weißen Matrosenanzug und für mich ein schmeichelnd sittsames Kostüm. Wir parkten beim Hafen neben dem Güter-Notaufnahmelager, wo, wie man mir gesagt hatte, unsere beschlagnahmten Möbel ewig und auf meine Kosten festgehalten würden.

Als wir anfingen, uns in seinem Auto zu waschen, blickte der Taxifahrer ausgesprochen unglücklich und öffnete seine Tür. Als wir anfingen, uns umzuziehen, stieg er aus und ging umher, wobei er abwechselnd vorgab, uns nicht zu kennen, und zurückkam, um zu protestieren.

»Was tun Sie? Was tun Sie in meinem Auto? Was werden die Leute denken?« flehte und schimpfte er.

Das Containerlager war menschenleer, und wir beendeten unsere Toilette, ohne auf ihn zu achten, außer daß wir uns entschuldigten und ihm sagten, es werde alles gut werden. Als wir ausstiegen, ganz adrette Musterfamilie, war er beeindruckt, und als wir auf die Bürogebäude zugingen, wünschte er uns halb hoffnungsvoll »*Auguri*«.

Da Frauen seit Jahrtausenden benachteiligt worden sind, schien es nur fair, im Kampf um diese Sache zu unsauberen Methoden zu greifen. Ironischerweise bestand der unsaubere Teil darin, eine saubere Familie jener Art zu präsentieren, die jeder italienische Mann stolz sein eigen nennen und beschützen würde. Zu den wenigen Vorteilen der italienischen Bürokratie gegenüber anderen Bürokratien zählt, daß es in ihr immer einen Bodensatz von Menschlichkeit und Großherzigkeit gibt. Näherte man sich ihr ungeschickt, verwandelte sie sich sekundenschnell in ein unüberwindbares Hindernis, doch ging man sie geschickt an, konnte sie flexibel genug sein, um eine Lösung zu gestatten.

In dem Labyrinth des Hafengeländes brauchten wir eine Stunde, um das richtige Büro zu finden. Dann brauchten wir weniger als zehn Minuten, um unseren Fall (mit einigen Auslassungen und Ausschmückungen) darzulegen, darum zu bitten, daß die betreffenden Dokumente abgestempelt würden, und die Freigabe unserer Möbel zu erreichen. Es wurde kein Geld über den Tisch geschoben, es wurden keine persönlichen Gefälligkeiten angeboten oder verlangt. Allie hatte aufs Stichwort verstohlen gehustet, als ich beschrieb, wie er auf dem nackten Fußboden schlief. Das Kind hatte sich die Tränen aus den schönen Augen gewischt, und ich war so unterwürfig, wie ich nur konnte, als ich von meinem behinderten Ehemann sprach und von meiner Unfähigkeit (ich war doch nur eine Frau), mich im italienischen Rechtssystem zurechtzufinden. Der zuvor unnachgiebige Beamte, mit dem ich Dutzende Male am Telefon gestritten hatte, sah plötzlich, daß wir anständige Menschen waren. Wir sprachen und weinten auf ruhige, vernünftige Weise, und er reagierte darauf, indem er das Vernünftige tat und uns aus dem Labyrinth seiner Bürokratie entließ. Wir würden die Möbel in zwei Tagen haben.

Die nächsten paar Tage waren das schiere Glück. Nicht nur dachten wir an die Wiedervereinigung mit unseren Sachen und an den Komfort, der auf uns wartete, Robbie hatte auch während unserer Abwesenheit einen weiteren See entdeckt. Dies war kein improvisierter Teich, dies war ein richtiger See, mehrere hundert Meter lang und im Wald hinter unserem Haus versteckt. Er war vom *palazzo* und dem Dorf aus weder im Sommer noch im Winter zu sehen. Eine Zypressenallee führte zu ihm hin, und er lag nur drei Minuten von unserem Haus entfernt. Dieser neue See, von Eichen, Weiden und Kiefern umstanden, war von verführerischer Stille. Libellen schwebten an den Rändern, wo Zweige ins spiegelglatte Wasser sanken. An einer Seite war zwischen Ufer und Bäumen ein Stück Wiese. Ein lila Windenband durchzog sie wie ein gelüpfter Schleier. Am anderen Ende ragte ein glatter, flacher Felsen über das Wasser und bildete die perfekte Terrasse zum Sonnenbaden, Angeln oder Sinnieren.

Zu Allies großer Freude führten wir unsere Picknicks wieder ein, trugen einen Korb Verpflegung und eine Tischdecke zum See hinunter und machten uns die Hitze erträglicher, indem wir in dem tiefen, kühlen Wasser schwammen. Als wir Imolo befragten, warum er diesen wunderbaren neuen See nie erwähnt habe, antwortete er erstaunt, auf echt umbrische Weise,

»Was wollt ihr mit zwei Seen? Giovannis See war gut genug zum Waschen, der andere ist nur Wasser.«

Es entsetzte ihn, daß wir darin schwammen, und er

fürchtete dermaßen um Allies Leben, daß ich seine Schwimmflügel durch eine regelrechte Schwimmweste ersetzen mußte.

»Es ist gegen die Natur, daß Menschen schwimmen«, insistierte Imolo. »Der Herr hat uns aus guten Gründen keine Flossen gegeben.«

Das ganze Dorf teilte seine Meinung, alle kannten den neuen See und hätten nicht im Traum daran gedacht sich hineinzubegeben.

»Er ist zweiundzwanzig Meter tief«, sagten sie uns. »Das ist nicht sicher.« Sobald Wasser höher stand als in einer normalen Badewanne, galt es nicht nur als unsicher, sondern als ungesund. Aber wir schwammen alle und schwelgten in unserem neuen Fund und seiner perfekten Abgeschiedenheit.

Die Wiesen um den *palazzo*, eingefügt zwischen die umliegenden Wälder und die unregelmäßigen Weinfelder, waren voller Farbkleckse, wie die Leinwand eines ungeübten Malers. Erst wuchs eine Unmenge blaßblauer Ehrenpreis, dann flammte scharlachroter Ackergauchheil auf, der unvermittelt erst dem Löwenzahn und dann, in schneller Folge, Butterblumen, Mohnblumen und Skabiosen wich. Die eine Farbe löschte die vorherige, als habe die Natur es sich anders überlegt, einen Ton abbestellt und den nächsten geschickt. Mitte Mai war die Zeit für Felder voller braunroter, wilder Gladiolen gewesen, Juni war rot vor Mohnblumen, Juli der Monat der wilden Orchideen, die zu Hunderten im Rispengras kauerten. Mitte August waren alle in der Hitze eingegangen, auch die seltenste, die ein Meter fünfzig hohe

Bocks-Riemenzunge mit ihren bizarren, reptilienartigen Blüten.

Die Felder und Wegränder waren bei unserer Ankunft blau vom Ehrenpreis gewesen, nun wurden sie es wieder vom atemberaubenden Himmelblau der Wegwarte. Wir stapften im Schutt unseres Gartens durch diese kniehohen Blumen, wir durchstreiften sie auf unserem Weg zum See, traten dabei auch auf Pfefferminze und schufen so bis zum Wasser hinunter eine duftende Fährte.

Imolo mit seinen Arbeitern legte damals in der Eingangshalle den Fußboden aus rosa Travertin, ein Geschenk von Robbies Mutter, und er schien vorübergehend an meiner Gesellschaft weniger interessiert als zuvor. Der Malermeister kam jeden Tag herauf und vollbrachte an den Wänden der Räume im ersten Stock eigene Farbwunder. Die angekündigte, zweitägige Wartezeit auf unsere Möbel verstrich, und nichts wirbelte den Staub unserer Straße auf, was auch nur im entferntesten einem Containerlastzug ähnelte.

Als ich anrief, legte der Zollbeamte nicht den Hörer auf, und er brüllte auch nicht. Er nannte mich »*cara signora*« und versicherte mir, die Lastwagen seien unterwegs. Dies entsprach, wie sich zeigte, nicht ganz der Wahrheit. Sie kamen erst zwei Tage nach *ferragosto*.

15. Kapitel

Der 15. August ist in Italien ein Feiertag: Ferragosto. Zu dieser Zeit teilen sich die Italiener traditionell in zwei Fraktionen, jener, die der Hitze zu entkommen suchen, indem sie in die Berge fliehen, und solcher, die der Hitze zu entkommen suchen, indem sie ans Meer fliehen. Zu dieser Zeit kommt das ganze Land knirschend zum Stillstand und macht Ferien; Geschäfte, Bars, Büros und Restaurants verbarrikadieren ihre Türen und befestigen daran Zettelchen, wie aus dem Schulheft eines Kindes gerissen, auf denen in krakeligen Druckbuchstaben »*Chiuso per ferragosto*« steht, als hätte nicht bereits der Anblick der öden, verrammelten Fassaden jeden Zweifel ausgeräumt. Ich stelle mir Ferragosto immer als Wettrennen vor, wie übrigens viele Italiener auch. Die Ferien beginnen wie auf Startschuß, und zielstrebig wälzt sich eine unglaubliche Autoschlange auf die Straße. Manche könnten einen Tag früher, andere einen Tag später fahren, aber in der Numerologie des Ferragosto steckt Magie und ein debiler Glaube an Sicherheit in der Menge.

In San Orsola herrscht eine an Aberglaube grenzende Furcht, den Ort zu verlassen. Einige Familien schleichen schneckengleich zum Meer bei Fano, ein paar junge Leute machen sich zu mehreren zu den Seen oder in die berühmten Städte auf. Nur wenige fahren ins Ausland, da jeder, der es versucht hat, mit Horrorgeschichten über das Essen zurückkehrte. Selbst Reisende nach Nizza beladen ihr Auto mit genügend Vorräten, um über die Runden zu kommen, bis sie in ihre eigenen Küchen zurückkehren. Im großen und ganzen ist Ferragosto für die Orsolani die Zeit, wenn Männer in kurzen Hosen und albernen Stoffsonnenhüten in der Bar herumsitzen, Arbeiten an ihren eigenen Häusern verrichten und in der *Cronaca Umbra* Berichte über endlose Verkehrsstaus anderenorts lesen.

Es ist keine günstige Zeit, um geboren zu werden oder zu sterben, eine schlechte Zeit, um krank zu werden oder nach einem Anwalt zu suchen. Alles steht still. Es war eine schlechte Zeit, um auf irgendwelche Lieferungen zu warten.

Jeden Nachmittag glitten zwei Bussarde über das Tal. Sie kreisten zwischen der Hügelkette hinter der Villa und dem fernen Gipfel des Sant'Agnese, dessen dunkle, gebieterische Pappeln sich am Horizont abzeichneten, und stießen gelegentlich herab. Robbie und ich waren beide Möchtegern-Falkner; wir träumten davon, einmal selbst Beizfalken und ein paar Bussarde zu besitzen. Wir zeichneten Pläne für eine verzierte Falknerei mit geschnitzten Holzsimsen und schrieben noch ein paar Listen, welches Zubehör wir dafür kaufen würden, eines Tages, in der unabsehbaren Zukunft, wenn alles fertig sein würde.

Realistischer war, daß wir alle potentiellen Besucher auf die Zeit vertröstet hatten, wenn die Möbel da sein würden. Nachdem wir aus Livorno grünes Licht hatten, riefen wir Freunde und Verwandte in ganz Europa an, um mitzuteilen, daß wir nun offiziell zu Hause seien. Der erste, der diesem Ruf folgte, war Fidoe aus Bristol, und um seine Ankunft zu feiern, benannten wir das schönste unserer zukünftigen Gästezimmer nach ihm. Er ist einer der penibelsten Männer, die ich je kennengelernt habe, und er hat heute noch Alpträume von dem Zementstaub, der ihn während seines gesamten Aufenthaltes einhüllte.

Unser zweiter Besuch kam aus Holland, und obwohl sie auf einen Abenteuer-Urlaub nicht vorbereitet waren, erwiesen sie sich als überaus anpassungsfähig und fanden sich so gut in unseren Tagesablauf aus See, Müßiggang, Mittagessen, Bauarbeiten, Bars und langen Abenden unter dem Sternenhimmel, daß sie sehr viel länger blieben als geplant.

Unsere vierte Besucherin war meine Schwester Lali, die in der Sonne lag, bis ihr Körper einen alarmierenden Rotton angenommen hatte, den sie fast zwei Wochen mit Zinkpaste pflegen mußte. In der Villa tobte ein Wettkampf in Sachen Sonnenbräune; meine Schwester hatte sich durch die subtropische Bräune der Beauties zu ihrem Sonnenbrand verleiten lassen. Diese waren nach vielen Stunden hingebungsvollen Sonnenbadens teakfarben, ihr erklärtes Ziel waren allerdings Mahagoni-Schattierungen, die auf der Grünen Insel gänzlich unbekannt waren, um ihre Freunde in der Heimat zu beeindrucken. Dafür opferten sie sich tagtäglich auf einer kleinen Wiese oberhalb des Gartens, wo sie auf einer Decke lagen. Mit ihnen beteten das Kind Iseult und unsere holländischen Gäste die Sonne an. Aus der Sicherheit ihres brutheißen Zimmers sah meine Schwester neidisch zu.

Allie streifte auf der Suche nach verlorenen Fußbällen durch ein Gestrüpp aus Brombeeren, Labkraut und Eisenträgern. Er war es, der die Mädchen auf einige Zuschauer aufmerksam machte, die sich weiter oben am Hang zusammengefunden hatten und, völlig bekleidet und überdies in Büsche gehüllt, ihrerseits der Hitze opferten, um zu spionieren.

Einer der Spanner wurde zu einem Gespräch und einer warmen Cola eingeladen, unter der Bedingung, daß er die anderen fortschickte. Ich stellte fest, daß sowohl die Beauties, die sehr gern Italienisch hatten lernen wollen, als auch das Kind Iseult, die ihre Kenntnisse ausbaute, einen außerordentlich umfassenden Wortschatz aufgelesen hatten. In der großen Küche, wo ich gerade etwas zum Mittagessen machte, hörte ich sie den Voyeuren Beschimpfungen nachrufen, wobei sie zur Verteidigung ihres Rechtes, nackt inmitten der Wegwarte zu liegen, örtlichen Dialekt und landläufige italienische Obszönitäten kombinierten.

Unser fünfter Gast kam mit den Möbel-Containern und drohte zu bleiben. Welches Trauma oder welche Überraschung unsere ersten Gäste erlebt haben mochten, als sie mit der Schönheit unseres neuen Hauses auch dessen beunruhigend verfallenes und leeres Inneres entdeckten, es war nichts gegen den Schock, der uns traf, als uns klar wurde, wieviel Möbel und Baumaterial, wie viele Türen, Badewannen, Papiere, Bücher, Manuskripte, Gemälde, Teppiche und Gerümpel in einen professionell gepackten Zwölfmeter-Container passen. Als alle drei gleichzeitig ankamen, mußten sie ausgeladen werden. Imolo und seine Arbeiter stellten dafür sofort jede rüstige Person im Haus in Dienst. Nachdem die sechs Klaviere nach oben gewuchtet worden waren, zusammen mit siebzehn Kleiderschränken, zwanzig Mahagonikommoden, den Messingbetten und all dem anderen schweren viktorianischen Kram, waren nicht mehr alle rüstig.

Wir hatten sieben Stunden lang eine Menschenkette gebildet, gehoben, getragen, geschleppt und gestöhnt, danach gingen wir alle in Reginas Bar und saßen zusammengesunken auf den Bänken, erschöpft wie eine Balletttruppe, die auf ihren nächsten Auftritt wartet. Imolo blickte mit den Augen eines Mystikers ins Tal hinunter, trunken vor Erschöpfung. Er hielt sein gedrungenes Weinglas fest umklammert, was das fehlende Glied seines rechten Mittelfingers betonte. Gigis blonder Bürstenschnitt und seine dichten, von Natur aus weißen Augenbrauen fielen am Ende jedes Tages durch den Zementstaub noch stärker auf, an jenem Abend aber waren sie außerdem von Spinnwebresten bedeckt. Dann war noch Verniccio da, mit einem Gesicht wie aus einer griechischen Tragödie: halb schön und halb durch heißes Öl verbrannt. Er ließ als eine Art Belustigung für alle seinen Bizeps spielen, bevor er in die Bar hineinging, um sich den jungen Burschen anzuschließen. Verniccio hatte einige hundert Möbelstücke die Treppen hinaufgetragen. Leonardo mit den krausen Locken und dem präraffaelitischen Gesicht war so müde, daß er unter Schockeinwirkung zu stehen schien.

Wir alle betrachteten schweigend die Felder und die mühevolle Ankunft von Pietro, dem letzten Castellano. Lange bevor er Reginas Bar erreichte, begann er eine Unterhaltung mit Gigi (Pietro wählte für ein Gespräch grundsätzlich die Person, die am weitesten von ihm entfernt war). Seine Stimme kam über die leicht hügeligen, von Maisreihen bestandenen Felder. Er wurde der letzte

Castellano genannt, weil er der letzte war, der in dem Turm aus dem zwölften Jahrhundert auf dem Hügel hinter San Orsolas zweiter Kirche geboren woren war. Dieser Turm, früher angeblich so hoch wie der beeindrukkende Wachturm von Città di Castello, war von dem Erdbeben des Jahres 1917, das die ganze Gegend verwüstete, in die Knie gezwungen worden. Als Pietro geboren wurde, war der Turm noch vier Stockwerke hoch, nun war er auf drei geschrumpft und verfiel.

Pietro traf man selten ohne eine Baseball-Mütze, die er keck auf den grauen Locken trug. Er war hager, und in den hellblauen, vorstehenden Augen blitzte immer der Schalk. Wenn er mit den Händen auf der mageren Hüfte umherstolzierte und sich konspirativ auf die Nase klopfte, bevor er ein Geheimnis heraustrompetetete, hatte er etwas von einer Varietényummer.

Als der Abend seine Fühler über das Tal ausstreckte, die Luft abkühlte und das Gleißen milderte, lebten wir allmählich auf. Pietro konnte sich nicht entscheiden, ob er sich zu den Frauen gesellen sollte, die vom Feld kamen, oder zu den Handwerkern auf unserer Bank. Die Frauen, die Unkraut gejätet hatten, waren erschöpft auf dem Heimweg, und um zu ihren alten Naturstein- oder neuen Ytonghäusern zu kommen, fuhren sie den Berg hoch oder nur eine kurze Strecke auf den Traktoren mit. Sie hatten kaum noch die Kraft zu lächeln, statt dessen schüttelten sie die Hände in seitlichen Bewegungen, um die Bestrafung anzudeuten, die sie an diesem Tag im Feld erhalten hatten. Sie reagierten nicht auf die derben Zurufe, als ihr staubiger Konvoi vorüberrumpelte.

Pietro der letzte Castellano schüttelte den Kopf,

zuckte die Schultern hin und her. Er fuhr nicht mit den Frauen zurück, und er fühlte sich auch nicht zermartert genug, um sich zu den erschöpften, sprachlosen Männern auf die Bank zu setzen. Drinnen hatten die jungen Männer mit dem lauten Zahlenspiel aufgehört, das sie sich zugeschrien hatten. Sie setzten sich einige Minuten lang, um kaltes Wasser oder geeiste Orangenlimonade herunterzustürzen (die vielen als unfehlbares Stärkungsmittel galt). Bald waren sie wieder auf den Beinen, scherzten, organisierten und debattierten mit einer Energie, wie sie Pietro inzwischen nicht mehr aufbrachte. Also blieb er unentschlossen am Rand des Grabens auf der anderen Seite des schmalen Pfades neben Reginas Bar.

Ich war sehr müde, daher fiel mir erst jetzt auf, daß Brendan, einer der Lastwagenfahrer, nicht mit den anderen fortgefahren war, sondern neben Imolo saß und mit ihm ins Leere starrte. Ich erinnerte mich, daß er gesagt hatte, er müsse dringend telefonieren. Er wirkte nicht, als habe er das getan. Brendan sah meinen Blick und reagierte darauf, indem er ein langes Jagdmesser mit umwikkeltem Griff und einer gefährlich gezackten Klinge hervorzog.

»Also, du weißt, wofür das ist, oder?« wollte er von mir wissen und zog dabei die Schneide vorsichtig über seine winzigen Finger.

»Nein«, sagte ich und fragte mich, warum seine kleinen gelben Augen wohl so aufgeblitzt hatten.

»Damit zersägt man Menschenknochen. Weil, weißt du, wenn sich jemand mit Brendan anlegt, dann hat der kein Problem, ihm mit dem hier Kummer zu machen.«

Beim Ausladen der Container hatte Brendan erklärt, er

sei von der Fahrt zu erschöpft, um sich an etwas derart Schrecklichem wie körperlicher Arbeit beteiligen zu können. So wurde er zum selbsternannten Chef und stand allen im Weg, während sie mit den schweren Möbeln kämpften, erzählte ihnen, wie sie sie heben, tragen und hochstemmen sollten, ohne selbst auch nur einen Finger zu rühren. Brendan war ein Meter sechzig, wenn nicht kleiner, und ging mit den gezierten Schritten eines Möchtegern-Nijinsky. Seine orangefarbene Haarkrause stand ab, als hätte sie einige schwere Stromstöße abbekommen. Büschel waren in lauter verschiedene Richtungen elektrisiert worden. Trotz der brütenden Hitze behielt er seine Jeansjacke an, erwähnte aber häufig die großartigen Muskeln, die unter den Ärmeln spielten.

Er hatte die Rückenklappe des ersten Containers zur Rednertribüne umfunktioniert und uns mehr über sein Leben erzählt, als irgend jemand wissen wollte, zumal während des Ausladens. Brendan war ein Ästhet, ein Bewunderer körperlicher Schönheit. An seinem mißratenen, winzigen Körper war nichts auffallend Schönes, aber er erzählte uns, seine Anatomie werde gründlich und gut geliebt.

»Niemand kommt Brendan nah.« Es gehörte zu Brendans vielen Eigenheiten, von sich immer nur in der dritten Person zu sprechen. »Er hat jeden Nerv und jeden Muskel seines Körpers wie eine Stradivari gestimmt.«

Als wir beim zweiten Container waren und zwanzig Männer, die Beauties und ich vor Müdigkeit fast umfielen, teilte Brendan, erneut auf der Klappe hockend, uns mit, die Leidenschaften seines Lebens seien Kampfsportarten und Theater.

»Brendan hat in ganz Europa Theater gespielt.«

Je mehr wir arbeiteten, um so erregter wurde er, und er bekam etwas Schaum vor den Mund, als er einem zunehmend gereizten Arbeitstrupp eine Liste aller Lebensmittel, Getränke, Angewohnheiten und Länder herunterbetete, die ihn »rattig« machten. »Und wenn Brendan rattig wird, das ist gar nicht hübsch.«

Brendans Tiraden wurden im wesentlichen überhört, aber Imolo, der kein Wort von dem verstand, was er sagte, war von seiner Ähnlichkeit mit einem sich spreizenden Kobold und seinem rasenden Redeschwall fasziniert.

»Wer ist das? Woher kommt er? Gibt es viele Menschen wie ihn in deinem Land? Warum hilft er nicht? Er sollte seine Jacke ausziehen, er spritzt Schweiß auf das Polster. Ich finde, er sieht nicht ganz beisammen aus. Er bekommt einen Anfall, wenn er nicht endlich das Maul hält. Ich bekomme einen Anfall, wenn er nicht endlich das Maul hält.« Und so weiter.

Mit dem gleichen Interesse, das er für das eigenartige Verhalten eines seltenen Käfers aufbrachte, den er während der Arbeit aufstöberte, beobachtete Imolo in Reginas Bar Brendan beim Streicheln seines Jagdmessers.

»Wieso ist der geblieben, als die anderen fortfuhren?«

»Ich weiß es nicht.«

»Bleibt er lange?«

»Ich weiß es nicht. Er wollte telefonieren.«

Brendan telefonierte schließlich auch. Dann sagte er, es mache uns hoffentlich keine Ungelegenheiten, wenn er zum Abendessen bliebe, offenbar gab es ein Problem mit seinem nächsten Job.

Er blieb zum Abendessen, und das hieß bei ihm Rührei und Quellwasser, da er, wie er uns mitteilte, nie etwas anderes esse und in der gegenwärtigen Phase seines Trainings nicht anfangen werde, fremden Fressalien zu trauen. Nach dem Essen sagte er, er werde in seinem Lastwagen schlafen und bei Morgengrauen wegfahren. Sein leerer Container blockierte die Zufahrt zur Villa. Brendan hatte etwas zugleich Mitleiderregendes und Bedrohliches.

Am folgenden Morgen erwachten wir alle in der Behaglichkeit richtiger Betten zum Chor singender Vögel, vermischt mit Kriegsschreien von Brendan, der in Jeansjacke und mit orangefarbenen Leggings an den dürren Beinen seinen einsamen Kampfsport übte. Ein Halbkreis erstaunter Arbeiter stand um ihn herum und sah zu, wie er mit zwei Bambusstöcken, die er in den Lilien gefunden hatte, umhersprang und zustieß.

Wir und unsere zermürbten Gäste brauchten zwei Tage, um uns von den Schmerzen und Anstrengungen des Ausladens zu erholen, und wir waren alle zu müde, um wirklich zu begreifen, daß Brendan bleiben würde. Auf einer Seite seines riesigen Lastwagens waren merkwürdigerweise die Reifen platt. Brendan hegte für den Lastwagen offenbar ebenso starke Gefühle wie für seinen eigenen, unbeschädigten Körper. Er gestattete niemand, sich dem Laster mit der Absicht zu nähern, ihn aufzubocken und die Reifen zu wechseln.

Das Kind Iseult hatte sich, von Brendan abgesehen, beim Ausladen am wenigsten überanstrengt (sie hatte zwei Bündel Kleiderbügel die Treppe hinaufzutragen geruht, bevor sie unter Vorschützen völliger Erschöpfung ihre Matratze aufsuchte) und genoß daher den überwiegenden Teil seiner Gesellschaft. Am dritten Tag berief sie eine Krisensitzung ein und erzählte uns, was wir schon wußten: Brendan war ein hochgradiger Phantast und nicht unbedingt einer von der ungefährlichen Sorte.

Am vierten Tag setzte ich mich über Brendans Verdikt hinweg, wonach niemand seinen Wagen anrühren durfte, und mit Imolos Hilfe holten wir jemand aus der Autowerkstatt am Ort. Nun war wenigstens der Laster verkehrstüchtig, aber Brendan machte immer noch keine Anstalten zu gehen. Anspielungen, Vorschläge und Ultimaten perlten an ihm ab.

Unsere Gäste hatten mehrfach angeregt, die spektakulären Orte in den umliegenden Bergen zu besichtigen, um dem engen Netz zu entfliehen, das wir um San Orsola gesponnen hatten. Am ersten Abend eines jeden Besuchs wurden die berühmten Bergorte aufgezählt und als Ausflugsorte vorgeschlagen: Gubbio, Assisi, Montefalco, Spoleto, Santa Maria Tiburina und die alte etruskische Hauptstadt Perugia. Alle waren relativ nah.

»Diese Orte liegen doch direkt vor eurer Tür. Sie sind weltbekannt – ihr müßt dahin. Wie kann es sein, daß ihr so lange gewartet habt?« rügten sie uns, aber ich fand es zu schwierig, das plötzliche Erlöschen unseres Fernwehs zu erklären, die Erleichterung, einen Ort gefunden zu haben, wo wir Wurzeln schlagen konnten, und unser ständiges Staunen über alles, was wir im Mikrokosmos von San Orsola und seiner unmittelbaren Umgebung zu sehen und lernen bekamen.

Von unserem Haus waren zu Fuß drei sehr alte Türme erreichbar: einer aus dem elften Jahrhundert, der auf die

Tempelritter zurückging, stand am Ende des Weinbergs hinter der Villa und war Gegenstand vieler Tagträume, wenn ich von der Ruine meiner Loggia zu ihm hinüberblickte. Die anderen beiden waren aus dem zwölften Jahrhundert, der Geburtsort von Pietro, dem letzten Castellano, sowie ein weiterer auf einer Anhöhe hinter der Bar. Zusammen bildeten sie ein Verteidigungsdreieck. Etrusker, Römer, Barbaren und Toskaner, sie alle waren durch dieses Tal gezogen.

Die letzte Besatzung fand, nach einer Pause von nahezu siebenhundert Jahren, im Zweiten Weltkrieg statt. Über Jahrhunderte war San Orsola vergessen gewesen, interessant nur wegen des Holzes aus den umliegenden Wäldern und der unspektakulären Ergebnisse seiner arbeitsintensiven Landwirtschaft. Mitte des dreizehnten Jahrhunderts wurden die jetzigen Weiler von Signor Marchese Guido di Monte Santa Maria erobert und den zahlreichen Besitztümern der alten Stadt Città di Castello zugeschlagen. Die Kämpfe, die dann folgten, galten nur noch den Naturelementen oder Krankheiten, ob sie nun die Bewohner oder die bescheidenen Feldfrüchte heimsuchten.

Unsere Besucher fielen, einer nach dem anderen, dem trägen Zauber unseres unbesungenen Fleckchens Umbrien anheim. Ausflüge in umliegende Städte wurden immer wieder verschoben und durch Gänge ins Dorf, zum See und in die Hügel hinauf zum Gipfel des Zeno Poggio ersetzt, wo Sonnenuntergänge die verbrannten Wiesenstücke in unbeschreiblich schönes Licht tauchten.

Als ungeschickte Amateurhistorikerin und tapsige Ethnologin getarnt, ging ich auf dem Weg über die Erinnerungen unserer Nachbarn den Sitten des Dorfes und seiner Vergangenheit nach. Cenci, Beppe del Gallo, Signora Maria, Gelsomino der Schmied und Menchina nahmen es auf sich, mich zu führen.

Geschichte ist hier etwas, das unter jedem Stein und Felsbrocken steckt. Bauern graben sie beim Pflügen ihrer Felder aus, und uralte Bauersfrauen, die an ihrem Brotofen hocken, kennen sie. Und Tag für Tag erinnern die Steine daran. Kirchen, *palazzi*, Villen und Bauernhäuser bezeugten die außerordentliche Geschichte, Kultur und Kunst der italienischen Vergangenheit. Umbrien ist keine Ausnahme, auch San Orsola nicht. Es gibt so viel zu wissen und zu erinnern, daß die örtlichen *contadini* eine Variante dieser Wahrheit neu erfunden haben, wie eine Landschaft aus Zahlen. Einige wichtige Punkte ragen heraus und werden einem anderen Ereignis zugerechnet, das wiederum einem anderen zugeschlagen wird, mit wenig Rücksicht auf trennende Zwischenräume.

Angeblich verliebte sich der Renaissance-Maler Luca Signorelli in ein Mädchen aus dem Bergdorf Muccignano, als er unterwegs zu einer Arbeit in Santa Maria Tiburina war. Es ist bekannt, daß er in der Gegend Rast machte. Er ist Teil der Geschichte. Dann wurde offenbar irgendwann im achtzehnten Jahrhundert ein Nachfahre der Nicasi, der hiesigen Gutsherren, auf dem Weg nach Cortona überfallen. Er kehrte zurück und starb kurz darauf. Sein Sohn wurde von einem Onkel aufgenommen. Dieses Kind verlor später nahezu sein ganzes Erbe auf eine Weise, über die nur Ungewisses zu erfahren war. Sicher ist, daß vom Steinbogen, der zwischen der oberen und der unteren Dorfstraße stand und ehemals zwei Nicasi-Villen verband, das Blattgold entfernt wurde und daß jetzt nichts mehr übrig ist als ein Mauerrest auf einer Seite. In der Welt jenseits des ehemals goldenen Tores ist nach einstimmiger Meinung von Cenci und Menchina in den Jahren seither nicht viel passiert, sieht man ab von *La Nona*, der mysteriösen Schlafkrankheit, die Italien in den neunziger Jahren des letzten Jahrhunderts heimsuchte, und dem Erdbeben von 1917.

Bei genauerem Nachfragen erfuhr ich, daß auf den Feldern früher Mais und andere Feldfrüchte wuchsen, von Flachs bis zu Hülsenfrüchten. Es herrschte Armut, aber kaum Hunger. Die Ernte brachte wenig Gewinn für die *contadini*, die sie einbrachten, da das *mezzadria*-Halbpachtsystem allgemein üblich war. Der Gutsbesitzer stellte Land und Saatgut, der Bauer arbeitete, dann teilten sie den Ertrag. Geteilt wurde nicht zu gleichen Teilen, wie das Wort vermuten ließe, sondern 60:40 zugunsten des Gutsbesitzers, und alle Kosten wurden ihm erstattet. Auf schlechtem Land hatte das viele arme Familien zur Folge. Alle waren sich einig, daß die Kirche ihre Privilegien mißbraucht und vielen Familien das wenige geraubt hatte, was sie besaßen.

Einig waren sich auch alle darüber, daß von 1916 bis zum Ende des Großen Krieges ein Ochsenkarrenkonvoi die Ehefrauen und Witwen der Frontsoldaten nach Città di Castello brachte, damit sie dort ihre Rente holen konnten. Dieser Frauenzug war in den Mythen der Gegend sehr lebendig geblieben. Seine Heldentaten nahmen im Verlauf vieler weinseliger Abende drastisch zu. In Kleinstädten und befestigten Städten sind die Berichte genauer, die Menschen dort kennen die wichtigsten Ereignisse ihrer Geschichte auf geordnete Weise. Auf dem Land ist alles verschwommen: ein verschleierter Nachthimmel, nur von hellen Sternen erleuchtet. Die *contadini* suchen ihren Weg durch die Vergangenheit, indem sie sich von einem Licht zum nächsten tasten. Wie an allen kleinen Orten schrumpfte oder wuchs Geschichte mit dem Temperament des Erzählenden. In den Fakten steckt immer ein Klatschquotient. Eine Geschichte wird erzählt und wiederholt, ausgefeilt, erneut erzählt, fast unmerklich verändert und weitergereicht. Manches wird vergessen und nach Belieben ergänzt. Namen fließen zusammen und verblassen, Daten sind ungenau, und sie sind, wie durch ein Halteseil, immer mit etwas anderem verknüpft. Es gibt Vors und Nachs. Vor dem Erdbeben ... nach dem Krieg ... Nur sehr wenige Geschichten stimmen überein. Das individuelle Gedächtnis arbeitet mit seinen eigenen Auswahlverfahren.

Als Schriftstellerin war ich überwältigt von der Fülle des Materials, das ich jeden Tag bekam, der Vorrat wuchs und stapelte sich ebenso zuverlässig wie die Schätze an Lebensmitteln und Wein, die in jeder Cantina gelagert waren. Ich hatte sieben Jahre auf einer Zuckerrohrplantage in den venezolanischen Anden verbracht. Die Menschen der Gemeinde, in die ich hineingeriet, lebten weit voneinander entfernt auf einem dünn besiedelten Gebiet, von der übrigen Welt in einem Zeitloch isoliert, und diese Jahre waren der Mittelpunkt meines Schreibens und ein außerordentlich günstiges Sprungbrett für meine Phantasie gewesen. Der Ort und die zweiundfünfzig Landarbeiterfamilien, die mit mir dort lebten, haben mich, im

Guten wie im Schlechten, zu der Person geformt und geprägt, die ich heute bin. Durch meinen langen, erzwungenen Kontakt mit den Bauern und ihren endlos ausgedehnten Familien wurde ich in ihre klaustrophobische Welt hineingezogen, in ihre Geheimnisse eingeweiht, durch ihre eigenständige, archaische Variante des Spanischen bereichert. Das Kind Iseult und ich waren von Elementen subtropischer Phantasie gezeichnet, die jeden Aspekt unseres dortigen Lebens berührten. Ich verließ Venezuela und die Hacienda auf der Flucht vor einer unlebbaren, gewalttätigen Ehe. Ich habe mich niemals nach der Gewalt oder dem Wahnsinn jener Andenausläufer zurückgesehnt, aber ich sehnte mich nach dem Gefühl von Gemeinschaft, nach der Nähe, dem Geheimnis, den Mythen. Ich sehnte mich auch nach der Harmonie des Landlebens, danach, wieder mit dem Land und den Elementen verbunden zu sein.

In Venezuela erfüllte sich mein Traum von einem großen Haus zum ersten Mal. Das Herrenhaus im spanischen Kolonialstil, in dem ich dort lebte, hieß einfach nur *la Casa Grande* (das Große Haus). Es war, wie die Villa Orsola, ebenfalls leer gewesen. In der Verwirrung eines wahr gewordenen Traums erkundete ich Hallen und Korridore, Terrassen und Türme. Während meiner ersten Jahre besuchten mich immer mehr Kinder aus den entlegeneren Teilen der Hacienda und blieben. Auch sie litten unter nächtlicher Unruhe, zogen ständig von einem Zimmer ins nächste, mit ihren Schlafmatten, ihren geflochtenen Schuhen und ihren Plastikschüsseln voll Seifenlaugen mit schmutziger Unterwäsche, die dann vergessen wurde. Ich habe den Grundriß des großen Hauses nie ganz begriffen, und zwar nicht, weil es so groß gewesen wäre, sondern weil die Zahl der Bewohner von Tag zu Tag wuchs und schrumpfte, weil sie umzogen und sich versteckten.

In der ersten Zeit waren die meisten Mädchen (die meine Schwiegermutter hochherrschaftlich als meine Dienstmädchen bezeichnete) jünger als sechs Jahre. Sie lebten in einer Welt ständiger Entdeckung, sie erfanden Spiele, stopften Blätter in Toilettenschüsseln, die sie noch nie gesehen hatten, rupften das Laub von den Büschen in meinem Garten, neckten den kleinen Zoo, der sich irgendwie um mich gesammelt hatte, und spielten Verstekken. Jedes dieser kleinen Dienstmädchen hatte eine winzige Aufgabe, die es einmal in der Woche erledigen mußte. Wenn ich an jene Tage meiner ersten Ehe zurückdenke, kann ich mich nicht mehr an alle Pflichten aller Kinder erinnern, die mit mir in der Casa Grande lebten. Ich weiß noch, daß Alba, aufgrund irgendeiner grausigen Vorliebe, es mit ihren sechs Jahren auf sich nahm, die Hühnertöterin zu sein. Sie erledigte sie donnerstags mit einem flachen Stein und einem einzigen Schlag auf den Hals. Ihre vierjährige Schwester pflückte Blumen für mich und lernte, sie anzuordnen. Ein anderes Kind, Adriano, hackte für meine vierzehn Beagles Petersilie. Die anderen sind zu unzusammenhängenden Namen und Gesichtern verblaßt.

Ich war auf der Hacienda immer zu sehr Außenseiterin, um mich wirklich einzufügen. Bei meiner Ankunft war ich selbst kaum mehr als ein Kind, ich schloß Freundschaft mit den Kindern und nahm sie auf, anfangs, um sie bei Krankheiten zu pflegen, die zu bekämpfen ihre Eltern weder Zeit noch Wissen oder Geld hatten. In meinen Jahren als Kranke hatte ich ein wenig Krankenpflege gelernt, das übrige fand ich vor Ort heraus. Wenn die Kinder gesund wurden, blieben sie bei mir und trugen Lebensmittel und Kleider in die Lehmhütten zurück, wo ihre Mütter darum kämpften, zwölf Kinder gleichzeitig großzuziehen. Die Kinder hielten meine Einsamkeit in Schach. Im Umgang mit den Erwachsenen auf dem Landgut war ich die Vorgesetzte und somit in dieser halbfeudalen Gesellschaft dazu verdammt, gesellschaftlich unerreichbar zu sein – von ritualisierten Formalitäten abgesehen. Ich fand einen Weg, ihnen nahe zu sein, indem ich ihre Geschichten sammelte, und sie kamen mir nahe, indem sie mir diese Geschichten immer und immer wieder erzählten.

Seither hatte ich wohl nach einem anderen in Bergen verlorenen Tal gesucht, wo eine eng verbundene Gemeinschaft mich aufnehmen würde. Die dazwischenliegenden Jahre zwanghaften Umherziehens, in denen ich meine eigenen Kinder von einem Zug zum nächsten schleppte, waren Teil dieser Suche gewesen. In San Orsola fand ich zufällig eine solche Gemeinschaft, die zudem über ein kollektives Gedächtnis verfügte. Und es war ein weitaus sanfterer Ort. Es gab hier weder Messerstechereien noch Ausbrüche von Diphterie. Es gab weder Fehden noch mitternächtliche Blutrache. Die staubige Straße zu unserem Haus brauchte Regen, aber nicht, um Blutspuren fortzuwaschen. An die Stelle der Grausamkeit und Gewalttätigkeit der Hacienda mit ihrer extremen Armut waren ein Stolz und eine Freude getreten, mit denen sich viel einfacher leben ließ.

Die Besucher brachten Erinnerungen an die Hacienda zurück. Als mein Haus voller Menschen war und meine Hände damit beschäftigt, sich um sie zu kümmern, war ich auf eine Weise zufrieden, die mir lange gefehlt hatte. Die Anwesenheit von Imolo und seinem Bautrupp in unserem Haus störte mich im Grunde nicht. Ich war sicher, daß der Tag kommen würde, an dem er gehen würde, und bis dahin kam es zu einer Annäherung zwischen uns, wie sie mir in den Anden versagt geblieben war.

Der einzige Wermutstropfen war die fortgesetzte Anwesenheit von Brendan, dem Lastwagenfahrer und Kampfsportexperten, dessen tägliche Nähe nicht nur für Spannungen, sondern auch für Angst sorgte. Die Menschensäge war sehr präsent. Inzwischen waren mehrere Dutzend Teekisten mit Haushaltswaren ausgepackt worden, aber nie rasch genug, um mit seiner Liebe zu Rühreiern Schritt zu halten. Am Waschbecken türmten sich Töpfe, Kasserollen, Bratpfannen und Kuchenformen, alle mit Resten seiner häufigen Imbisse verkrustet. Sein Blick wurde wilder, seine Reden bizarrer.

Schließlich trafen sich die anderen Gäste und alle Familienangehörige in Robbies Speicheratelier zu einer Besprechung. Die Kahlheit des Ateliers war durch eine exotische Mischung aus Möbeln und Ziergegenständen ersetzt worden. Es fanden sich ein Apothekerschrank voller Krüge mit Florentiner Farbpigmenten, *chaises longues*, Samtvorhänge, türkische Teppiche, Staffeleien und Gemälde. Unser Kriegsrat tagte im Luxus und wurde nur von zwei kreisenden Schwalben unterbrochen, die durch die Fensteröffnungen ein und aus flogen.

Wir beschlossen, da Brendan nicht abreiste, würden

wir abreisen. Dies wäre die Gelegenheit, die Hügelstädte der Gegend kennenzulernen. Wir würden *en masse* verschwinden. Wir riefen Imolo herauf und erklärten ihm den Plan. Er war wegen Brendans sich hinziehendem Aufenthalt mehr als besorgt, hielt aber den Plan für Wahnsinn und ließ daran keinen Zweifel. Wir sagten ihm, er solle am kommenden Tag, einem Freitag, nicht arbeiten, und falls Brendan am Montagmorgen immer noch da sei, solle er ein oder zwei Tage fortbleiben.

»Er wird alles stehlen, was ihr besitzt.«

Wir erinnerten ihn daran, daß das Zeug in drei Containern gekommen sei und Brendan nur einen habe.

»Er packt den einen voll, was macht ihr dann?«

Wir erklärten ihm, daß Brendan unserer Beobachtung nach kein Freund körperlicher Arbeit sei. Ein Zwölfmeter-Container sei einfacher aus- als einzuladen. Offenbar mochte Brendan unsere Gesellschaft; wenn wir verschwanden, würde er, mit ein wenig Glück, auch verschwinden.

»Warum holt ihr nicht die Polizei?« fragte Imolo. Aber das wollte keiner von uns. Also wurde eine Schüssel Eier in die große Küche gestellt, mit einer Notiz, wir seien alle fortgerufen worden und wüßten nicht, wann wir wiederkämen. So nahmen wir Abschied von Brendan, der in der ebenerdigen Loggia in blauen Leggings und Jeansjacke hohe Kicks übte, und wir starteten zu einer Besichtigungstour durch Umbrien.

16. Kapitel

Unser erster Halt war Città di Castello, wo Fidoe einen Zug der staatlichen Eisenbahnlinie Umbriens nehmen wollte, der nach Perugia zockelte. Dort hatte er Anschluß nach Rom und konnte nach Hause fliegen. Als Erinnerung hinterließ er sein Zimmer und nahm, ungeachtet heftiger Bemühungen, eine sagenhafte Sonnenbräune mit. Wir sagten Lebewohl. Die Beauties waren ebenfalls auf dem Weg nach Rom, wo sie inzwischen viele Freunde hatten.

Ich hatte Città di Castello wegen seiner Gebäude und seiner schmalen, gepflasterten Gassen liebgewonnen, und eines, wie es zunächst schien, purpurfarbenen Matsches in Tassen, der aber eine hervorragende heiße Schokolade war. Nach unserem wenig vielversprechenden Start dort hatten meine wenigen späteren Besuche ausnahmslos etwas Traumatisches. In der Welt von San Orsola befangen und gehütet vom zuständigen *geometra*, der freundlicherweise allen Papierkram übernahm, der mich sonst wahnsinnig gemacht hätte, fuhr ich nur hin, wenn der Gang zur Bank sich gar nicht mehr vermeiden ließ.

Ich war noch ein Kind, da war meine Mutter bereits unmäßig stolz darauf, wie gut ich lesen konnte, und immer etwas weniger gesprächig darüber, daß ich praktisch nicht rechnen konnte. Die schlichten Fähigkeiten des Addierens und Subtrahierens entziehen sich mir. Zu dieser Schwäche kamen der bedrohliche Zustand unserer Finanzen und die immensen Ausgaben für das Haus, ferner das italienische System, wonach alle Schecks auf einen selbst ausgestellt werden und dann anonym von Hand zu Hand gehen, vom Norden Italiens in den Süden und zurück, manchmal ein Jahr lang, ohne eingelöst zu werden, was ein einfaches Girokonto zu einem Alptraum macht. Verhandlungen mit Robbies und meinen Agenten wurden per Telefon aus Reginas Bar abgewickelt. Die örtliche Post setzte offenbar auf mehreren Abschnitten ihres Streckensystems Maultiere ein, wodurch Briefe bis zu fünf Wochen brauchten. Keiner dieser Faktoren machte die Bankgeschäfte einfacher.

Die Sienesen behaupten, im fünfzehnten Jahrhundert das Bankensystem erfunden zu haben. Die erste Bank war die Monte dei Paschi di Siena. Banken in Italien sind immer noch bedeutende Arbeitgeber, mit Aufnahmeprüfungen ähnlich denen des früheren britischen Civil Service, in denen die glücklichen paar Tausend ausgewählt werden, die diesem geheimnisvollen Gewerbe angehören dürfen. Man zieht Fäden und zaubert Cousins aus dem Hut, um hoffnungsvolle Kandidaten in jene mystischen Reihen hineinzubugsieren. Nur wenige moderne Verfahren des Banksystems sind bis Siena oder gar in die weniger illustren Zweigstellen vorgedrungen. In abgeteilten Palästen herrscht eine mittelalterliche Atmosphäre von Geheimnis, herbstlichem Blättersammeln und nicht geknackten Geheimcodes. Es kostete große Anstrengung, sich daran zu gewöhnen, und es erforderte Studium und auch Umsicht, zu überleben. Da dies für mich nicht in Frage kam, bedurfte es einer gehörigen Portion Glücks, einigen Charmes und einer lebhaften Vorstellungskraft. Von Zahlen verwirrt und dem Kleingedruckten auf meinen zahlreichen Bankverträgen eingeschüchtert, die sämtlich jahrelangen Aufenthalt in Elend und Gefangenschaft in Aussicht stellten, blieb mir manchmal keine andere Wahl, als die aufgewühlten Wogen unseres Kontostandes persönlich zu glätten.

Imolo zeigte mir, daß ich eine Begegnung mit der Bank umgehen konnte, indem ich Schecks in Menchinas Laden einlöste. Aber hin und wieder, nach dem Erhalt furchtbarer Telebotschaften, die ihren Weg zur Villa irgendwie sehr viel problemloser fanden als unsere übrige Post, blieb mir dennoch keine andere Wahl, als nach Città di Castello zu fahren.

Die Banken in Italien werden von bewaffneten Wächtern bewacht, die in einem Land, in dem Banküberfälle an der Tagesordnung sind, so unauffällig wie möglich auszusehen versuchen. Ein elektrischer Knopf an der kugelsicheren Außentür gewährt Einlaß in eine Glaszelle. Die nächste elektronische Tür öffnet sich erst, wenn sich die andere geschlossen hat. Ein bebildertes Schild teilt mir mit, im Falle eines Banküberfalles sei der Safe durch ein Zeitschloß 144 Stunden lang gesperrt. Nichts öffnete sich, wenn man den Knopf der zweiten Tür mit etwas anderem berührte als mit der nackten Haut: Bei einem Handschuh oder Pflaster heulte die Alarmanlage los. Einmal im Inneren, wurden Schwierigkeiten in ein kleines Labyrinth schrankgroßer Büros im hinteren Teil verfrachtet. Ich fand mich dort immer genauso wartend wieder wie damals als Kind vor der Tür meiner Schuldirektorin. Banken, Schulen und Ärzte geben mir das

Gefühl, in Ungnade gefallen zu sein. Dante hätte aus den verschlungenen Gängen in meiner Bank Fabelhaftes machen können. Wenn ich ein weiteres Mal in die Sonne und auf die graugepflasterten Straßen entkommen war, ging ich schnurstracks zum *caffè* auf der anderen Seite des großen Platzes, erleichtert wie nach der Gewährung eines Strafaufschubs.

Als wir nach Città di Castello fuhren, waren wir alle der Ansicht, daß es dort mehr geben müsse als ein Krankenhaus, einen Taxistand, eine phantastische heiße Schokolade und eine schreckliche Bank. Vor der Stadtmauer, hinter einer Doppelreihe Roßkastanien, spielten alte Männer mit schweren Tonkugeln Boccia, von einem Lastwagen wurden an eine Schlange feilschender Frauen Tauben und Perlhühner verkauft. Unsere holländischen Freunde waren mit einem Fremdenführer bewaffnet angereist, wo es hieß, Città di Castello sei »das antike Tifernum. Im Mittelalter arbeiteten hier Raffael, Signorelli, Vasari und die della Robbia ... Der Duomo stammt von Elia di Bartolomeo ... Zum Domschatz gehört u. a. ein Silberantipendium, gestiftet von Papst Celentini II (1143), sowie der Schatz von Canoscio (5. bis 6. Jh. n. Chr.).«

Wenn in San Orsola jemand grub und gefragt wurde, wonach er grabe, lautete die Antwort immer »*il tesoro di Canoscio*«. Imolo hatte mir diesen Schatz erklärt. Er war im neunten Jahrhundert vergraben worden, um ihn vor Plünderern zu schützen. Nach dem Zweiten Weltkrieg – in den fünfziger oder sechziger Jahren, Imolo war sich nicht sicher – hatte ein Bauer in der Gegend ein neues Stück Erde gerodet, um aus dem steinigen Buschland ein Ackerfeld zu machen. Er hatte mit seinem Traktor schon einige Tage gearbeitet, als er zwei große flache Teller entdeckte, schwarz und völlig erdverkrustet. Er nahm sie mit und füllte sie im Hof seines Hauses mit Hühnerfutter. Jahre später verlief sich ein Pilger, der zum Heiligtum von Canoscio und dem Schrein der Madonna delle Grazie wollte. Er sah den kleinen Bauernhof und ging hin, um sich nach dem Weg zu erkundigen und etwas Wasser zu trinken. Als er rief und niemand antwortete, ging er um das Haus herum, um zu sehen, ob dort jemand sei. Die einzigen Lebewesen, die er sah, waren ein bellender Kettenhund sowie Hühner und Enten. Das Geflügel trank aus einem schlammigen Becken, in das aus einem Hahn langsam Wasser tropfte. Da er durstig war, ging der Pilger näher. Er beugte sich vor, um zu trinken, und als er den Hahn zudrehen wollte, fiel sein Blick auf ein undeutliches Muster, das am Rand des schmutzigen Wassergefäßes eingeritzt war. Als er den Lehm etwas wegrieb, stellte er fest, daß der Teller aus Silber war.

Damit, so erfuhr ich, begann die sagenumwobene Ausgrabung des Schatzes von Canoscio. Von dem Bauern geführt, entdeckten Archäologen den kompletten Satz eines silbernen Liturgie-Gerätes aus dem neunten Jahrhundert. Es waren große Teller, kleine Teller, Kelche in verschiedenen Größen, Löffel, Tabletts – einfach alles, was damals ein Priester zur Liturgie benutzte. Jede Gegend hat ihre Geschichte eines verborgenen Schatzes. Es ist der Traum des armen Mannes. Wenn der Boden so festgebacken oder gefroren ist, daß Graben zur Schufterei wird, dann, stelle ich mir vor, nehmen solche Geschichten ihren Anfang; die Suche nach Gold spornt zu übermenschlichen Anstrengungen an. Als ich die Canoscio-Geschichte zum ersten Mal hörte, schien sie mir glaubwürdig, weil kein Gold darin vorkam: Silber ist nicht so mythisch. In Città di Castello freute ich mich geradezu albern darüber, daß es den Schatz von Canoscio wirklich gab, denn das machte auch Imolos andere Geschichten glaubwürdig.

Nach der Kathedrale und ihrem Museum fanden wir in einer Seitenstraße eine Trattoria, wo es frische *gnocchi* mit *porcini*-Pilzen und Sahne gab, und aßen in Ruhe zu Mittag. Dann saßen wir in einem alten öffentlichen Park an der Stadtmauer auf einer Steinbank im Schatten alter Platanen und bemühten uns, Eis zu essen, während die Sonne es uns aus der Hand schmolz. Hinter der Mauer erstreckten sich sanfte grüne Hügel mit großen Waldstücken.

Während wir den Ausblick bewunderten, diskutierten Allie und das Kind Iseult auf italienisch, ob wir als nächstes nach Perugia oder nach Assisi fahren sollten. Eine strickende Dame mittleren Alters, neben der ein Sportwagen mit einem schlafenden Kind stand, verfolgte das Gespräch. Sie hatte kurzgeschnittenes graues Haar, auf ihrem breiten Gesicht lag ein geschäftsmäßiges, nüchternes Lächeln.

»Fahren Sie zu beiden«, sagte sie. »Sehen Sie sich beide an.«

»Das werden wir, wir können uns nur nicht entscheiden, wohin wir zuerst fahren.«

»Glauben Sie mir, das ist egal, solange Sie beide sehen. Streiten Sie nicht. Es ist egal, wohin Sie fahren, solange Sie nicht nach Gubbio fahren.«

An dieser Stelle trat eine Pause in unserem Gespräch

ein, und die Dame wurde zum Mittelpunkt. Sie nutzte die Gelegenheit, lächelte verschmitzt und hob die Hände in gespielter Verzweiflung. Ich fühlte mich gedrängt nachzufragen.

»Wissen Sie denn nicht«, sagte sie, »daß die Eugubini verrückt sind? Alle. Heirate nie einen Eugubino, das weiß jeder.«

»Verrückt in welcher Hinsicht?«

»In jeder Hinsicht. Sie sind einfach verrückt. Haben Sie noch nie *ceri* gesehen?«

Kerzen? Ich hatte viele Kerzen gesehen. Die oberen Etagen unseres Hauses wurden abends immer noch von Kerzen erleuchtet. Also antwortete ich: »*Ceri* ... ja.«

»Eh, aber haben Sie die *ceri* von Gubbio gesehen?«

Ich schüttelte den Kopf.

»Nun, wenn sie jemals gesehen hätten, wie sie bei ihrer *festa* damit herumrennen, hätten Sie an ihrem Dachschaden keinen Zweifel mehr. Sie machen es jedes Jahr am 15. Mai, und sie machen es schon bald tausend Jahre. Was für ein Theater! Sie haben drei massive, aus Holz geschnitzte Kerzenhalter, einen für jedes Viertel von Gubbio. Es gibt drei Viertel ... typische Eugubino-Logik, eh? Drei Viertel machen ein Ganzes!« Die Dame genoß ihr Publikum und widmete sich ihrem Thema mit unverhohlenem Vergnügen.

»Mein Vater war dort Verwalter einer Villa, ich habe einen Teil meiner Kindheit dort verbracht, daher kenne ich es ein bißchen. Niemand kennt es gut ... nicht einmal die Eugubini. Sie sind ein Knäuel, das man nie entwirrt.

Also, man erzählt sich die Geschichte, Gubbio sei der Sitz eines römischen Irrenhauses gewesen. Die Verrückten aus dem ganzen Imperium wurden dorthin geschickt, sehr viele blieben und heirateten untereinander, daher kommt der Wahnsinn. Die Eugubini selbst bestreiten das. Ich habe nie auch nur einen einzigen gehört, der die römische Irrenanstalt zugegeben hätte, aber alle anderen sagen es. Fragen sie, wen Sie wollen, es ist allgemein bekannt. Niemand weiß genau, ob die Anstalt in der Stadt lag oder ob die ganze Stadt eine Art offener Anstalt war.«

Das Kind im Sportwagen rührte sich und verlangte in tadellosem Italienisch einen Schnuller und eine Flasche. Beides wurde umgehend aus einer Plastiktasche am Griff des Sportwagens hervorgeholt. Das Kind rückte sich in dem beengten Sitz zurecht und schlief wieder ein.

»Die Eugubini sagen ›Laufe dreimal um den Brunnen‹ – den Brunnen unter dem Palazzo Ducale, wissen Sie – dreimal, dann sind Sie einer von ihnen: total plemplem.«

Eine Stunde später waren wir dort, in Gubbio, und kamen durch die Porta degli Ortacci zu der steilen Straße, die zwischen den hellgrauen Steinen der Häuser hindurch zu den poliert grauen Steinen der mittelalterlichen *palazzi* hinaufsteigt. Die vielen Geschäfte schienen entweder Antiquitäten oder Majolika aus der Gegend zu verkaufen oder aber Antiquitäten und Majolika. Es gab ein Überangebot an Krügen und Kannen, das in mir auf eine willige Käuferin traf, ich erstand für die Küche ein Apothekergefäß in Braun und Blau und einen Krug für Blumen.

Gubbio verzauberte mich, es raubte mir den Verstand, betäubte mich mit seiner Schönheit. Stundenlang, bis es dunkel wurde, schlenderte ich durch das Labyrinth der gepflasterten Gassen, verweilte auf verschiedenen Ebenen, ging Hunderte von breiten und engen Stufen hinauf und hinunter: lauter Verbindungen zwischen den Parallelstraßen, die den steilen Berg von Gubbio umlaufen. Ich war wie trunken von dem Reichtum an Sehenswürdigkeiten und Bildern, Kirchen und Fresken, von den unglaublichen, atemberaubenden Ausblicken auf die Dächer der gedrängten Stadt und über sie hinweg auf die Ebenen zu ihren Füßen und die Berge dahinter. Ich war von der Stadt zu erregt, um den außergewöhnlichen Palazzo dei Consoli richtig zu würdigen, der majestätisch über allem thronte. Ich lehnte mich an den kalten Stein der Balustrade zwischen der Piazza della Signoria und dem Blick hinunter und ertappte mich dabei, wie ich mir das Pflaster des großen Platzes einprägte, der ihm fischgrätgepflastert zu Füßen lag und ihm seine Reverenz erwies.

Noch bevor ich in einem der riesigen grauen *palazzi*, der Kathedrale oder einer der Kirchen gewesen war, noch bevor ich die Werke von Sinibaldo, Palmerucci oder Nelli gesehen hatte, war ich wieder verliebt. Es war Gubbio als Ganzes, nicht so sehr ein bestimmtes Gebäude, Gemälde oder Panorama, was mich ergriff. Ich verfiel dem Ort, dem durchgängigen Gefühl von Geschichte und einer eigenartigen, nicht faßbaren Verschlossenheit. Geschäfte, Bars und Restaurants waren offen, die Menschen nicht. Es war, als teilten sie ein Geheimnis, das zu bedeutend war, um es zu erzählen, und zu zeitraubend, als daß sie sich mit Besuchern abgeben könnten.

Zwischen den Augenblicken eugubinischer Tagträume sah ich Allie und Iseult die grauen Stufen auf- und ablaufen, in Gassen verschwinden und wieder herauskommen und in Bars, wo sie Coca-Cola und Eis am Stiel tankten. Die anderen hatten sich getrennt und suchten eigene Wege durch dieses Labyrinth aus Palästen und vergangener Macht. Ich hatte beschlossen, nach Gubbio zurückzukommen, viele Male, um die Einzelheiten zu erfassen. Nun fühlte ich mich berauscht, einfach nur da zu sein, während die Dämmerung durch die Öffnungen im Stein fiel. Als ich mich an die Balustrade über dem steilen Abhang lehnte, erfuhr ich (dank meiner schlechten Angewohnheit, anderer Leute Gespräche zu belauschen), daß Gubbio, nach Angaben unserer Lokalzeitung *Cronaca Umbra*, die höchste Selbstmordrate Italiens habe. Von zwei amerikanischen Touristen hörte ich, daß in unmittelbarer Nähe des heutigen Gubbio ein prähistorischer Meteorit eingeschlagen sei und daß es eine Theorie gäbe, wonach der abgesonderte Staub für das Aussterben der Dinosaurier verantwortlich sei. Von einer Gruppe Pfadfinder erfuhr ich, daß sich Gubbio alljährlich mit einer Festbeleuchtung in den größten Weihnachtsbaum der Welt verwandelt. Und vom Kind Iseult erfuhr ich, daß drei der fünf *caffès*, die sie mit ihrem Bruder besucht hatte, Touristennepps waren, aber bevor sie mir sagen konnte, welche, war sie schon wieder fort.

Es war spät, als wir an diesem Abend Assisi erreichten, an sich zu spät, um für uns alle Hotelzimmer zu finden. Aber wir hatten Glück. Die Nacht wurde von Glocken zerteilt. Daran waren wir aus Venedig gewöhnt, und es störte unseren Schlaf nicht. Wir frühstückten auf einer Terrasse mit Blick auf eine rosa und beige Straße, in dieser Stadt des blaßrosa und beigefarbenen Travertin. Es roch nach Kaffee und frischen Brötchen, von irgendwoher wehte Jasminduft. Dem Pastell der Steine in Assisi entsprach das blasse Graugrün der Olivenbäume auf den umliegenden Hügeln.

Der Ort hatte etwas Sanftes: Selbst das Sonnenlicht wirkte beruhigend, als wir bergauf zur Basilica di San Francesco zogen. Wir verbrachten fast zwei Tage in dieser Basilika und fütterten die Beleuchtungsautomaten mit 100-Lire-Stücken, um Giottos Fresken mit Bildern aus dem Leben des heiligen Franziskus besser bewundern zu können. Allie war unser Münzbote, der für eine geringe Gebühr das Kleingeld besorgte. Die Kirche und ihre gedämpften Farben, ihre Bögen, Stufen und Gewölbe, das alles ist von solcher Schönheit, daß wir Monate hätten bleiben können, ohne zu ermüden. Aber es waren noch die Nachwirkungen des zwei Wochen langen Ferragosto-Gedränges spürbar, und obwohl die Menschenmassen vermutlich bereits geringer waren als vor ein paar Tagen, war Assisi doch ein Pilgerziel, und wir waren nicht die einzigen Pilger.

Unsere Freunde brachen zu ihrer weiten Heimreise auf und setzten auf dem Weg die Kinder am Bahnhof in Perugia ab. Robbie und ich brachten den silbernen Panther zu seinem staubigen Parkplatz vor der Villa San Orsola zurück und holten unterwegs die Kinder in Città die Castello vom Bahnhof ab. Bevor wir die Beine aus dem Auto gefaltet hatten, saßen wir zu sehr gequetscht, um irgend etwas sehen zu können, doch sobald dies geschehen war, bemerkten wir mit Erleichterung, daß Brendans Container fort war.

17. Kapitel

Wir waren bei Imolo in Ungnade gefallen, den es entsetzte, daß wir die Villa verlassen hatten. Von Anfang an hatten wir um seine Anerkennung gebuhlt. Bis dahin war er uns nie länger als einige Minuten gram gewesen. Robbie überschlug sich, um ihm zu gefallen. Imolo trug beigefarbene Overalls, die er in Nunzias Warenhaus im Dorf gekauft hatte, also trug Robbie sie auch. Kurze Zeit trug er sogar geschnürte Arbeitsstiefel, aber die hiesige Ausführung war so schwer, daß er kaum die Füße heben konnte, geschweige denn mehrmals am Tag vier Stockwerke hinauf und hinunter laufen. Die Kinder waren von Imolos Mißfallen ausgenommen: In seinen lapislazuliblauen Augen konnten sie nichts falsch machen.

Am Ende der Woche wurde auch Robbie verziehen, und er war wieder der gehätschelte Maestro. Imolo suchte ihn in den Weiten seines Ateliers auf, um ihm beim Aufspannen einer Leinwand zuzusehen, und jedesmal, wenn wieder zwei Nägel eingeschlagen waren, in spontane Beifallsbekundungen wie »*Bravo, Maestro*« auszubrechen.

Im Parterre trippelte ich um Imolo herum, sah ihm bei der Arbeit zu, lobte ihn unentwegt, woraufhin er verlegen lächelte. Wie ein kleines Kind hatte er es gern, wenn man ihm zusah. Dennoch, und obwohl er die anderen mit Komplimenten überhäufte, weigerte er sich so stur, irgend etwas von dem zu bewundern, was ich tat, daß umgekehrt ich ihn wegen dieser Beharrlichkeit zu bewundern begann. Es war ein Spiel. Egal, was ich tat, für seine Hänseleien mußte es allein deswegen falsch sein, weil ich es getan hatte. Füllte ich einen Eimer, war er schlecht gefüllt. Pflanzte ich einen Busch, war er schlecht gepflanzt. Fütterte ich die Katzen, waren sie schlecht gefüttert. Kaufte ich einen Nagel, war er unbrauchbar. Füllte ich ein Formular aus, war es falsch, kochte ich ein Essen, konnte es nicht schmecken. Und wenn Robbie und ich einen Fehler machten (indem wir beispielsweise unsere schöne Villa einem Fremden mit einer Menschensäge überließen und obendrein seinen kostbaren Allie fortschleppten), mußte die Hauptverantwortung für diese Fehlentscheidung bei mir liegen.

Ich hätte Imolos Kritik einfach ignorieren können, wäre er nicht wie die bäuerliche Variante von Leonardo da Vincis Renaissance-Mensch gewesen. Er schien in allen nur vorstellbaren praktischen Belangen versiert. Trotz seiner schroffen Abwehr strahlte er soviel Freundlichkeit aus, daß seine Weigerung, mich zu ermutigen, durchaus berechtigt schien, und zwischen Schutt und Unkraut gediehen Minderwertigkeitsgefühle. Robbie hatte mit seiner Malerei und seiner Körperkraft einen Weg durch den Panzer gefunden. Als wir die Container ausluden und Robbie schwere Möbel allein trug, rief Imolo immer wieder *»Bravo, Maestro!«* Ich hingegen ging ihm lediglich zur Hand, schob Schweres durch die Gegend, wurde eingeklemmt und mußte gerettet werden.

Der Pakt war besiegelt, als ein schweres Stück Terrakotta vom Gerüst fiel. Es war ein ornamentiertes Giebelfeld für den Architrav im ersten Stock, unersetzlich und schwer. Robbie stand direkt darunter. Der Junge, der es aus Versehen umstieß, schrie auf. Imolo rief nach unten: »*Attenzione, Maestro!*«

Obwohl Robbie noch immer nahezu kein Italienisch verstand, erfaßte er die Dringlichkeit in Imolos Stimme und fing das fallende Stück im Reflex auf. Die Arbeiter waren sprachlos vor Bewunderung. Imolo rief aus einem Fenster im zweiten Stock, vor dem kein Gerüst war, Respektsbekundungen.

»*Complimenti, Maestro. Bravo!*«

Robbie bemühte sich derweilen, sein Mittagessen bei sich zu behalten und nicht umzukippen, als er den würdevollen Rückzug in das Ghetto des Erdgeschosses antrat, um sich wegen eines heftig verstauchten Handgelenks und einer verrenkten Schulter behandeln und verbinden zu lassen.

Nachdem der erwachsene Teil unserer Familie damit auf Imolos eigenem Terrain etwas Anerkennung errungen hatten, mochte keiner von uns zugeben, wie Robbie zu seinen Verletzungen gekommen war. Unglücklicherweise begründete dies den unzutreffenden Ruf körperlicher Stärke. Sobald etwas extrem Schweres zu tragen war, sagte Imolo: »Warte, hole den Maestro, er ist wirklich stark, denkt an die Terrakotta damals, eh, ruf ihn.«

Der Held wider Willen hatte damit einem Leistenbruch den Weg geebnet. Der aber war, wie die Wege bei den dörflichen Prozessionen, wenigstens mit Blütenblättern bestreut.

Hinter Imolos Rücken gab ich mir nach wie vor die allergrößte Mühe, meine jämmerlichen Stangenbohnen davon zu überzeugen, mich nicht im Stich zu lassen. Ich hatte sie spät gepflanzt, sie hatten spät geblüht, und sie brachten ein paar verkümmerte Bohnen hervor, als die Zeit für Bohnen vorbei war. Die Lilien blühten und verwelkten in der Hitze nach einer Woche bemerkenswert schöner Blüte. Die Winden gediehen und ebenso, obwohl alles dagegen sprach, meine sieben verheimlichten Tomatenpflanzen. Ich bestätigte Imolos Urteil genereller Unfähigkeit, da ich nicht davon abzubringen war, in der verkrusteten Erde des Gemüsebeetes herumzukratzen und zu versuchen, Rauke und Kopfsalat zum Wachsen zu animieren. Ich wartete mit dem Gießen, bis Imolo mit der Arbeit fertig war, und zerrte dann einen Schlauch um das Haus. Der Schlauch war warm, wie der erste Wasserstrahl, der herauskam. Er reichte nicht ganz bis zu den hintersten Pflanzen, darum schmuggelte ich Wasser in Eimern zu ihnen hinaus und kratzte von einer versteckten Pflanze zur anderen kleine Gräben.

Alle Gemüsegärten im Dorf sahen gleich aus, sie wurden am selben Tag gegraben, gedüngt und gepflanzt. Imolo hatte angeboten, im Herbst mit dem Traktor zu kommen und unsere Erde zu pflügen, wenn er seine pflügte. Er glaubte nicht an halbe Sachen. Ich wußte, er hätte es mißbilligt, daß ich »meine Zeit damit vergeudete«, etwas in die Ödnis meines Gemüsegartens zu pflanzen, bevor die Zeit zum Pflügen gekommen war.

Die Lilien erwiesen sich als meine besten Verbündeten. Imolo meinte, die Blüten seien Ausreißer, ihr offensichtliches Gedeihen pures Glück, aber ich wußte, daß auf dem völlig vernachlässigten Boden Glück nicht gereicht hätte, um Blüten dieser Qualität zu bekommen, wenn an diesem Garten nicht wirklich etwas Ungewöhnliches wäre. Ich konnte Maria und Imolo einen Strauß für den Friedhof bringen. Ich konnte in Marias Lob baden und auf Imolos Gesicht echte Überraschung sehen. Auch unsere beiden holländischen Freunde waren beeindruckt und hatten angeboten, mir soviel Blumenzwiebel zu schicken, wie ich haben wollte, damit ich herausfinden konnte, ob Lilien die Lösung für ein Problem sein könnten, das mich seit einiger Zeit beschäftigte.

Unter der Apathie infolge der Hitze, unter dem Gefühl des Wohlbehagens aufgrund der Stimmung im Dorf und unter meinem Glück, mein Traumhaus gefunden zu haben, nagte die Angst an mir, daß etwas im Anflug sein könnte, um unsere Pläne zu durchkreuzen. Je mehr ich mit den hiesigen Bauern sprach, je mehr ich über ihre Ernte und ihren Verdienst erfuhr, ihre Methoden und Mittel, um so deutlicher bekam ich den Eindruck, daß Tabak ein ernstes Problem war. Nicht nur vergifteten die Schädlingsbekämpfungsmittel das Tal und töteten alle Vögel und Insekten, die unbesonnen genug waren, sich den behandelten Pflanzen zu nähern. Durch das ausgiebige Bewässern gelangten die belastenden Substanzen auch in den Fluß, töteten die Fische, die ehemals darin gediehen, und vergifteten das Land. Wenn man es ganz genau nahm, lagen wir geographisch etwas darüber. Imolo räumte das Problem ein, sagte aber, ich solle mich nicht darum kümmern.

»Was kannst du daran ändern?« sagte er und erklärte, außerdem sei der arbeitsintensive Tabakanbau, der Umbrien reich gemacht hatte, auch zu mühsam in einer Zeit, in der solch Knochenarbeit nicht mehr ohne weiteres geleistet würde. Es fehlte eine neue Feldfrucht, aber wer würde den ersten Schritt tun, etwas auszuprobieren? San Orsola war eine Gegend, wo sich nie etwas änderte, aus Prinzip. Niemand war bereit, eine Veränderung zu riskieren, da so etwas als Vorbote einer Katastrophe gegolten hätte. Sicherheit existierte nur innerhalb der Grenzen der ihnen bekannten Welt, und seit der Jahrhundertwende gehörte zu dieser Welt Tabak. Die Pflanzen wurden in Gewächshäusern gezogen, die mit Plastikplanen gedeckt waren. Ihre Skelette unterbrachen die Felder im Abstand von einigen Kilometern, im Sommer, wenn die letzten Plastikfetzen an den gebogenen Stangen hingen und wie gebleichte Hautlappen flatterten, ähnelten sie dem Gerippe gestrandeter Wale. So lange jemand zurückdenken konnte, standen die Tabakpflanzen in den Feldern, war das Dorf mit Tabaktrockentürmen gespickt und den Reihen ihrer Schornsteine aus Zinkblech.

Maria d'Imolo erzählte mir, daß sie als Kind an Sommerabenden geholfen habe, Tabakblätter auf lange Schnüre aufzufädeln.

»Die Frauen halfen, die Ernte einzubringen, dann kochten sie, und abends war es ihre Aufgabe, die Blätter zum Trocknen aufzufädeln. Ich habe nie so hart gearbeitet wie die anderen, ich war nur ein Kind, aber ich werde diese Tage nie vergessen und die Geborgenheit, die ich dort empfand, wenn ich ihren Geschichten zuhörte und ihre Lieder lernte. Davon habe ich geträumt, als ich in Nizza lebte. Heute ist es natürlich anders, die Ernte ist mechanisierter ... aber das Pflücken geschieht immer noch von Hand. Das geht nicht anders, Maschinen können nicht auswählen wie wir.«

Die Kinder halfen immer noch auf dem Feld. Die Schule ist um halb eins vorüber. Da Tabak meist jeweils von einer Familie angebaut wird, halfen selbst kleine Kinder, so gut sie konnten, sie pflanzten, jäteten und pflückten an der Seite ihrer Eltern. Die Kinder legten ihre Designer-Kleidung ab und zogen die üblichen Lumpen der Tabakbauern an. Sie verdienten für ihre Plackerei gutes Geld. Allies neuester Herzenswunsch war, mit ihnen im Feld zu schuften. Er löcherte Imolo mit Fragen, wieviel Geld er pro Stunde, pro Tag, pro Sommer verdienen könne.

Früher war Tabak hoch subventioniert. Bauern mit knapp anderthalb Hektar Tabak verdienten jedes Jahr genug, um gut leben zu können. Von April bis Oktober gab es sehr viel Arbeit, das übrige Jahr ruhten sie aus. Ich hätte mir über die Übel der Pflanzenschutzmittel den Mund fusselig reden können, wie viele ihrer Gegner es vor mir getan hatten. Im Grunde war die Krise durch die Kürzung der Subventionen entstanden. Ohne dieses Geld würden die Tabakbauern und ihre Kooperativen nicht genug verdienen, damit es sich lohnte. Alles deutete darauf hin, daß die Subventionen weiter gekürzt werden würden. Als wir in die Gegend kamen, war auf vielen Feldern, auf denen im Vorjahr Tabak wuchs, wieder wie früher Mais angepflanzt worden, auf einigen Paprikaschoten und Sonnenblumen, die herkömmlichen armen Verwandten des Tabaks. Aber diese Feldfrüchte wachsen anderswo besser, und ihr Marktpreis ist niedrig. Anderthalb Hektar Mais halten kaum drei Hunde ein Jahr lang am Leben. Es wurde immer deutlicher, daß eine Alternative zum Tabak gefunden werden mußte, etwas, das den Umstand nutzte, daß die Dorfbewohner an eine arbeitsintensive Feldfrucht gewöhnt waren, das relativ wenig Land brauchen und einen hohen Marktpreis erzielen würde. Vielleicht waren Lilien die Lösung.

Ich begann, von Lilienfeldern im ganzen Tal zu träumen und davon, nach einer Pause von fünfzehn Jahren wieder selbst Landwirtschaft zu betreiben. Wir hatten nur zweieinhalb Hektar Land, einschließlich der Grundfläche des Hauses und eines Wäldchens. Aber schon ein halber Hektar bedeutete einige hunderttausend Blumen. Als spürten sie eine bevorstehende massive Konkurrenz, sammelten sogar meine Winden Kräfte und begannen zu blühen. Ich begriff, daß dies nicht der Zeitpunkt war, um Imolo in meinen Plan einzuweihen. Die Idee war weithergeholt und konnte nur Hohn und Spott ernten. Jetzt davon anzufangen würde nur Schwierigkeiten provozieren. Statt dessen bestellte ich Blumenzwiebeln, holte Informationen ein, ließ unsere Erde analysieren und setzte mich (mit Hilfe unserer holländischen Freunde) mit einigen der wichtigsten holländischen Blumenzüchter in Verbindung, um herauszufinden, ob jemand bereit wäre, mir bei diesem scheinbar völlig schwachsinnigen Projekt mit technischem Rat beizustehen.

Die Zeit schien außer Kraft gesetzt, damit wir das besänftigende Rund der Höhenzüge aufnehmen konnten, zusehen, wie die Brombeeren reiften und die Schmetterlinge sich auf den wuchernden Nesseln trafen. Es schien wirklich nicht der passende Zeitpunkt für einen *motorino*-

Unfall der Beauties; aber sie hatten einen. Das hiesige Krankenhaus, das kein Geheimnis mehr für uns barg, war praktisch verlassen, es litt unter gravierendem Personalmangel. Jeder stickige Korridor mit seinen ausgetretenen Marmorböden verströmte Apathie. Wieder lag ein Mädchen im Bett, während die andere, die zur Pflege bei ihr saß, lustlos Stapel von Zeitschriften durchblätterte. Dieses Mal war es eine Beinverletzung. Das verletzte Knie war in den frühen Morgenstunden, unmittelbar nach dem Unfall, genäht worden, entzündete sich aber, und das geschwollene Bein mußte gründlich behandelt werden. Noch Wochen, nachdem sie in die Villa zurückgekehrt waren, blieb die Wunde offen. Das mag an der Hitze gelegen haben oder auch daran, daß die verletzte Beauty häufig in den späten Abendstunden steifbeinig auf dem Weg in die Disco den Hügel hinunterhumpelte.

Bei mehreren Gelegenheiten konnte ich, wenn ich, an meine Lilien denkend, im Bett lag, das mitleiderregende Gejammere der Verletzten hören, die laut protestierte, wenn ihre Freundin sie zur Gesellschaft mitschleifte. Sie rutschten den steilen Abhang durch die Zypressen vor unserem Schlafzimmerfenster hinunter und blieben dann unten an der Schotterstraße stehen. Nach viel Diskutieren, Schmeicheln, Feilschen und Bestechen setzten beide ihren Weg bergab fort, sie zogen eine traurige Spur aus Gestöhn hinter sich her.

Als sich das Haus wieder mit Besuchern füllte, die mit Fledermäusen und Schwalben um ihre Schlafzimmer kämpften, bekamen wir allmählich das Gefühl, als lebten wir schon seit jeher in San Orsola. Unsere Pläne, im September nach Venedig zurückzukehren, wurden immer unbestimmter und versanken schließlich in einer Woge dörflichen Protests. Wir seien doch wohl gekommen, um ständig hier zu wohnen, fragte Imolo in regelmäßigen Abständen. Hatten wir all diese Unannehmlichkeiten nur für ein Sommerhaus auf uns genommen? Nach einigen Gläsern Wein pflegte Imolo mich vor die Tür zu rufen, wo er mich auf dem verdorrten Vorhof in entschiedenem Schritt spazieren führte und weinerlich sagte,

»Lisa! Du kannst Allie hier nicht wegholen. Es wäre furchtbar. Er ist so gern hier, er ist einer von uns, er ist wie Familie. Er würde leiden.

Glaubst du, wir hätten so gearbeitet, wenn wir gewußt hätten, daß ihr wieder weggeht? Dies ist eine Arbeit aus Liebe. Ich weiß, wir bekommen ... nun, wir werden unseren Lohn bekommen, aber wir tun es für euch, für euch alle, für Allie.«

Jedesmal, wenn man Imolo in die Augen sah, spürte man eine so intensive Traurigkeit, als trüge er allen Kummer der Welt auf seinen starken Schultern. Imolo mit Tränen in den Augen zu sehen war herzzerreißend. Mehrere Wochen lang gingen wir die Flure auf und ab, beide den Tränen nah.

Anfang September stellte ich fest, daß ich unter anderem deswegen so oft müde war und mir alles so zu Herzen nahm, weil ich wieder ein Kind erwartete.

Wir trafen eigentlich keine Entscheidung, nicht nach Venedig zurückzugehen, wir blieben einfach in Umbrien, knüpften Verbindungen, schlossen Freundschaften und schlugen im steinigen Boden Wurzeln.

Aber unsere Schulden gerieten völlig außer Kontrolle, und die Bank in Città di Castello wurde unangenehm. Wir liehen Geld zu inflationären Zinsen und waren mit der Situation konfrontiert, daß ich außerstande sein würde, uns schreibend aus dieser prekären Lage zu befreien. Ich konnte Schwangerschaft und Schriftstellerei noch nie verbinden.

Zur neuen Gästewelle gehörte auch ein Filmregisseur, der seit Jahren versuchte, einen meiner Romane zu verfilmen, und darüber zum Freund geworden war. Er bezog Wachposten an unserem kleinen Poolbillard-Tisch und spielte gegen alle, die sich darauf einließen. Auch sein und Robbies ältester Freund, Paddy der Ire, kam und verschmolz mit Landschaft und Gemäuer. Manchmal wurde nachmittags, trotz glühender Hitze, im Freien ein etwas primitives Cricket gespielt. Wir hatten nie genug Besucher, um richtige Teams aufzustellen, aber auf jeder Seite spielten sie zu dritt oder viert und diskutierten endlos, wer in die abschüssigen Brombeerhecken kriechen und den Ball holen mußte, der unweigerlich in deren Tiefen landete.

Die Beauties begannen mit den Vorbereitungen für ihre Abreise. Allie bereitete sich auf die Schule vor. Er war ordnungsgemäß angemeldet und eine Mappe mit allen Dokumenten – Impfbescheinigungen, Geburtsbescheinigung in doppelter Ausfertigung, Bescheinigungen, wo und mit wem er lebte – waren den entsprechenden Behörden vorgelegt worden. Da er den Mittelgroßen Daniele anbetete, der schon zur gleichen Schule ging, war er nicht halb so nervös, wie er es sonst gewesen wäre. Der Mittelgroße Daniele hatte ihm eine Liste aller Gegenstände gegeben, die er für die Schule brauchte, sowie eine Liste mit der Ausrüstung, die er haben mußte, wenn er Mitglied der Jugend-Fußballmannschaft werden wollte. Auf dieser zweiten Liste waren kurze Hose, Trikot, Sokken und Schuhe der geringste Teil des Gepäcks. Jeder Junge mußte mit Föhn, Haargel, Bademantel, Badeschuhen, Shampoo und Kamm bewaffnet antreten. Sie kehrten von ihren Spielen zurück wie ein Trupp knospender Valentinos.

Wir besuchten weiterhin Reginas Bar und auch die andere Bar. Auch als wir Reginas Telefon nicht mehr brauchten, da unser eigenes in der Villa angeschlossen war, kehrten wir immer wieder zu der eigenartigen Pantomime dieses Ortes zurück, um der alten Zeiten willen und um auf der unebenen Sandbahn Boccia zu spielen.

Die Gespräche wiederholten sich oft und bestanden aus lauter Fragen und Antworten. Die erbetenen Auskünfte waren immer die gleichen, herausgekitzelt, angezweifelt und nochmals erfragt. Für die Einheimischen war es schwer zu glauben, daß jemand, der bei Verstand war, den *palazzo* in Angriff nahm. Das hatte seit Mitte des Ersten Weltkrieges niemand ernstlich versucht. Niemand hatte seit der Jahrhundertwende echte Fortschritte erzielt. Würde er je fertig werden? Stimmte es, daß er dreihundertfünfundsechzig Fenster und Türen hatte, eins für jeden Tag des Jahres? Stimmte es, daß es Zimmer gab, in denen noch nie jemand gewesen war? Stimmte es, daß man starb, falls man in den Treppenschacht hinabfiel? Stimmte es …

Diese Fragen, talauf, talab ständig wiederholt, kamen von Menschen, die das Haus besser kannten als wir, aber ich vermute, sie wollten diese Sachen von uns hören, um uns zu einem Teil ihrer Gemeinschaft zu machen, indem sie unsere Stimmen, wenn schon nichts sonst, mit ihren Mythen verbanden.

Die wichtigste Frage lautete allerdings nicht so sehr, was wir dort taten, nicht einmal, wer wir waren, sondern immer, ob es uns gefiel. Gefiel uns San Orsola? Wußten wir zu schätzen, welch einzigartig anständigen Ort wir uns als Wohnsitz gewählt hatten? Anfangs waren unsere Bestätigungen von Hoffnung geprägte Höflichkeiten. Doch als die Monate ineinander übergingen, von Ernten und Dorfritualen unterbrochen, erkannten wir langsam, wieviel Glück wir gehabt hatten, in eine geschlossene und doch so offene Gesellschaft hineingestolpert zu sein.

Im September wurde mit dem Einpassen der Fenster und Fensterläden im ersten Stock begonnen. Sobald dies geschehen war, würde der erste Stock (mit Ausnahme der Türen) fertig sein. Die Kronleuchter hingen, in der großen Küche war das Telefon angeschlossen, das Kind halbe Tag an dessen Hörer geschmiedet. Die Räume waren möbliert und elegant, nachdem sie all unsere Schätze geschluckt hatten und immer noch geräumig wirkten. Auf den oberen Korridor war nicht so viel Arbeit und Zeit verwendet worden wie auf den unteren, so daß man dort zwar nicht durchbrechen konnte, aber beim Laufen vorsichtig auftreten und die richtigen Balken treffen mußte, um auf dem Fußboden im darunterliegenden Stockwerk keine Spur aus Putzstückchen zu hinterlassen. An guten Tagen sahen die großen Schlafzimmer mit ihren Möbeln, Decken und Teppichen und mit den Fensterreihen, die nach Westen, beziehungsweise nach Norden oder Osten gingen, wirklich beeindruckend aus. Hier waren unsere Gäste eingezogen. Die oberste Etage (die dritte) war weiterhin nur Robbies Atelier. Über dem Ballsaal war noch ein Raum von gleicher Größe, aber niedriger, den wir Billardzimmer nannten, weil er das in unseren Träumen eines Tages sein würde.

Je mehr Leute für längere Besuche in die Villa kamen, um so verwirrender wurde die Verteilung der Räume, also gaben wir ihnen Namen, weil wir meinten, das werde alles vereinfachen. Nun, da irrten wir, denn die Bezeichnungen verrieten entweder, was einmal aus dem Zimmer werden sollte, oder es war der Name des ersten Gastes, der dort gewohnt hatte. Wir wußten natürlich, was und wo Fidoes Zimmer war oder das Venezianische Zimmer, das Arabische Zimmer, das Blaue Schlafzimmer, aber es war für die Gäste viel schwieriger zu erraten, daß ein bestimmter verputzter Kasten irgendwann einmal blau gestrichen sein würde, ein anderer gesichtsloser Raum eines Tages venezianische Fresken und Draperien haben würde, ein dritter eine zeltartige arabische Decke. Diese Verwirrungen waren jedoch geringfügig. Zeitaufwendiger gestaltete sich das Spiel Finde-das-Badezimmer, das nicht alle erlernten.

Zum Glück fiel niemand aus einer klaffenden Fensteröffnung, den Treppenschacht hinunter oder durch einen der Fußböden, obwohl es einige kühne Versuche in dieser Richtung gab, insbesondere durch den dreijährigen Sohn meiner besten Freundin, die aus London gekommen war, um sich von einer Operation zu erholen. Aufgrund der Aufteilung des Hauses war meist alles sehr entspannt: Komplette Familien konnten sich dort aufhalten, ohne sich gegenseitig in die Quere zu kommen.

Oft sahen wir uns nur zum Abendessen (von mir gekocht, aber mit all den frischen Zutaten der Gegend, deren Benutzung uns immer wieder eingetrichtert wurde). Ich habe immer gern gekocht. Ich fing damit an, als ich in London mit meiner Mutter und meinen Schwestern aufwuchs und sehr viel Zeit hatte. Meine Mutter kam meist müde und halbverhungert von der Arbeit nach Hause, während ich entweder mit Lymphdrüsentuberkulose berechtigt untätig herumgelegen oder aber Schuldgefühle hatte, da ich wieder einmal die schicke Mädchenschule in Dulwich geschwänzt hatte – dabei war meine Mutter so stolz darauf, daß sie mich dorthin geschickt hatte. Also begann ich, in der Küche herumzuhantieren, und aus diesem Hantieren entstanden mit der Zeit einige akzeptable Mahlzeiten.

Später, in einer Wohngemeinschaft in Oxford und danach als minderjährige Ehefrau in Italien, ärgerte es mich, wenn ein Freund meines ersten Mannes mir sagte, was für eine schlechte Köchin ich sei. Er erwähnte es nicht beiläufig, er wiederholte es als Beleidigung jeden dritten Tag, immer wenn ich mit Kochen dran war. In den völlig reglosen Stunden eines jeden Nachmittags, den ich auf der Zuckerrohrplantage in Venezuela verbrachte, stürzte ich mich, von meinen kichernden Schützlingen umringt, geradezu besessen aufs Kochen. Ich kochte täglich für mindestens zwanzig Leute, manchmal mit Hilfe und oft ohne, aber meine Opfer waren meist die Kinder und Landarbeiter der Hacienda. Sie rebellierten sehr bald gegen hochfliegende Ideen, die ich vom Kochen haben mochte, also lernte ich, schnell und einfach zu sein und einige besondere Gerichte in der Hinterhand zu haben. In Umbrien für unsere Sommergäste zu kochen erinnerte mich an jene Tage in Venezuela.

Es erinnerte mich auch daran, wie gern ich in Wohngemeinschaften lebe, solange ich genug Platz habe, um Abgeschiedenheit zu finden. Mitunter wuchs die Gemeinschaft auf bizarre Größe an, dann ähnelte der Haushalt einem chaotischen Schiff. Jedesmal wenn es ein Gewitter gab, und das war im Durchschnitt alle zwei Wochen, wurde sofortige Gefechtsbereitschaft ausgerufen. Sommergewitter in Umbrien sind plötzlich und heftig. Mit Beginn des Augusts schrumpfte der Bautrupp auf Imolo und seinen Gehilfen Gigi, nach Ferragosto waren nicht einmal sie mehr da. Doch auch als Imolo noch da war, schien es klüger, mit den Unwettern allein fertig zu werden, denn nie half er, die Möbel aus der Reichweite des peitschenden Regens zu schieben, ohne uns überreden zu wollen, daß wir sie einlagern und ohne leben sollten, bis die Zimmer fertig und die Fenster eingesetzt seien. Als Alternative schlug er vor, wir sollten uns auf jene Ecken des Hauses beschränken, die mehr oder weniger bewohnbar seien. Wir meinten, wenn wir das täten, würden die Schlafzimmer nie fertig. Da sie so lange leergestanden hatten, war leicht vorstellbar, daß es so blieb. Die unbehauste Leere der Villa übte eine eigene Faszination aus. Technisch gesprochen, waren bereits mehr als genug Zimmer restauriert, in denen wir wohnen konnten, von daher bestand keine Notwendigkeit weiterzumachen.

Den ganzen Sommer lang hatte Dürre geherrscht. Die Bauern warteten verzweifelt auf Regen. Die Weinberge litten, die Ernte litt, das Land war versengt. Wenn es regnete, regnete es mit Gewalt. Die einzigen Vorwarnungen waren ein Grollen im azurblauen Himmel und ein plötzlicher Windstoß. Dann wurde der Himmel fleckig grau, als sei viel schwarze Tinte verschüttet worden, und es fielen erbsengroße Regentropfen.

Binnen Minuten hatte sich das Grollen zu wiederholten Explosionen gesteigert, gefolgt von Blitzen, die in die umliegenden Wälder krachten. Beim ersten Mal rannten wir los, um Bücher, Decken, Getränke und Hüte aus dem Garten zu holen und die Dächer der Cabrios zu schließen. Als wir wieder hineinkamen, ersoff die Villa in Regenwasser, das der Wind durch die Ostfenster trieb. Die große Küche war ein seichter See mit schaukelndem Müll. Die Blumen waren aus den Vasen geweht, Papiere und Briefe weichten in Pfützen, die Fensterläden knallten im Zug ständig gegen ihren Rahmen. In Frühstückszimmer, Eßzimmer, Schreibzimmer und dem dahinter liegenden Arbeitszimmer schlugen Läden und Fenster, der Eßzimmerteppich hatte das Wasser aufgesogen wie ein Schwamm. Es herrschte Panik, als die Mahagonimöbel aus dem Weg geräumt wurden. Jeder Regentropfen hinterließ einen hellen Flecken. Bis wir nach oben kamen, waren Betten, Matratzen, Teppiche und Bücher gründlich durchweicht.

Eine halbe Stunde später war das Gewitter vorüber, und am späteren Nachmittag, als sich einige wieder in die Sonne legten, um die letzten Strahlen zu genießen, waren im Garten keinerlei Spuren mehr davon zu sehen. Es dauerte einen weiteren Tag, bis unsere Sachen getrocknet waren. Danach herrschte beim geringsten Anzeichen von

Regen höchste Alarmstufe, alle rannten nach oben, um ihre Besitztümer zusammenzusammeln, Fenster dichtzumachen oder, wo keine waren, alle Möbel auf der anderen Seite zu stapeln. Wir waren bald geübt darin, Teppiche aufzurollen und auf Stühle oder Betten zu heben. Wir bekamen Routine, und wir brauchten sie noch den ganzen Winter.

Nach dem ersten Gewitter regnete es regelmäßig alle fünf bis sechs Tage. Das waren keine Schauer: es goß innen und außen in Strömen. Wo über dem Treppenschacht das Dach fehlte, bildeten sich Wasserfälle. Im Parterre, im langen Durchgang, nahmen wir zur venezianischen Sitte der Laufbretter Zuflucht. An manchen Tagen lag der Fußboden dreißig Zentimeter höher, und auf dem Zementboden stand das Wasser.

Wenn es nachts regnete, bedeuteten die Stromausfälle, die unweigerlich jeden Wetterumschwung begleiteten, eine weitere Gefahr. Das Dorf neigte zu Stromausfällen. Uns störte das von allen Bewohnern vermutlich am wenigsten, da wir uns während der ersten Monate an Dunkelheit gewöhnt hatten. Imolo war ein Experte in Sachen Stromausfall. Sie machten ihm Ärger und verursachten endlose Verzögerungen, da seine Werkzeuge mit Strom arbeiteten. Von der ersten Woche an, als er die Elektrizitätsgesellschaft dazu bekommen hatte, von Signora Marias Anschluß aus eine provisorische Leitung zu legen, damit er seinen Bohrer und den Zementmischer betreiben konnte, hatten Stromausfälle seine Arbeit unterbrochen. Wenn das Licht ausging, mußte jemand den weiten Weg zur Wohnung der Beauties hinuntergehen, um am Stromzähler die Sicherung wieder einzuschalten. Dies war eine unbeliebte Aufgabe, die wir auslosen mußten.

Imolo konnte an Stärke und Verfügbarkeit unseres Stroms erkennen, was andere Dorfbewohner gerade taten. Manchmal sagte er: »Nun mach schon.«

»Mach was?«

»Die Fußballmannschaft trocknet sich nach einem Spiel die Haare.« Oder er sagte: »Jemand hat den Geschirrspüler außer der Reihe angestellt.« Oder: »Heute morgen laufen zu viele Wurstschneidemaschinen gleichzeitig.«

Jemand, der sich weder durch Stromausfälle, Unwetter noch durch andere zeitweilige Heimsuchungen San Orsolas stören ließ, war ein Schotte, der einen Monat lag mit uns und unserem gefahrvoll provisorischen Cricketfeld lebte. Er stand bei Morgengrauen auf, durchkämmte mit der Zielstrebigkeit eines Offiziers, der die entscheidende Schlacht plant, den Garten und requirierte alles, was er für das Spiel des Tages brauchen würde. Er riß den Zaun um das Gemüsebeet ein, um seine Tore zu machen, und erweiterte sie mit dem dicken Drahtgeflecht, mit dem Imolo die Betonböden verstärkte. Er entwendete Balken und Türen, Fensterläden und Planken und verwandelte den Vorhof in einen Miniatur-Slum. Er maß ein Spielfeld diagonal aus und richtete es dann her, indem er große Steine und Felsbrocken entfernte, den Kies mit einem Rechen glättete, Disteln mähte und überhaupt unser Gelände in seinen persönlichen Spielplatz verwandelte.

Sobald andere Bewohner des Hauses aufstanden, wurden sie zu Hilfsdiensten herangezogen. Als ich Klage führte, daß mein portugiesischer Brunnen aus rosa Marmor direkt in der Mitte seines Feldes stehe und daher zu Bruch gehen würde, bevor er je angeschlossen gewesen wäre, schnallte er eine französische Matratze darüber und arbeitete weiter. Allie, Robbie, das Kind und die Beauties fanden sich alle dabei wieder, wie sie für ihn schlugen, warfen, fingen und zurückwarfen – obwohl ich als unparteiische Beobachterin den Eindruck hatte, als sei das Schlagen nahezu ausschließlich Robbie und seinem schottischen Gast vorbehalten. Besucher und Lieferanten waren unterschiedslos in Gefahr, mit ins Feld gepreßt zu werden. Mit seinen ein Meter achtundneunzig, seiner von der Sonne grellrosa verbrannten Haut, einer silbergrauen Mähne und einem schweißdurchnäßten T-Shirt war der Schotte kein Mann, dem man leicht etwas abschlug.

Hätten potentielle Spieler es nur mit ihm zu tun gehabt, ich denke, einige wären lieber lesen oder sonnenbaden gegangen; aber man mußte noch mit dem Brigadegeneral fertig werden. Der Brigadegeneral, erklärte die Begleiterin des Schotten, Miss Myrna, sei ein pensionierter Offizier der Britisch-Indischen Armee, der innerlich weder Indien noch die Offiziersmesse je verlassen habe und gelegentlich in Erscheinung trete. Er war ebenso zänkisch wie senil. Eines Morgens kam der Schotte zum Frühstück und seinem Mund entsprang der Brigadegeneral auf derart kommandierende Weise, daß die halbe Tischrunde spurte. Er blieb mehrere Wochen und war stets das *alter ego* des Schotten. Als Imolo das erste Mal den Schotten als Brigadegeneral hörte, begutachtete er ihn, als nehme er für eine Zwangsjacke Maß, dann akzeptierte er ihn mit eben dem Gleichmut, mit dem er zuvor andere, weniger rebellische Gäste hingenommen hatte. Er fand allerdings einen Vorwand, um Maria zur Villa zu holen, damit sie ihn mit eigenen Augen sehen konnte.

»Ist er Schauspieler?« fragte Maria.

Ich schüttelte den Kopf. »Nein, er ist Journalist.«

»Eh, *bè!*« sagte sie und kam von da an täglich, um aus der sicheren Distanz der Küche seine Marotten zu beobachten, wenn er auf dem Spielfeld schwitzte.

18. Kapitel

Alle Merkmale des Sommers waren verschwunden, außer der Hitze, die sich in der Erde eingenistet hatte, in der Rinde der Bäume, den Zaunpfosten an der Straße, dem Wasser des Sees, den Dachziegeln der Villa, in den großen bauchigen Korbflaschen mit Wein, die im Parterre dort standen, wo Werkzeug und allgemeines Gerümpel sich breitmachten. Die Hitze hatte sich in die frisch gestrichenen Fensterläden gefressen und blätterte langsam die Farbschichten ab. Sie hatte die halbwilden Katzen in die Kühle der Gräben getrieben. Sie hatte die Pfirsiche und Pflaumen an den Bäumen reifen und die letzten der ungepflückten Früchte zu schrumpligen Schalen vertrocknen lassen.

Für mich war September ein gemächlicher Monat. Ich verbrachte mehr Zeit damit, im Garten herumzuwerkeln und dessen künftige Schönheit zu phantasieren und zu planen, und weniger mit Imolo und seinen Leuten, die nach der Unterbrechung im August die Arbeit wiederaufgenommen hatten. Sie waren in Robbies Atelier und zum Dach hinaufgezogen und hatten den Maestro in den Raum im ersten Stock hinabgetrieben, der mein Arbeitszimmer werden sollte. Ich brauchte für die nächste Zeit kein Arbeitszimmer, meine Gedanken arbeiteten in mir, ich wandte mich immer mehr nach innen. Ich war in meine Schwangerschaft versunken, die in den dritten Monat ging, und in die Beobachtung der prächtig in der

Sonne lodernden Herbstlandschaft um mich herum, die sich mit jedem neuen Tag veränderte.

Allies Schulbeginn zog mich vorübergehend aus meinen Tagträumen. Die Schule war ein hell-ockerfarbenes Gebäude neben der Kirche. Sie hatte vierzehn Schüler, aufgeteilt in drei Klassen, drei Lehrer sowie einen Wärter, dessen Funktion ich nie begriffen habe. Allie hatte, vom Mittelgroßen Daniele beraten, einen extrem farbenfrohen Rucksack gekauft und in der Villa geübt, unter dessen immensem Gewicht umherzustolpern, nachdem er ihn mit großformatigen Schulbüchern beschwert hatte.

Maria d'Imolo kam am ersten Schultag, um ihm bei der Vorbereitung auf die bevorstehende Feuerprobe zu helfen. Sie persönlich packte den fluoreszierenden Regenbogenrucksack mit den neuen Stiften, dem Lineal, sieben Heften, jedes mit grellem Umschlag, den bleischweren Büchern, den einzeln verpackten Kuchenstücken und der kleinen Packung Pfirsichsaft, ohne die keine italienische Mutter ihr Kind mit gutem Gewissen zur Schule gehen läßt. Er war so geschrubbt, gekämmt und gestärkt, daß ich ihn kaum wiedererkannte. Seine langen goldenen Korkenzieherlocken waren an den Kopf geklebt, und er wirkte bleich und nervös, als der weiße kleine Schulbus unsere Auffahrt hinauffuhr und mit kreischenden Bremsen neben dem dort ansässigen Bulldozer zum Stehen kam.

Allie kam um zwanzig vor eins zurück, strahlend und ausgeglichen. Er würde gern in San Orsola zur Schule gehen. Er hatte die anderen fünf Schulen und Kindergärten gemocht, die er bislang besucht hatte, aber es war ihm schwer gefallen, seine Schüchternheit zu überwinden. Jetzt war er selbstsicher, ratterte die Namen seiner neuen Freunde herunter und wollte sofort wieder ins Dorf, um mit ihnen zu spielen.

Die Tage relativer Ruhe, die mir im Haus zufielen, waren ansteckend, und das Kind Iseult zog sich außer Reich- und Hörweite der anhaltenden Cricketspiele in eine Hängematte zurück. Neben sich hatte sie auf einer Seite einen Stapel Bücher, auf der anderen eine Reihe Coca Cola-Flaschen. Die meiste Zeit verbrachte sie mit dem Aufstellen von Listen, die dann dort liegen blieben und im Garten und den angrenzenden Feldern umherflatterten. Alle begannen mit strengen Vorsätzen wie »Aufstehen, zwanzig Liegestützen, im See schwimmen, acht Gläser Quellwasser mit frisch gepreßtem Zitronensaft trinken. Frühstück halbe Grapefruit, Mittagessen Ricotta, Spinatsalat, keine Salatsoße. Abendessen gegrillter Fisch, Salat. Gesichtsmasken, Massage, etwas für meinen Geist tun, Französisch lernen ...« Wenn sie von den Listen genug hatte, trank sie Coca Cola und fühlte sich gesund und tugendsam. Vom Sportfeld hatte sie schon bald genug und war für die Befehle des Brigadegenerals taub. Als rätselhafterweise die Cricketstäbe verschwanden, ließ sie sich erweichen und überredete Silvio den Dichter, für sie neue Stäbe und auch zwei Querhölzer zu schnitzen.

Eines Tages brachte sie Silvio mit, von zweien seiner Töchter und einem dünnen Stotterer begleitet, der offenbar kein Verwandter war. Silvio hatte beschlossen, uns in das gehütete Geheimnis seines speziellen Walnußlikörs (*nocino*) einzuweihen. Als Überbringer dieser

Neuigkeit hatte er seinen Freund ausersehen, der aufgrund seines Stotterns einen Gutteil des Nachmittags brauchte, um diese Mission zu erfüllen. Die beiden Frauen in seiner Begleitung, Clara und Graziella, mit rabenschwarzem Haar, führten ihrem Vater den Haushalt, seit ihre Mutter durch einen Schlaganfall an den Rollstuhl gefesselt war.

Silvio war wie eine Marionette, adrett und zierlich. Er pickte in seinem Essen herum wie ein lustloser Vogel und mußte angehalten werden, überhaupt etwas zu essen. Seine Frau Dina war riesig und dick. Sie hatte aufgrund ihrer erzwungenen Reglosigkeit extrem zugenommen. Sie akzeptierte ihre Lähmung nicht und wütete dagegen, hatte aber ihren unverheirateten Töchtern die Führung des Haushalts überlassen müssen. Clara hatte sich mit Leidenschaft auf das Kochen gestürzt. Sie entlockte all ihren Verwandten Rezepte. In ihrer winzigen Küche mit Elektroherd und Holzofen kochte sie für ihre große und anspruchsvolle Familie. Einige Rezepte, die sie ausprobierte, waren so kompliziert, daß sie fünf Tage beanspruchten.

Wir haben nie erfahren, warum Silvio ausgerechnet uns zum Hüter der Geheimnisse seines Walnußlikörs erwählt hatte. Vielleicht hatte er gehört, daß Schotten ganz außerordentlich trinkfest sind, vielleicht hatte es ihn überrascht, die Beauties und mich ein ungeschriebenes Tabu verletzen zu sehen, indem wir in einer Bar Alkohol tranken, und sich gedacht, wir sollten besser etwas Hochprozentiges im Haus haben, damit wir dort blieben. Was auch der Grund sein mochte, sein stotternder Freund diktierte uns eine Liste der Dinge, die wir bis zum folgenden Tag einkaufen sollten. Das Rezept für *nocino* ist wie folgt:

5 Liter reiner Alkohol
1 Pfund Zucker
5 Zitronen
Eine Handvoll Nelken
Das fein gehackte Fruchtfleisch von 30 grünen Walnüssen (bevor die Schale hart geworden ist)

Es gehörte zu Claras zeitaufwendigeren Rezepten: es erforderte vierzig Tage.

Wir kauften das Erforderliche, und am folgenden Abend kehrten Silvio und die anderen zurück. Die Zitronen waren nicht zu gebrauchen, offenbar, weil sie nicht von einem hiesigen Baum stammten. An meinem Baum hing nur eine einzige Zitrone, und die war winzig und schien ihr verstocktes Grün niemals verlieren zu wollen. Die beiden anderen Winz-Zitronen waren von verirrten Cricketbällen vom Baum geschlagen worden. Nachdem sie ihre anfängliche Schüchternheit überwunden hatte, war es die jüngere, kontaktfreudigere Tochter Clara, die sich an die Zubereitung machte. Der schwierigste Teil des Unterfangens war, die steinharten Nüsse kleinzuhacken. In den Walnußschalen lauerte gelber Saft, der Hände, Nägel und Kleider verfärbte.

Als die Zutaten vorbereitet waren, wurden sie in eine sorgfältig gereinigte und ausgetropfte Korbflasche gefüllt, die dann fest zugepfropft und morgens und abends jeweils zehn Minuten geschwenkt werden mußte. Dies auch nur einen einzigen Tag zu versäumen, mahnte Clara, würde irreparablen Schaden verursachen. Silvio gab uns einen dicken Weidenstab, mit dem wir die Mischung rühren sollten. Er ähnelte verdächtig einem der abhanden gekommenen ursprünglichen Cricketstäbe.

Am 15. September könne er abgefüllt werden, ließ Silvio, der Hohepriester der Zubereitung, uns über seinen schüchternen, rotwangigen Übersetzer wissen. Dann äußerte er sich abfällig über die Hochnäsigkeit der Castellani, lobte die unerreicht gutherzigen Orsolani, wiederholte nochmals alles, was wir mitangesehen und selber zubereitet hatten, geschickt vermischt mit kleinen Neuigkeiten und Informationen, um unser Interesse wach zu halten. Alle sprachen breiten Dialekt.

»*En dù'èno le ruschiè? Piiele ne una, questa è piena de gniacchera.*« (Wo sind die Stöcke? Gib mir einen anderen, der hier ist voll Schlamm.)

»*E'la me lè.*« (Er ist dort drüben.)

Robbie, dessen Italienisch sich mit knapper Not auf die Konversationsebene zubewegte, verstand kein Wort. Sie erzählten uns von einem Partisanen aus der Gegend, dessen Liebe zum *nocino* legendär war. Unter den Augen des Feindes war er in seine *Cantina* zurückgekehrt, um dort seinen eigenen *nocino* zu plündern und mit in die Berge zu nehmen.

Sie erörterten alle bekannten Todesfälle und Wunder, die dem *nocino* zugeschrieben wurden. Sie erörterten den Ausgang des Fußballspiels, das sie im Fernsehen gesehen hatten. Im Verlauf dieser gestotterten Unterhaltung wurden unsere Hände gelb bis zu den Gelenken. Nur Clara und ihre Schwester hatten keine vergilbten Hände, sie waren mit Gummihandschuhen bewaffnet angerückt.

»Stimmt es«, fragte der Dolmetscher und blickte auf die vier hohen Fenster der Küche, »daß es hier dreihundertfünfundsechzig Fenster und Türen gibt?«

»Nein, das ist erfunden.«

»Man kann es sich kaum vorstellen, oder?« sagte er ehrfürchtig, wobei er sich offenbar die dreihundertfünfundsechzig Fenster und Türen so gut wie möglich vorstellte und vor seinem geistigen Auge bereits so deutlich sah, daß er im Dorf von ihrer Existenz berichten würde, sobald er zurück war.

»Und hast du keine Angst, hier allein zu sein?« fragte mich Clara.

Ich schüttelte den Kopf und war ebenso überrascht wie sie darüber, daß ich wirklich keine Angst hatte, hier allein zu sein. Ich habe in jedem Haus, in dem ich je gelebt habe, bei Dunkelheit Angst gehabt. Einige Häuser waren schlimmer als andere. Das Schloß, in dem ich im Moor von Norfolk wohnte, war wie die Kulisse eines klassischen Horrorfilms. Während meines ganzen ersten Jahres dort hatte der erste Stock keinen Strom. Das Haus war zwar mehr oder weniger renoviert, aber es herrschte ein gravierender Mangel an sanitären Anlagen. Trotz seiner Größe gab es in dem einen Flügel ein verwahrlostes Badezimmer, das vom Bleidach mit Regenwasser versorgt wurde, in dem anderen eine winzige Erkertoilette in einem Eckturm. Eingesperrt in diesen engen, achteckigen Erker, habe ich viele Nächte bei flackerndem Kerzenlicht verbracht, habe dem Ticken der Klopfkäfer in der Holzdecke gelauscht und den Pfauenkrallen, die wie Ketten über das Dach scharrten, und ich war so starr vor Angst, daß ich den Ort erst verlassen konnte, wenn die

Haushälterin und der Morgen kamen. In der Villa könnte ich mich in fast kein Zimmer einschließen, da es an Türen fehlte, aber ich hatte auch nie den Drang verspürt. Nach den ersten vierzehn Tagen, als mir die Geräusche der Hügel und der leeren Ruine vertraut geworden waren, habe ich dort nie mehr Angst gehabt.

Clara sagte mir, die Größe des *palazzo* mache ihr solche Angst, daß sie unter keinen Umständen bei Nacht herkäme, aber hin und wieder werde sie bei Tageslicht kommen, um die Fortschritte unseres *nocino* zu überwachen.

Am folgenden Tag wußten das Dorf, Regina, Menchina und all unsere anderen Bekannten ebenso viel über unseren Walnußlikör wie wir selbst. Die Gerüchteküche funktionierte schnell und effizient, Informationen liefen den Berg hinauf und hinunter, gepaart mit Tips zu diesem und jenem Reifungstag unseres *nocino*.

Auf den Feldern schwollen die Paprikaschoten wie gelbe Kröten, die am Boden hocken. Der hohe Mais verwandelte unsere Straße zunehmend in eine schattige Allee, und unter dem zarten Seidenbart bildeten sich schon die Taschen der Maiskolben. Ein paar alte Frauen sammelten diese seidigen Strähnen und machten daraus ein kühlendes, nicht sehr wohlschmeckendes Getränk, das angeblich gut für die Nieren war.

»Fast so gut wie Schachtelhalmtee, besser als Gerstenschleim, aber nicht so gut wie Wassermelone«, versicherte mir Menchina.

Im Dorf wimmelte es von Kräuterrezepten, wenn auch die meisten Bewohner die Naturmedizin zugunsten von Untersuchungen durch Schulmedizin und Bluttests im

Krankenhaus von Città di Castello aufgegeben hatten. Doch über die Heilkraft einiger Aufgüsse wie Kamille und Fenchel herrschte ebenso Einigkeit wie über die Wirksamkeit von Malve gegen Zahnfleischentzündung, vor allem aber darüber, daß Essen der Quell guter Gesundheit, eine achtlose Ernährung der Quell alles Bösen sei.

Das Jahr schien sich in den ersten Monaten gedehnt zu haben, um sich von der Mitte des Sommers an zusammenzuziehen, als konzentrierte sich seine Essenz zu einer dicken Soße: wie die Tomatensoße, die jeder Haushalt in San Orsola kochte und in vielen hundert Flaschen einlagerte. Die Tomaten kamen als Schwemme über die Gemüsegärten. Ende August oder Anfang September holte man einen großen gußeisernen Topf hervor, ein Erbstück aus härteren Zeiten, und setzte ihn auf ein offenes, von flachen Steinen begrenztes Feuer. Dann wurden Tomaten, Knoblauch und Basilikumblätter aufgekocht und eingemacht. Dieser Vorrat an Tomaten, Produkt der Gärten hinter, neben oder vor jedem Haus, stand dann dicht gedrängt auf den Regalen einer jeden Cantina.

Ein Winter ohne ihn war völlig unvorstellbar. Bei seinem Anblick hätten die Wölfe gezittert, die noch vor kurzem die Wälder rund um das Dorf durchstreift und, bildlich gesprochen, jede Tür bedroht hatten. Maria d'Imolo erzählte mir, jeder Haushalt koche mindestens einhundert, meist eher zwei- bis dreihundert Gläser ein. Sie selbst hatte in diesem Jahr zweihundertdreißig eingemacht. Diese *polpa*, wie sie hieß, war der Stolz jedes Kellers. Sie kam nach dem Wein und war ebenso wichtig wie

Schinken und Salami. Ausnahmsweise war *polpa* ein Gemeinschaftsunternehmen: von Männern gezogen, aber von Frauen eingemacht. So groß war die Macht der Tomate, daß sie sogar die Geschlechtergrenzen niederreißen konnte. Sie galt als fast so allmächtig wie ein viktorianisches Einreibemittel. Wären die *polpa*-Gläser etikettiert worden, hätte sicherlich draufgestanden, der Inhalt sei nicht nur köstlich und nahrhaft, sondern auch ein bewährtes Heilmittel gegen Schlangenbiß, Depression, Husten, Erkältung, Fieber sowie jedes andere Übel, das den Menschen heimsuchen könne. Sie war für Umbrien, was Kalbsfußsülze für England war. Sobald sich einer von uns unwohl fühlte, erhielten wir unweigerlich ein Gläschen *polpa*. Sie war mit kleinen Nudeln zu essen, die in einer Brühe aus einem frisch geschlachteten Huhn und *gli odori* (Sellerie, Petersilie, Zwiebel und Knoblauch) gekocht wurden.

Das Kind Iseult ernährte sich fast ausschließlich von Waschschüsseln kurzer Nudeln mit *polpa di pomodoro*. Der Anblick so vieler Eisentöpfe mit diesem Elixier belebte sie wieder. Ihre Listen wurden länger, und die Tage ihrer Putzwut kehrten zurück. Nach der Ankunft der Möbel hinterließ ihr Hausputz, wenn sie ihn nicht beendete, ein absolutes Chaos. Das Telefon war ihr neues Spielzeug, mit dem sie viele Stunden verbrachte. Es hatte sie sogar von ihren Gesichtsmasken abgelenkt, obwohl sie beides gelegentlich kombinierte. Nachdem sie sechs oder sieben Stunden lang im Spülstein mit Zahnbürste und Soda irgendwelche Nippes geschrubbt hatte, rief sie Paris an und erzählte allen, die es hören wollten, den Ablauf eines frei erfundenen Tages. In echter Andenmanier gab sie vor, an solchen Tagen nichts getan zu haben, als ohne Sattel wehenden Haars über die Hügel zu reiten. Als ich sie wegen ihrer unverfrorenen Phantasiegeschichten rügte, war sie uneinsichtig und hielt mir vor, wie oft ich selbst von der Wahrheit abwiche.

Der 15. September war der Tag der *nocino*-Abfüllung. Silvio der Dichter kam herausgeputzt, ganz Dandy, aufgeregt und von vier seiner fünf Töchter, zwei Söhnen sowie einer Enkelin begleitet, die das Aussehen und die Ausstrahlung einer jungen Gina Lollobrigida hatte. Alle waren wie für einen Ball gekleidet, wobei Gold- und Silberlamé vorherrschten. Die früheren Besuche waren etwas angespannt gewesen; jetzt wurde mir klar, daß Clara und ihre Schwester Graziella ausgesprochen scheu gewesen waren. Dieser Besuch zeichnete sich durch seine Heiterkeit aus. Wir bestanden unseren Rührtest, die abgesiebten Zitronenschalen- und Gewürzreste waren eine so abscheuliche Pampe, wie Silvio es sich nur wünschen konnte, und das Dekantieren konnte beginnen.

Silvios Kinder klagten alle über seine ungezügelte Lebensweise. Der jüngste Sohn war achtunddreißig, der älteste sechzig. Clara beschwerte sich darüber, daß sie ihrem achtzigjährigen pubertierenden Vater den Haushalt führen mußte.

»Wenn es irgendein Tanz- oder sonstiges Vergnügen gibt, das von uns aus zu Fuß erreichbar ist, kann nichts *mi babbo* zu Hause halten. Bei Festen ergreift eine Wildheit von ihm Besitz. Manchmal, ich übertreibe nicht, tanzt er allein wie in Raserei, wie ein Verrückter.« Sie schüttelte den Kopf. »Ich habe nichts gegen Tanzen. Ich tanze selbst gern, ich habe auch nichts gegen eine durchtanzte Nacht, aber *mi babbo* verliert den Verstand oder er fordert das Schicksal heraus. Er hält Ausschau nach den Mädchen mit den dicksten Eutern und gräbt seinen Kopf hinein. Er hat schon mehr Schläge bekommen als ein Esel.«

Silvio unterbrach. »In meinem Alter lohnt das Ergebnis immer die Beschämung. Wenn man achtzig ist, ist es einem egal, ob man einen Klaps bekommt, solange man eine Umarmung und das Gefühl von Haut hat.«

Clara schüttelte wieder den Kopf, halb nachsichtig und halb verzweifelt.

»*Mi babbo*, was kann man da machen? Eines Tages ...«

Auf das Regal neben meinen toxischen *nocino* stellte ich Gläser mit Paprikaschoten in Olivenöl, mit Auberginenscheiben in Chiliöl und Knoblauch, mit winzigen flachen Zwiebelchen in Weißwein und Öl, und mit *polpa* aus meinen gehüteten, selbstgezüchteten Tomaten. Es gelang mir sogar, Ende September dafür im Bauschutt einige Basilikumblätter aufzuspüren. Ich hatte im Unterholz wilde Erdbeeren gepflückt und in Maraschino eingelegt. Ich hatte Brombeeren in Sirup eingelegt und Gelee gemacht. Ich hatte Quittenmarmelade, und ich hatte vierzig Zwei-Kilo-Gläser weiße Pfirsiche in Weinbrand.

Meine Speisekammer füllte sich, und ich war davon so begeistert, daß ich alles in Reichweite einmachte. Robbie riet den Kindern, ständig in Bewegung zu bleiben, da ich sie sonst einkochen würde. Ich verwandelte unsere Küche in eine Hexenküche mit zahllosen trocknenden Bündeln von Küchen- und Heilkräutern. Ich begann, ungehemmt meiner langen brachliegenden Leidenschaft für

Heilkräuter zu frönen. Maria d'Imolo begrüßte das Einmachen uneingeschränkt. Das war eine Beschäftigung nach ihrem Geschmack. Wir rüsteten uns gegen den Winter. Es war ein Jammer, daß wir weder Hühner noch Gänse, Enten, Perlhühner oder Tauben hatten, nicht einmal ein Schwein, um unsere Tiefkühltruhe und unsere Speisekammer zu füllen, aber mit der Einmachmanie bewegten wir uns in die richtige Richtung, und sie notierte sich sogar ein oder zwei Rezepte, auch wenn der Rezeptverkehr meist nur in eine Richtung floß.

19. Kapitel

Mitte Oktober war es immer noch wunderbar warm. Die plötzlichen Gewitter hielten an und hämmerten in tropischen Sturzbächen herab. Im obersten Stockwerk hämmerten Imolo und die Arbeiter immer noch in Maestros Atelier, verputzten die drei riesigen Räume, legten Strom und Wasser und renovierten sie ganz allgemein. An manchen Stellen waren die Dachbalken schwach, folglich wurden fünfzehn Meter lange Kastanienholzbalken entfernt und ersetzt. Als Böden waren Terrakottafliesen mit rosa und roten Marmor-Umrandungen vorgesehen. Der Fliesenschneider kreischte und jaulte.

Der Niederschlag ihrer Arbeit war eine Staubschicht, die alles bedeckte. Ich bürstete mir die feinen Körner täglich aus Zähnen und Haar, mit wenig Erfolg. Sie lagen auf jeder Oberfläche und nisteten sich im Flor eines jeden Stoffes ein. Sie drangen durch Schranktüren und hinter Glas. Sie mischten sich ins Essen und schwammen als stumpfe Haut auf jeder Tasse Tee. Imolo sagte, es würde mindestens ein Jahr dauern, den Staub loszuwerden. Er überredete seine Frau, jeden Tag ins Haus zu kommen, um uns zu helfen, den Staub von einem Zimmer ins nächste zu wischen. Maria machte sich mit gleichem Eifer ans Werk wie das Kind Iseult; aber Maria war in ihren Bemühungen ausdauernder. Sie klagte bitter über ihre aussichtslosen Schlachten, aber wir sahen ungeahnte Fortschritte.

Iseult wohnte immer noch in dem kleinen Zimmer am oberen Ende der Treppe, im Arabischen Zimmer. Sie hatte es mit einem hohen Messingbett möbliert sowie mit einem Mahagonischrank, in den sie nichts hineintat, einer Kommode, einem Satinholz-Schreibtisch sowie einem grau-weißen indischen Teppich, auf dem sich ihre gesamte Garderobe türmte.

Allie hatte sein Schlafzimmer dort, wo später die Kinderzimmer sein würden. Sein Geschmack war spartanisch; er tat gern, als campe er noch. Er hatte sich nur ein Bett und einen Stuhl erbeten, aber Maria hatte auf einer Kommode und einem Tisch für seine Hausarbeiten bestanden. Seine Bücher und Spielsachen blieben meist unbenutzt, denn sein Interesse galt dem Dorf und der Bar, den Kartenpartien, dem Mittelgroßen Daniele und ihren Fußballspielen.

Robbie und ich hatten ineinandergehende Räume: das große Schlafzimmer mit den zukünftigen Balkontüren, ein Ankleidezimmer und ein großes Badezimmer. Bis auf weiteres benutzten wir nur das Schlafzimmer, wo wir unser hohes italienisches Bett strategisch so weit wie möglich von den vier Fenstern entfernt plazierten, um es vor dem Regen zu schützen. Es war wie ein Floß. Das Kopfteil war bemaltes Eisen und zeigte Meeresszenen und eine ferne Landschaft. In der Mitte des Raums dominierte ein großer Spieltisch, dessen Stühle wir oft auf unseren Balkon hinausrückten. Unsere Lieblingsbücher standen in einem achteckigen Kabinett in einer Ecke, auf der geschweiften Mahagonikommode meiner Mutter hatte Robbie seine umfangreiche Sammlung von Krawattennadeln, Manschettenknöpfen, Kragen- und Hemdknöpfen sowie meine Sammlung winziger Holzdosen arrangiert. Diese Kommode war Marias Alptraum. Sie war nicht davon abzubringen, sie jeden Tag abzustauben, aber es nutzte nichts. An der Decke, links vom Spieltisch, war ein Nest von Schwalben, die eines Tages im Oktober verschwanden. Nachts, wenn die Temperaturen fielen, flogen die Fledermäuse durch unsere Fenster ein und aus, sie kreisten im Zimmer umher und wurden durch einen dunkelroten Samtvorhang am Erkunden der anderen Zimmer gehindert.

Fünf Gästezimmer standen bereit oder wurden von Gästen bewohnt. Nachdem der Brigadegeneral und Miss Myrna nach Schottland abgereist waren, herrschte Flaute. Unsere holländischen Freunde sollten mit einer Wagenladung Blumenzwiebeln kommen, aber um Lilien zu pflanzen, war es noch zu früh; es war zu heiß, und der Boden war noch nicht vorbereitet. Trotz der hohen Temperaturen bei Tag waren die Abende kühler geworden, und morgens war es neblig.

Einige oberflächliche Erkundungen im Dorf und unter den Arbeitern hatten uns zu der (irrigen) Meinung gebracht, San Orsola habe ein gemäßigtes Klima mit milden Wintern. Ich habe die Erfahrung gemacht, daß kein Italiener gern zugibt, wie kalt es in seiner Gegend wird, aber irgendwie war mir das entfallen, als ich unsere Heizung plante. Von Imolo beraten, hatten wir auf jegliche Heizung im ersten Stock verzichtet. Unter den schönen Marmorböden lagen keine Rohre. Die meisten Kaminschächte, die man hätte öffnen können, blieben geschlossen. Alle waren sich einig, daß die Winter sehr kurz seien (von etwa fünfwöchiger Dauer), und obwohl sie streng sein könnten, schneie es selten. Regina behauptete, sie könne sich nur an einen schlimmen Winter erinnern, 1984. Imolo sagte, 1987 sei ein kaltes Jahr gewesen, aber niemand erwähnte die bitteren Fröste, die kommen würden, oder die alljährlich wiederkehrende beißende Kälte.

Menchina, deren Leben von Migräneanfällen bestimmt wurde, war ein perfekter Wetterhahn. Sie kannte die Luftströmungen besser als irgendein anderer. Wind brachte ihr rotes Stirnband zum Vorschein.

»Wenn der Wind als Scirocco von Afrika kommt, ist er warm und bringt oft Sand aus der Sahara. Es ist ein gelber Wind. Aber der Ostwind ist am schlimmsten. Wenn er vom Zeno Poggio herunterdonnert, spaltet er mir den Kopf.«

Als wolle er vor den kommenden Schneestürmen warnen, wurde der eingetopfte Zitronenbaum schorfig. Seine Äste und Blätter waren von schneeweißen Flocken bedeckt, einige davon fielen als makellose Schuppen auf den Torf um seine Wurzeln. Bei genauerer Betrachtung hatten diese Schuppen Beine, und zwar jede Menge. Der Zitronenbaum schien drauf und dran, seinen Geist aufzugeben. Imolo erwähnte, nicht unfreundlich, aber mit jener Andeutung grenzenloser Weisheit, die ich am vernichtendsten fand, *sein* Zitronenbaum leide an keiner derartigen Seuche.

»Wie soll er auch. Du hättest ihn im Frühjahr mit Kupfersulfat besprühen sollen und im Sommer nochmal, kurz bevor sich die Zitronen bilden.«

Die eine überlebende Zitrone war schon lange von meinem Baum gefallen, zusammen mit fast allen Blättern.

»Das hättest du wissen müssen«, sagte Imolo. »Hattest du in Südamerika keine Zitronen?«

Doch, aber Zitronen galten dort als Unkraut, sie wuchsen wild, wurden nicht kultiviert und waren meist unerwünscht. Für Getränke und in eleganten Bars benutzte man Limonen. Zitronen waren nur da, um Kupfer zu reinigen und um im Schatten ihrer Blätter zu sitzen, zu nichts sonst. Alle vierzehn Tage wurden die Kupferkessel in meiner Zuckerrohrfabrik mit Zitronensaft geschrubbt. In den Anden war der Glaube weit verbreitet, daß Zitronensaft das Blut in den Adern gerinnen lasse, folglich hätte niemand, der bei Verstand war, eine gegessen. Es war sinnlos, Imolo das erklären zu wollen, es hätte lediglich ein schlechtes Licht auf Südamerika geworfen, das ich gewöhnlich verteidige. Obwohl die Orsolani Fremde so bereitwillig aufnehmen, weigerten sie sich militant, etwas zu akzeptieren, was die Wahrheit ihrer überlieferten Sitten und Vorstellungen in Frage gestellt hätte. Seit Jahrhunderten liebten die Menschen hier ihre eingetopften Zitronenbäume abgöttisch, es nicht zu tun hätte als schlechtes Benehmen gegolten. Also etikettierte ich unseren *nocino* und behielt meine Meinung für mich.

Die Gewitter hörten auf, der Himmel wechselte nicht mehr von Blau zu dräuendem Granit, es stürzten keine Regentropfen mehr aus dem Himmel, von effektvollen Theatergeräuschen begleitet. Aber das letzte »Sommer«-gewitter war heftiger als alle anderen. Der Regen fiel in Bällen von der Größe kleiner Zitronen. Dieser Hagel richtete auf den Tabakfeldern der Gegend verheerende Schäden an. Seit Anfang August waren bestimmte Blätter geerntet worden, aber die Pflanzen blieben verstümmelt auf dem Feld, sie sollten neu treiben, und die übriggelassenen Blätter sollten noch kräftiger werden. Der Hagel durchlöcherte sie. Er legte ganze Hektar der künftigen Ernte flach. Die Bauern forderten von der Regierung Entschädigung.

In Reginas Bar gab es kaum ein anderes Thema als den Hagel und den entstandenen Schaden. Der transparente Cenci meinte:

»Wir brauchen Regen, wir mögen ihn: er schont die Reservoire und erspart die mühsame Arbeit des Wässerns. Nur Hagel ist schlimm, sonst nehmen wir jede Menge Gewitter hin. Tabakpflanzen sind wie Säufer, sie müssen viel trinken, und sie müssen regelmäßig trinken.« Feierlich faltete Cenci seine großen, unansehnlichen Hände im knochigen Schoß, und dann seufzte er. »Das Land ... es ermüdet so ... es ist so niedrig!«

Inzwischen waren die Nächte so kalt, daß wir zusätzlich Decken kaufen mußten. Die Temperaturen fielen nachts so stark, daß wir anfingen, abends in der großen Küche den Kamin anzuheizen. Der Wind wehte durch die Korridore und durch das klaffende Loch im Dach über dem Treppenschacht, er legte zu, während er sich die Treppen hinauf und um Ecken einen Weg bahnte, aus den unverglasten Fensteröffnungen schnappte er zusätzlich Luft auf. Die Villa fühlte sich wieder verlassen an.

Selbst die irischen Beauties hatten sich tränenreich von San Orsola verabschiedet und waren in ihr Dorf in Galway zurückgekehrt, obwohl man ihnen einige Jobs angeboten hatte, um sie zum Bleiben zu überreden. Die meisten Angebote, die sie ködern sollten, waren Kellnerinnenjobs oder ähnliches, aber einer war ausgesprochen bizarr: In einem Nachtclub irgendwo in den Bergen um Cortona sollten sie sich bis auf einen Tanga ausziehen und abwechselnd in einem Aquarium tanzen. Keine der beiden war auch nur im geringsten in Versuchung, aber die größere war neugierig.

»Ich bin über ein Meter achtzig, an mir ist einfach alles groß, wie soll ich in dieses Aquarium hineinpassen?«

Es tat uns leid, daß sie abreisten, und ich merkte, daß ich ihnen keine ihrer Laxheiten nachtrug. Ungeachtet ihrer hauswirtschaftlichen Talente, hatten sie unseren ersten Sommer überlebt und eine gute Portion humorvoller Unterstützung beigesteuert, wovon wir länger etwas haben würden als von jeder Wäsche und von jedem Abwasch.

Das Kind Iseult, sechzehn Jahre alt, hatte beschlossen, in Paris Französisch zu lernen. Der Filmregisseur hatte ihr seine Wohnung angeboten, während er in London an einem Drehbuch arbeitete, und sie mochte ihn ebenso wie den Gedanken, seine Einzimmerwohnung am Pigalle zu bewohnen. Auf jeder Liste, die sie schrieb, stand, daß sie etwas für ihre Bildung tun und reisen wolle. Sprachen gehörten zu den Dingen, die ihr leicht fielen, also schrieb sie sich bei der Alliance Française ein. Sie sagte mir, es sei ihr im Sommer kaum gelungen, auch nur einen Posten von irgendeiner ihrer Listen abzuhaken, und wenn sie Französisch lerne, könne sie wenigstens das abhaken. Sie hatte einige Angebote bekommen, in Italien als Model zu arbeiten. Sie hatte abgelehnt, aber diese Angebote mit ihrer Verheißung von Ruhm und Geld spornten sie an, sich bei einer Modelagentur in Paris anzumelden. Dann begann sie mit den Vorbereitungen des Kofferpackens. Das dauerte zehn Tage, danach reiste sie nach Frankreich ab, sie nahm den Nachtzug von Florenz und weinte aus ihrem Schlafwagenfenster. Im letzten Augenblick überlegte sie es sich anders, aber der Zug war schon angefahren.

Robbie bereitete sich auf seine erste Einzelausstellung in Rom vor. Er malte in seinem provisorischen Atelier wie besessen, mischte Ölfarben und suchte unter den Arbeitern nach Modellen. Ich befand mich in einem Zustand, der nur durch ein ganzes Zimmer voll gehackter Zwiebeln oder den Beginn einer Schwangerschaft zu erlangen ist. Sobald mein obsessives Obst- und Gemüseeinmachen vorüber war und ich keine Zwiebeln mehr würfelte, merkten alle, was ich schon wußte: ein Duff-Scott-Baby war unterwegs. Robbie war begeistert: Es würde sein erstes Kind sein. Allie war begeistert; er trug mir auf, einen Jungen daraus zu machen, und fragte, wieviel Monate es dauern würde, bis er Fußball spielen könne. Iseult freute sich so sehr, daß sie ihren Schulbeginn um einige Tage verschob und nach San Orsola zurückkam, damit wir uns »von Frau zu Frau« unterhalten konnten. Imolo war so hingerissen, man hätte meinen können, er sei der Vater. Er nahm es auf sich, Gott und die Welt davon zu informieren, von dem Mann, der zum Stromablesen kam, bis zu einer Wagenladung Pilzsucher, die in den Wald unterwegs waren.

Festas waren wichtig in Italien, Prozessionen eine ernste Angelegenheit, Ferien wurden organisiert, Landwirtschaft war Teil des Lebens, die Pflege eines Gemüsegartens Pflicht, die Aufzucht von Hühnern ein gottgegebenes Recht, das Erziehen von Kindern ein Vergnügen, das Sammeln von *funghi* jedoch war eine Religion. Diese *funghi* (verschiedene Arten wildwachsender Pilze) hatten eine Hierarchie, angeführt vom gedrungenen *porcino*, dicht gefolgt von dem selteneren *boletro*, der wie ein goldenes Eigelb unter einer dünnen Erdschicht hockte. Weit abgeschlagen kamen die *quaitelle* und die *biètte* mit ihren roten Hüten. Silvios und Claras ganze Familie zog von vier Uhr früh bis fast um die Mittagszeit in den Wald, tauchte auf der Suche nach *funghi* in Farnbüsche und krabbelte an bestimmten geheimgehaltenen Stellen des Waldes durchs Unterholz. Nur Dina, Silvios siebzigjährige, gelähmte Ehefrau, blieb zurück, in ihren Rollstuhl gezwängt und mit der Aufsicht eines Enkelkindes betreut, das Pianist werden wollte und das Dorf mit seiner Musik erfüllte, da er acht Stunden am Tag, und zwar jeden Tag, übte, um seine Prüfungen zu bestehen.

Wie bei jedem Dorfskandal wurde auch über die geheimen Stellen im Wald nur geflüstert und getuschelt, aber jeder zweite kannte sie. Wer zuerst da war, bekam also die *funghi*; daher der frühmorgendliche Start. Die beiden Male, die Clara mich zum Mitkommen überredet hatte, brachen wir um fünf Uhr auf, nur um vor Ort halb San Orsola sowie eine Autoschlange vorzufinden, deren Kennzeichen bis nach Livorno reichten, und alle durchkämmten Farn und Brombeergestrüpp mit einer Sorgfalt, als gelte es, gerichtsmedizinische Beweisstücke sicherzustellen. Ich brachte meinen Korb, weil man mir gesagt hatte, das täten echte *funghi*-Sammler, aber bei meinem ersten Ausflug hatte ich wenig zum Hineinlegen. Ich fand zwei *porcini*, die allerdings mit winzigen

Maden durchsetzt waren und sich in meinem Korb auf ihrem Farnbett auch dann bewegten, wenn ich stillstand. Ich rettete meine Ehre ein wenig, indem ich mehrere Kilo *biètte* sammelte, aber da sie tiefrot sind und mehrere Zentimeter über dem Boden in Gruppen wachsen, schien mir diese Leistung ziemlich gering.

Robbie hingegen sammelte bei seinem ersten Ausflug mit Claras Bruder Licio dreiundzwanzig *porcini* (mehr als sein Begleiter) und zeigte sich damit ein für alle Male als echter Mann. Die Nachricht verbreitete sich schnell, und bald trafen Glückwünsche aus dem Dorf ein. Ich vermute, mit einem solchen Talent zum *porcini*-Finden galt man als Liebling der Götter.

Nachdem Robbie nun in den Wäldern gewesen, gesegnet und in den Schoß der Gemeinde aufgenommen worden war, holte man ihn auch, um anderen wichtigen Ereignissen des Ortes beizuwohnen, beispielsweise dem wöchentlichen Spiel der örtlichen Fußballmannschaft. Die irischen Beauties hatten die Fußballmannschaft nachhaltig empfohlen, darauf hatten wir aber nichts gegeben, da ihre Empfehlungen recht großzügig und allgemein gehalten waren. Im Spätherbst traten Robbie und Allie dem regulären Fanclub (drei Mitglieder) bei und besuchten von da an alle Spiele. Ich benutzte meine Schwangerschaft als einen Vorwand, um mich im Dorf allem, was mehr Kraftaufwand als Trinken und Tanzen erforderte, zu entziehen. Ursprünglich beim Tanzen recht schüchtern, war ich völlig umgeschwenkt, seit sich ein junger Bauer namens Domenico mit angeborenem Darmleiden und unfaßbar leichtem Polkaschritt angeboten hatte, uns den Winter über zu unterrichten.

Den ganzen Oktober hindurch setzte Imolo seine Kampagne fort, uns zum Auszug aus den oberen Stockwerken zu bewegen, da sie ständig überschwemmt und ihre Fenster den Elementen geöffnet waren.

»Es ist ungesund, mit Nebel im Zimmer zu schlafen«, sagte er mehrmals am Tag. Er gab sich größte Mühe, uns zu überzeugen, aber ohne Erfolg. Bereits die Restaurierung und Fertigstellung des ersten Stockwerks, der Fußboden in der Eingangshalle sowie die Installierung von Unabdingbarem wie Licht, Wasser und Abflußrohren hatten uns fast ruiniert. Wir kamen mit dem obersten Stockwerk unter dem Dach langsam voran, harrten aber noch eines finanziellen Wunders von angemessener Größe, um dafür auch bezahlen zu können. Die Wahrscheinlichkeit zweier solcher Wunder hielten wir für minimal. Daher waren wir entschlossen, unsere Räume trotz gewisser spartanischer Eigenschaften zu bewohnen, von denen gelegentliche Überschwemmung nur eine war.

Nach ausgedehntem Feilschen, das sich bis in den Winter hineinzog, erwarben wir einen Holzstoß, den jemand vor unserem Haus gelagert hatte. Er wollte ihn an uns verkaufen, da er ihn anderenfalls hätte umsetzen müssen, aber seine Forderung war absurd hoch. Wir wollten ihn kaufen, weil wir kein anderes Brennmaterial hatten. Das Handeln bestand in unserem Versuch zu verheimlichen, daß wir praktisch jeden Preis für den Holzstoß bezahlt hätten. Auf uns allein gestellt, hätten wir uns Monate vorher geeinigt, aber wir waren Teil einer Großfamilie, die adoptierten Schützlinge von Imolo und einigen anderen hiesigen Größen, daher mußte jedes örtliche Geschäft über sie abgewickelt oder auf gleiche Weise getätigt werden, wie sie es getan hätten, um nicht das Gesicht zu verlieren. Die Gesellschaft diktierte in San Orsola viel Toleranz. Jedes ihrer Mitglieder konnte Arbeit, Jungfräulichkeit, Wohlstand, Haus, einen Körperteil und sogar sämtliche Tassen im Schrank verlieren und immer noch respektiertes Mitglied der Meute sein. Aber sein Gesicht zu verlieren war eine heikle Angelegenheit, die man nicht leicht nehmen durfte. In großen Dingen, darin waren sich alle einig, verzichtete man auf die Idee des Gesichtsverlustes und vermied so Blutrache und die Verheerungen des alten Südens, aber es war eine Frage der Ehre, das Gesicht in kleinen Dingen nicht zu verlieren, und dazu gehörten symbolische Rituale wie das Feilschen um den Preis eines Holzstoßes aus zweiter Hand.

Wie man Einflüsse und Strömungen in der italienischen Regionalarchitektur studieren kann, kann man auch Variationen der Holzstapel studieren. Im nördlichen Umbrien hat man das Stapeln zu einer Volkskunst kultiviert. Mit penibler Genauigkeit und sehr viel Kreativität stapelt jeder Haushalt sein Holz. Jeder Stoß hat verschiedene Muster, und die Originalität liegt in der Komplexität dieser Muster, der Dichte sowie der genauen Entsprechung von Länge und Breite. Das meiste Holz ist Eiche aus den Wäldern der Gegend. Es wird von örtlichen Firmen abgeholzt und dann durch die stehenden, fünfzehn Jahre alten Bäume hindurchgerollt, verladen und abtransportiert. Daß ein Drittel der Bäume stehen bleibt, ist gesetzlich vorgeschrieben. Olivenholz ist aromatisch und brennt gut. Es ist noch welches von 1984 übrig, dem Jahr des großen Frostes. Apfelholz ist selten und riecht beim Verbrennen nach Zimt. Kastanienholz ist gut und gibt eine langanhaltende Glut, die harzhaltigen Pinien bringen schnell viel Hitze, aber Eibe ist giftig, und ihr Rauch kann tödlich sein.

»*Eh, bè!*« wie Cenci sagen würde. »Dies ist eine Eichenwelt.«

Die Tage waren noch warm genug, um im Garten zu essen und stundenlang auf dem freigeräumten Fleck zu sitzen, den bald eine kunstvolle Pergola schmücken würde. Das Begrüßungskomitee von sechs Glyzinien war schon vor Ort, die Pflanzen hatten gerade ihre erste Dürre überstanden, und ich hoffte, daß die kommende Jahreszeit für alle leichter sein würde. Der nächtliche Temperatursturz jedoch geschah so plötzlich, daß Robbie, Allie und ich Erkältung und eine leichte Grippe bekamen. Auch Imolos Arbeiter wurden von dem Virus niedergestreckt. Im Dorf hörten wir nichts als jammervolle Geschichten von leidgeprüften Grippeopfern und ihren Familien.

In San Orsola herrschte große Angst vor Krankheiten, damit verbunden war ein Arsenal von Maßnahmen zu deren Bekämpfung. Über die Eigenschaften warmer und kalter Speisen wußten hier nahezu alle Hausfrauen über vierzig Bescheid. Wenn das Blut überhitzt war, also bei einer Infektion oder bei Fieber, hatten alle Früchte (außer Bananen) heilende Kräfte, ebenso wie Blattgemüse und Salat, nicht aber Tomaten (eingemachte hingegen waren hervorragend). Winzige Nudelstückchen *in brodo* wirkten wie italienisches Penicillin. Es war das Allheilmittel gegen alle Übel, fast eine Religion. Fleisch, rotes Fleisch oder Wild überhitzten das Blut, ebenso wie Milch, Käse, Rotwein und Kartoffeln.

Beim geringsten Unwohlsein galt es immer als klug, sich »al bianco« zu ernähren. Man empfahl weiße, fade Gerichte wie für Babys und als unumgängliche Zugabe große Mengen lauwarmer, in einer unschädlichen Brühe gekochter Miniaturnudeln. Hühnerbrust, Milch, *stracchino*-Frischkäse und Reis verabreichte man häufiger als Medikamente. Im Keller eines jeden Hauses standen Regale voller penibel gereinigter und geölter Werkzeuge und Maschinenteile. Auch der menschliche Körper galt als überaus faszinierende und komplizierte Maschine. Alles wurde getestet und überwacht. Fortschritte wurden kommentiert, Rückschläge diskutiert. Die *contadini* hatten immer von der Landwirtschaft gelebt, daher war ihre Arbeit von ihrer Körperkraft abhängig. Krankheit bedeutete schlicht Verzweiflung. In San Orsola fand ich mich tatsächlich dabei wieder, wie ich frühere Operationen, Kaiserschnitte, Infusionen und kurzfristiges Koma als Eintrittskarte in jene Kreise herauskramte, wo das Überleben einer Katastrophe als bewundernswerte Leistung galt. Narben durch das Skalpell eines Chirurgen waren wie Orden, die in schweren Schlachten errungen worden waren. Meine Orden waren meine Narben und Erinnerungen an viele frühere Operationen. Überleben und sich forthin guter Gesundheit zu erfreuen war wie das Überlisten des Schicksals, ein Übertölpeln des unerbittlichen Schnitters. Was gelegentlich wie ein morbides Interesse an Blutdruck oder der Funktionsstörung eines Organs wirken mochte, war auch eine Form der Selbstverteidigung, eine Art, Krankheiten zu bekämpfen.

Gestärkt wurde dieser Widerstand durch die Tageszeitung *La Cronaca Umbra*, eine Fundgrube an Informationen und Statistiken: »Die Italiener sind, nach den Japanern, das Volk mit der höchsten Lebenserwartung.« Andererseits gab es immer diesen oder jenen Hypochonder, der angesichts derart geballter medizinischer Informationen über mögliche Krankheiten schlichte Begrüßungen wie »Hallo, wie geht's? Alles in Ordnung?« damit beantwortete, daß er in nervenzerrüttender Ausführlichkeit die Störungen seines Darmtraktes darlegte und jeden Krümel seiner bevorzugten weißen Diät beschrieb. Die Tageszeitung erwähnte nicht, ob auch Zuzügler in den Genuß des zusätzlichen Lebensjahrzehnts kamen, doch mir fiel auf, daß ich seit der Lektüre des Artikels über die Langlebigkeit der Italiener begonnen hatte, im Garten nicht nur raketengleich hochschießende, sondern auch langsam wachsende Arten anzupflanzen. So fanden sich auf der Gartenliste neben Akazien und Eukalyptusbäumen auch eine Wellingtonie und eine Libanonzeder, und zu den Glyzinien hatte sich bereits eine langsame und anspruchsvolle Klematis gesellt. Alle berühmten Gärten in gemäßigten Klimazonen waren von Menschen angelegt worden, die wußten, daß ihr Leben zu kurz sein würde, um alle Früchte ihrer Planung zu erleben. Und obwohl ich das wußte, konnte ich nie akzeptieren, daß meine eigenen gärtnerischen Bemühungen im wesentlichen für die nächste Generation sein sollten. Gärtnerei war für mich weniger das Verlangen nach Unsterblichkeit als vielmehr der Wunsch, die Früchte meiner Arbeit zu sehen. Ich war eine egoistische Gärtnerin: Ich wollte etwas Unvergängliches und

Schönes schaffen und hinterlassen, aber ich wollte es auch selbst erleben.

Es brauchte immer noch sehr viel Vorstellungskraft, um mit dem Blick auf Gestrüpp und Schutthügel diesen Garten zu sehen. Ich zog meine Konzentration von anderen Gedanken ab und lenkte sie darauf, mir dieses künftige Wachstum vorzustellen. Ich sah mich nicht nur wie meine Nachbarn September- und Oktobereicheln sammeln, sondern die Früchte eines großen Obstgartens ernten. Vor meinem geistigen Auge erschien eine mit eingemachtem Obst, von den ersten Kirschen bis zu den letzten Äpfeln, gefüllte Speisekammer.

Der Walnußschnaps, greifbarer Beweis dafür, daß etwas aus dem Garten verwendet worden war, reifte auf einer Anrichte. Die anderen Einmachgläser mit hiesigen Produkten waren für mich gleichbedeutend mit guter Haushaltsführung. Der fünf Meter lange Küchenschrank in der großen Küche hatte dringend nach Eingemachtem verlangt, nun stand es da und war mir angesichts der kürzer werdenden Tage eine Beruhigung.

Nachdem er dekantiert worden war, mußte der *nocino* einen Monat stehen. Mein erstes und einziges Glas haute mich mit so erstaunlicher Geschwindigkeit um, daß ich es von der Küche nicht mehr ins Bett schaffte, sondern *en route* auf dem Wohnzimmersofa das Bewußtsein verlor. Ich war bis zum folgenden Morgen ohnmächtig. Dieses kurze Koma ließ ich bei medizinischen Erörterungen unerwähnt, und ich habe seither nie mehr gewagt, den *nocino* zu probieren oder anzubieten. Zweimal entdeckten stöbernde Besucher die gelagerten Flaschen. Meine Schwester Anna probierte einen Fingerhut voll und kippte fast besinnungslos um, aber ein holländischer Designer lobte ihn als »eigenartig wärmend« und trank mehrere Gläser des dicken, dunkelbraunen Zeugs, bevor er ins Bett torkelte. Am folgenden Morgen war er kein sehr vergnügter Gast und sah besorgniserregend fahl aus. Er schob dies allerdings auf sein nordisches Blut und mehrere durchfeierte Nächte. Man sagte mir, *nocino* werde mit zunehmendem Alter harmloser. Warten wir's ab.

20. Kapitel

Oktober war der Monat allgemeinen Wohlbefindens und gehörte der Traubenernte, die einfach *die* Ernte hieß, weil sie gemeinsam eingebracht wird und von allen Ernten die beliebteste ist. Die kleinen Weinberge werden nacheinander gelesen, und die Familien helfen einander. Wir hatten versprochen, Imolo und Maria zu helfen, deren Weinberg ein gerodetes Waldstück auf dem Hügel gegenüber unserem Haus war.

Unser Trupp bestand aus Imolo, Maria, Imolos Mutter und Stiefvater, Imolos Sohn Stefano und seiner Tochter Barbara, beide im Teenageralter. Sein Nachbar Vittorio, der eines Abends von seinem *motorino* gefallen war und sich die Nase gebrochen hatte, sie aber nie richten oder nähen ließ, war ebenfalls da, sein breites Gesicht war zu einem ständigen Lächeln verzogen, die schiefe Nase verunstaltete ein früher sicher schönes Gesicht. Vittorio schnitt Trauben und philosophierte dabei, indem er sein Leben mit dem knotigen Weinstock und seine Gefühle mit den Trauben verglich. Bei der Lese halfen zwei weitere Nachbarinnen, Frauen mittleren Alters in der traditionellen Hausfrauenuniform von Baumwoll-Kittelschürzen, was zu den großen Gummistiefeln an ihren Füßen nicht recht passen wollte. Sie sagten mir, sie hätten Angst vor Schlangen.

Wir fingen um zehn Uhr an, als die Sonne hoch genug stand, um den Tau auf den Trauben zu trocknen. Um ein

Uhr hatten wir ein Drittel der Reihen geschafft, jeder hatte Dutzende von Eimern gefüllt. Die Männer trugen die Eimer zu den Holzbottichen zurück, die dann zu Imolos Cantina gebracht werden würden. Vom Kupfersulfat auf den Weinblättern waren unsere Hände bis zu den Ellbogen grün. Um eins machten wir Pause, aßen Brot und Salami, Pecorino und Pfirsiche. Alle und alles war mit klebrigem Traubensaft überzogen. Imolo war glücklich, der traurige Ausdruck in seinen Augen war verschwunden. Er hatte als Bauarbeiter und Steinmetz gearbeitet, seit er zwölf war, und mit achtundvierzig konnte er bald in Ruhestand gehen. Das Rentensystem in Italien orientiert sich an der Anzahl der Jahre, die man erwerbstätig war. Die Beiträge zur Kranken- und Rentenversicherung sind hoch, aber die meisten könnten mit Anfang fünfzig aufhören zu arbeiten. Als ein neues System erwogen wurde, wonach niemand vor dem fünfundsechzigsten Lebensjahr in Rente gehen sollte, gab es wütenden Protest. In der Bar wurden Kartenspiele unterbrochen, um eine derart absurde Idee zu diskutieren. »Was soll der Ruhestand, wenn man zu alt ist, um ihn zu genießen?« Alle Dorfbewohner arbeiteten, bis sie achtzig, neunzig und älter waren, sie verrichteten zu Hause und auf dem Feld schwere körperliche Arbeit, aber das taten sie für sich selbst. Der Staat konnte von jedem Leben nur einen Teil fordern, und sobald die Verpflichtung abgegolten war, forderten alle ihre Freiheit.

Um sechs Uhr konnten Traktor und Anhänger mit der Traubenfracht bergab rumpeln. Ich war total erschöpft, weigerte mich aber, das zuzugeben. Allie hatte sehr viel gelesen und wurde dafür gelobt. Er war so zufrieden mit sich, daß er alle um Schätzungen bat, wie viele Eimer Trauben sie gelesen hatten, um seine eigene Anzahl damit zu vergleichen.

Während die Männer in der Cantina den *mosto* machten, kochten die Frauen das Abendessen. Es war ein Arbeitstag, also gab es keine *crostini*, aber es gab selbstgemachte *tagliatelle* (zubereitet von Imolos Tochter Barbara) mit *porcini*-Pilzen und Tomatensauce, danach gebratene Tauben, Kaninchenbraten, eine Schüssel grünen Salat und zum Schluß wieder Pecorino und Pfirsiche. Die Tauben wurden vor dem Servieren mit den gleichen gefährlich scharfen Arbeitsscheren in Stücke geschnitten, die zuvor für die Weintrauben benutzt worden waren. Der verkohlte, kahle Taubenkopf einschließlich Augen und Schnabel galt als Delikatesse. Da wir die Gäste waren, wurden sie Robbie und mir angeboten, doch wir lehnten ab, wir wollten Imolo nicht um das Vergnügen bringen, selber knirschend in den Schädel zu beißen. Außer dem Wein vom Vorjahr gab es frischen *mosto*, der sehr süß, aber köstlich war.

»*Mosto* bläht«, warnte uns Vittorio. »Ihr seid die ganze Nacht auf, wenn ihr zuviel davon trinkt.«

Wir machten uns spätabends auf den Heimweg, Allie, Robbie und ich, eingeklemmt in unseren Zweisitzer. Iseult fehlte mir – sie war für keinerlei kontinuierliche, anstrengende Arbeit zu gebrauchen, aber mit ihrer dekorativen Präsenz gehörte sie irgendwie immer dazu. Sie war seit zwei Wochen wieder in Paris.

Die Geschäfte am Ort waren wie Bildkalender, da sie vor ihrer Tür immer die Utensilien für das aufstapelten, was im Dorf gerade dran war. Vor der Traubenlese waren es Plastikschläuche, Fässer, Bottiche, Eimer und Ständer mit Rebscheren, Flaschenregale und Trichter. Anfang November waren es dann Netze und Wannen für die Olivenernte. Die kärgliche Auswahl spiegelte den geringen Ertrag der Olivenhaine wider, die sich immer noch von dem großen Frost von 1984 erholen mußten. Die Felder um die Villa bestanden früher aus Olivenhainen; jetzt war davon keine Spur mehr, die sardischen Milchschafe grasten dort zwischen Disteln. Wenn Oliven überlebt hatten, dann meist als neue Triebe aus den alten Wurzeln. Dies war im Grunde keine Olivengegend. Weiter weg, Richtung Assisi, und auch im nahen toskanischen Tal von Castiglion Fiorentino gediehen sie gut, hier aber waren es winzige, harte Früchte, die in großen Bahnen orangefarbener, um die Bäume geschlungener Netze aufgefangen und dann zum Pressen gebracht wurden.

Mitte November setzte der Winter ein. Die Winde ratterten durch das Hausinnere und trieben soviel kalten Regen in die Zimmer, daß einige Schlafzimmer vorübergehend zu Möbelinseln auf Backsteinen wurden, die auf milderes Wetter warteten. Es wurde eine richtige Arbeit, das Feuerholz in die Küche im ersten Stock zu tragen. Das ganze Haus durchzogen Kaminschächte, aber nur einer war geöffnet worden, und der war in der großen Küche. Es war ein riesiger offener Kamin, mit einem riesigen Hunger, der nicht zu stillen war. Ende des Monats waren unsere fensterlosen Schlafzimmer so kalt, daß wir in den ersten Stock umzogen und in dem Versuch, den Wind fernzuhalten, weitere Vorhänge vor Türöffnungen hängten.

Wir hatten immer noch die Wohnung in Venedig, auch wenn wir sie zum Verkauf anboten in der Hoffnung, damit unsere Schulden zu bezahlen. Wir wußten, daß wir dorthin ziehen konnten, bis die schlimmste Kälte vorüber war. Imolo, Vittorio und viele andere versicherten uns, der Winter sei von kurzer Dauer, also blieben wir. Ich fühlte mich mit meiner Schwangerschaft ausgesprochen schlapp und verbrachte viele Tage damit, das Feuer zu betrachten, in die Flammen zu starren und an seiner Glut zu kauern. Wenn Allie von der Schule nach Hause kam, gingen wir manchmal im Wald spazieren und suchten *funghi*, obwohl wir beide wußten, daß die Saison vorüber war.

Die Arbeiten in der Villa hatten sich auf Winterschlaftempo verlangsamt. Imolo kam jeden Morgen mit Gigi, seinem stets willigen Gehilfen, und zusammen bastelten sie Terrakottaformen. Sie hatten alle Stücke, die sie auf dem Gelände gefunden hatten, wie Puzzles zusammengelegt und Fensterumrandungen rekonstruiert. Sie waren fast vollständig, es fehlten nur einige kleine Teile. Es gab auch Teile des Frieses, der den Turm über Robbies Atelier umlaufen sollte, sobald er (falls überhaupt je) fertig wurde. Jedes Stück Terrakotta wog mehrere Zentner. Mit Hilfe des Marmorsteinmetzen hatte Imolo eine gelbe, gummiartige Paste aus Frankreich aufgespürt, die für Statuen gedacht war. Er bestrich jedes Stück mit dieser Paste, ließ sie trocknen, hob sie ab, baute einen Rahmen dafür und goß orangegefärbten Zement hinein. Irgendwann würde er alle Teile haben, die er zur Restaurierung der zerbröckelnden Fassade brauchte. Aber die Gummi-Substanz mochte die Kälte nicht und reagierte eigenartig. Imolo und Gigi, bis zu den Achseln in grellgelber Paste, fanden das überaus erheiternd und riefen mich ständig hinunter, damit ich zusah.

November war der schlimmste Monat. Wir gewöhnten uns nur sehr schwer an die Kälte. Auch unser Auto mochte sie nicht und sprang oft nicht an. Von Zeit zu Zeit kam ein Mechaniker aus dem Ort, quälte den Motor und zwang ihn zur Arbeit, aber das Auto trug von diesen Behandlungen irreversible Schäden davon. Es sprang an, brachte uns den Hang hinunter (manchmal auch wieder hinauf), aber es hustete tuberkulös, und in unregelmäßigen Abständen röchelte es. Welche Autos eine Familie hier auch besitzen mochte, alle hatten einen Fiat 500, ein winziges Gefährt, das es unermüdlich mit holprigen Straßen, unglaublichen Steigungen und den Wechselfällen des Klimas aufnahm. Imolo sagte, er werde einen für uns auftreiben.

Als Robbies Vater starb, hinterließ er ihm einen Rolls-Royce von 1924, den er selbst über einen Zeitraum von zwanzig Jahren instand gesetzt hatte. Der Wagen, ein dunkelblaues Kabrio, beängstigend perfekt und so groß wie ein kleiner Bus, war ein kleines Vermögen wert und verlangte ebensoviel Aufmerksamkeit und Pflege wie ein Neugeborenes. Er brauchte im Sommer eine klimatisierte Garage und im Winter eine beheizte Unterkunft, damit sich seine Eschenpaneele nicht verzogen. Er brauchte eine gerade Straße und gelegentliche leichte Spazierfahrten. Keiner von uns glaubte, daß er mit den spartanischen Bedingungen fertig werden würde, in denen wir lebten, selbst wenn wir ihn zu uns hereingeholt hätten. Zunächst hielten wir das für möglich, da die Eingangshalle im Parterre bei unserer ersten Besichtigung einen verrosteten landwirtschaftlichen Gerätepark beherbergt hatte. Doch der Winter war zu kalt und das Problem des Zementstaubes zu gravierend, um so etwas noch zu erwägen. Also packten wir den Traum, in seinen weichen Ledersitzen durch San Orsola zu kutschieren, zu anderen nicht praktikablen Ideen wie einem Bärenhaus und einem unterirdischen Türkischen Bad, und unsere Meldung zum Oldtimer-Rennen *Mille Miglie* verfiel.

Unterdessen hatte Imolo ein marineblaues Kabrio anderer Art aufgetan, einen Fiat 500, der für den stolzen Preis von 400 englischen Pfund zum Verkauf stand. Er wurde unser Familienwagen. Wir konnten unsere vierköpfige Familie komplett (und absolut vorschriftswidrig) in Robbies stotterndem Sportwagen unterbringen, indem wir uns vorsichtig übereinanderquetschten, aber mit dem Kind, das unterwegs war, ging das jetzt nicht mehr. Der Fiat 500 war ein so gutes, beliebtes und unverwüstliches Auto, daß Fiat die Produktion hatte einstellen müssen: Er war nicht kaputtzukriegen, und es wurden einfach nicht genug neue Wagen gekauft. Imolo hatte irgendwo gelesen, das Modell sei an China verkauft worden, wo es, wie ich hoffe, ebenso erfolgreich sein wird wie in Italien.

Iseult, die frühzeitig zu Weihnachten aus Paris zurückgekehrt war, drehte mit dem neuen Auto im Garten endlose Runden, während Allie sich neben den Beeten mit den Lilienzwiebeln duckte und Iseult anflehte aufzuhören. Sie war glückselig und fuhr noch schneller als sonst; sie ließ ihre Stereoanlage aus dem offenen Fenster plärren und bestach ihren Bruder, immer wieder nach oben zu gehen und die Kassette zu wechseln, während sie mitsang und mit dem Auto im Kreis raste, als fahre sie auf der Kirmes Autoskooter. Sie hatte praktisch alle ihre hiesigen Verehrer zugunsten von Michael, dem Filmregisseur, aufgegeben, in den sie sich verliebt hatte – sicher, daß es dieses Mal anders sein würde. Ich interpretierte »anders« so, daß es länger als die üblichen drei Wochen dauern könnte, bis sie ihre Aufmerksamkeit einem anderen zuwandte. Sie wollte unbedingt, daß er uns Weihnachten besuchte.

Maria d'Imolo arbeitete seit einiger Zeit halbtags in der Villa. Sie kam jeden Morgen, um Allie für die Schule fertig zu machen, dann half sie mir. Sie ging von einem Teil des Hauses zum anderen, in Tücher, Schals und Handschuhe eingepackt. In San Orsola hatten alle Zentralheizung, und sie war fassungslos, wie kalt es in unserem Haus war. Sie erzählte mir von ihren Geschwistern in Nizza und den Härten ihrer Kindheit dort. Sie wachte sehr eifersüchtig über unsere Interessen, und sie liebte Allie, den sie oft mit zu sich nach Hause nahm in die Behaglichkeit ihrer Küche.

Die Fröste wurden mit jedem Tag strenger, und die Sonne taute Reif und Eis nicht vor Mittag weg. Nachmittags war es oft noch warm genug, um draußen zu sitzen, aber die Nächte waren entsetzlich. Außerhalb des Mikroklimas unseres Hauses schienen alle den Einbruch des Winters mit Eifer zu ignorieren. Die Bars waren uns zum Verweilen zu kalt, aber die Männer saßen nach wie vor dort und spielten *briscola*. Uns war, als blickten uns einige Dorfbewohner schief an, und zum ersten Mal wirkten sie merkwürdig gehemmt. Estelio, der Vorsitzende des *proloco*, kam mehrfach zu uns ins Haus, als wolle er etwas sagen, ging aber nach einem Glas Wein und einigen Unverbindlichkeiten wieder. Maria sagte mir, was ich bereits wußte, daß nämlich Estelio etwas auf dem Herzen habe, wußte aber angeblich nicht, was es sein könnte.

Paul sagte uns schließlich, was los war. Das Dorf hatte offenbar seit Menschengedenken in der baufälligen Villa Orsola das jährliche Neujahrsfest gefeiert. Sie war der einzige überdachte Raum, der zum Tanzen groß genug war. In den vergangenen Jahren waren die kaputten Fahrzeuge hinausgeschleppt worden, und vierhundert Orsolani hatten zusammen Neujahr gefeiert. Jetzt, nachdem wir das Haus gekauft hatten, wußten sie nicht, wohin.

Ob sie kommen und in unserer Eingangshalle tanzen dürften? Ich hatte einen schrecklichen Fauxpas unsererseits befürchtet und mich gefragt, ob die Flitterwochen unseres Aufenthaltes in der Gemeinde ein abruptes Ende gefunden hätten. Uns allen gefiel die Idee dieses Festes (zumal wir jetzt Polka tanzen konnten), also teilten wir ihnen über Paul mit, daß sie den Raum für die Nacht des *Capo d'anno* gern haben könnten.

Als wir am folgenden Morgen zum Einkaufen ins Dorf kamen, wußten es offenbar schon alle, und die Luft war wieder rein. Mir wurde an diesem Morgen so oft auf den Rücken geklopft und so oft in den Ellbogen gezwackt, daß ich mich regelrecht malträtiert fühlte, als ich meinen zunehmend schwerfälligen Körper wieder den Hügel hinaufschob.

Iseult, die offenbar erst jetzt bemerkte, daß Weihnachten noch drei Wochen entfernt war, kehrte nach Paris zurück, auch dieses Mal mit dem Nachtzug von Florenz, und sie hatte mehrere Koffer dabei, voll mit ihren (und meinen) besten Kleidern.

21. Kapitel

Seit einiger Zeit wurden unsere Spaziergänge durch Gewehrschüsse gestört, da Jägersmänner sich bemühten, die örtliche Vogelpopulation auszulöschen, und daher wahllos auf alles schossen, was Flügel hatte und größer war als ein Schmetterling. Dies hatte ich immer für einen grausamen Zeitvertreib gehalten, gemildert nur durch den Genuß, mit dem die armen kleinen Opfer später verspeist wurden.

Die Einheimischen verteidigten ihr Recht auf Jagd mit solcher Vehemenz, daß sie mit Revolution drohten, falls man ihnen dieses Grundrecht nehmen wollte. Imolo gehörte zu den wenigen Männern im Dorf, die an den Massaker-Ausflügen nicht teilnahmen. Als auf den Hügeln die Gewehre knallten und Tauben, Amseln und Nachtigallen herunterholten, schüttelte er traurig den Kopf und sagte, es sei eine Schande, so freien Geschöpfen das Leben zu nehmen.

Darin waren wir vom *palazzo* mit ihm einig, aber alle Versuche, das den Jägern verständlich zu machen, waren vergebens. Sie sagten, es sei seit Jahrhunderten Tradition, und in einem von Bürokratie und Vorschriften geknechteten Land sei es ein von Gott verliehenes Recht, jedes Jahr die Freiheit des Waldes zu genießen und ihren Speisezettel durch Singvögel zu ergänzen. Nach den Vögeln kamen Wildschweine und dann alles andere, was auf vier Beinen den Wald durchstreifte.

Angesichts der Neigung, alle Tiere außer Katzen, Hunden und Pferden niederzumetzeln, konnte sich die kunterbunte Tiersammlung, die mit einer umherziehenden Kirmes nach San Orsola kam, glücklich schätzen, den Ort lebend zu verlassen. Das Stück Brachland neben der Bar, wo Allie und seine Freunde normalerweise Fußball spielten, wurde eine Woche lang von Karussells und Wurfbuden belegt sowie einer Schar jämmerlich aussehender Lamas, einem unter Haarausfall leidenden Affen, einem Papagei und einem neurasthenischen Maultier. Auf zwei Seiten standen lange, luxuriöse, silbrige Wohnwagen, die den Schausteller und seine zehn Kinder beherbergten. Abends schlenderte er zur Bar hinüber, in hochhackigen Stiefeln und mit rotem Stirnband, plazierte sich zwischen Theke und Kartentische und blokkierte mit seiner wuchtigen Gestalt den engen Durchgang. Von dieser zentralen Stelle bedachte er alle, die es wissen wollten (und alle anderen in Hörweite, selbst wenn sie es nicht wissen wollten), mit Schilderungen seines Lebens und seiner leidvollen Erfahrungen als Schausteller und Vater.

Im Dorf wurde getuschelt, eine seiner Töchter habe sich in einen jungen Mann im Ort verliebt, und die Geschichte scheine ernst zu sein. Gerüchte brauchten oft einen ganzen Tag, bis sie uns in der Villa erreichten, das war der Abstand zwischen Maria d'Imolos Besuchen. Unten im Dorf verbreitete sich Klatsch wie verschütteter Wein, der unter der Eingangstür hindurch in jedes Haus sickert. Nach einer Woche wurde die Kirmes abgebaut und fortgeschleppt, aber man munkelte weiter. Man sprach nicht nur von Verlobung, man sprach von Heirat.

Verlobungen in San Orsola dauern offenbar zwischen fünf und zehn Jahren, daher regte der Gedanke an einen *fidanzamento* niemanden sonderlich auf. Eine Hochzeit hingegen bedeutet ein großes, eintägiges Fest, und irgendwann im Verlauf des Tages dürfen alle Dorfbewohner kommen und mitfeiern.

Der Feiertagskalender steuerte unaufhaltsam auf Weihnachten (*Natale*) und das viel bedeutendere Datum des Jahreswechsels (*Capo d'anno*) zu. Weihnachten war hier noch ein religiöses Fest und wenig mehr. Die meisten Familien schmückten ihre Konifere im Vorgarten oder auch die Magnolie mit ihren breiten immergrünen Blättern ein wenig, aber die wichtigste Dekoration war *il presepe*, die Krippe, die in jedem Haus aufgebaut wurde und häufig bis zu einem Viertel des Wohnzimmers okkupierte.

Die Geschäfte füllten sich mit traditionellen Festartikeln, gefüllten Schweinsfüßen und Linsen, Nüssen, getrockneten, mit Mandeln gefüllten Feigen und stapelweise *panettone* in Schachteln. *Panettone* und süßer, weißer Schaumwein durften in keinem Haushalt fehlen. Sie wurden als Geschenke verteilt, so daß am Ende der Weihnachtszeit die eigene *panettone*-Sammlung einer kleinen Pyramide glich. Jede Schachtel enthielt einen hohen Hefekuchen in Gugelhupfform, den man mit Puderzucker bestäubte und in riesigen, gewichtslosen Keilen aß.

In Vorbereitung auf Weihnachten und Neujahr wurde privat geschlachtet. Gänsen wurde der Hals umgedreht, Enten bissen ins Gras. Kapaune waren beliebter als Truthähne, und mindestens eine ältere Henne, die frühere

Auswahlrunden überstanden hatte und nun meinte, sich auf ein relativ einfaches Leben mit Eierlegen und Körnerschlingen einrichten zu können, fand sich als Hauptzutat jener Brühe wieder, die das traditionelle Weihnachtsessen jeder Familie war. Nach mehrstündiger Vorbereitung wurden die *cappelletti*-Nudelvierecke zwei Minuten lang in einem Topf gehaltvoller Hühnerbrühe gekocht. Dieses Essen ließ sich ein paar Stunden vorher zubereiten, so daß die ganze Familie, einschließlich der Köchin, zur Messe gehen konnte.

Auch Heiligabend wurde religiös gefeiert, man aß den ganzen Tag nur Fisch, und in der Mitternachtsmesse mit dem kompletten Dorfchor (der wenig kleiner schien als das ganze Dorf) gab es viele Leute in den hinteren Reihen, die plauderten, und vor der Kirche standen Männer in Grüppchen und rauchten.

Das wirkliche Festmahl aber, das Festmahl, von dem eigentlich niemand vor Ablauf von sechs Stunden aufstand, das Festmahl, von dem sich jedes normale Verdauungssystem noch wochenlang nachhaltig belastet fühlen mußte, war das Abendessen zu *Capo d'anno*. Estelio und Imolo hatten uns angewiesen, nichts zu unternehmen, um unsere eigene Variante dieses Mahles herzustellen. Das Abendessen würde für alle auf dem *campo sportivo* serviert werden. Maria machte viele vorsichtige Andeutungen zum Thema passende Garderobe. Es war offensichtlich die San Orsola-Entsprechung von Smoking und Abendkleid, also Sonntagsstaat, und das bedeutete in San Orsola, vor allem für Frauen und heiratsfähige Mädchen, eine Palette der erstaunlichsten Aufmachungen. Es handelte sich im Grunde eher um Kostümierungen als um

Kleider. Sie machten kaum Zugeständnisse an das, was gemeinhin als guter Geschmack gilt, waren mutwillig grellfarben, provozierend knapp und mit einer Kombination aus Goldlamé, Straß und Webpelz besetzt, wobei sehr viel Geschick darauf verwandt wurde, auf einem Stück Stoff möglichst viele dieser Verzierungen gleichzeitig unterzubringen. Maria war zur Hüterin unseres Rufs geworden, und ich sah, daß sie sich sorgte, wie wir zu einem so wichtigen Ereignis erscheinen würden, denn ich schaffte es mit meinem unvorteilhaften neuen Umfang nicht, mich und das Baby in eines meiner Kleider zu zwängen.

Am Abend des 30. Dezember umzingelte ein Konvoi aus Lastwagen und Fiat 500 die Villa. Die Fahrzeuge des Konvois verständigten sich durch die üblichen Salven aus Rufen und Dauerhupen. Die Sprache der Hupe ist wichtig in Italien, sie entspricht in den seltensten Fällen internationalen Verkehrsgepflogenheiten. Ein Autokonvoi, der unisono auf die Hupe drückt, zeigt Hochzeitsgäste an, die nach einer Trauung unterwegs sind, um sich zu amüsieren, und alle Subsprachen der Hupe stammen davon ab. Wenn also drei Autos hintereinander die Straße entlang- oder einen Hügel hinauffahren und anfangen loszututen, bedeutet dieses Tuten, wir amüsieren uns, es macht einen Riesenspaß. Sind es dreimal soviel, entsteht daraus unweigerlich ein weiteres Fest.

Erneutes Rufen füllte die sonst ruhige Abendluft und ließ im Frost Nebelwölkchen entstehen, die wir vom Küchenfenster aus sahen. Von zahllosen »*Dio buono*« begleitet, wurden Stapel von Brettern und Böcken, große Weinflaschen und eine Unmenge anderer Dinge von den

Lastwagen abgeladen, und die angeheiterte Mannschaft kämpfte mit ihren Lasten. Nachdem Knallen, Fluchen und kreischendes Gelächter verebbt waren, herrschte vor dem Haus eine ganze Zeitlang verlegenes Gerufe, bis schließlich Imolo auftauchte und mitteilte, es traue sich keiner herein.

»Wir bereiten euch solche Unannehmlichkeiten«, erklärte er. »Wir wollten auch sagen, daß ihr es euch immer noch anders überlegen könnt. Ein Wort, und wir laden das Zeug wieder auf und verschwinden.«

Das hatten wir in den vergangenen zwei Wochen zahllose Male durchexerziert. Wir hatten auf jede denkbare Weise, eidesstattliche Erklärungen ausgenommen, beteuert, wie gern wir die Gastgeber des Neujahrsfestes sein würden. Wir wußten auch, daß inzwischen etwa vierhundert Leute aus der ganzen Gegend eingeladen worden waren und niemand die geringste Absicht hatte, am Vorabend des großen Ereignisses irgend etwas abzusagen; gleichwohl ging das Kokettieren noch einige Zeit weiter, in der Robbie dem Trupp mehrere Flaschen Wein hinunterschickte und Sprecher des Trupps Entschuldigungen zum Küchenfenster hochriefen.

Schließlich kamen die Musiker, um ihre Anlage aufzubauen, und die Posse hatte augenblicklich ein Ende. Die Mannschaft teilte sich auf und installierte mit außergewöhnlichem Geschick alles, was für das Fest nötig war. Als sie fertig waren und ihr Terrain auf Zeit abgesteckt hatten, wurden alle sehr geschäftsmäßig und selbstsicher. Am folgenden Morgen würden noch einige kommen, um am Hang vor der Villa das Feuerwerk vorzubereiten. Dann wurde ein letztes Glas Wein ausgegeben, und man diskutierte kurz, ob ich möglicherweise die Daten meiner Schwangerschaft falsch berechnet haben könnte, da ich viel weiter zu sein schien, als ich zugab. Die fünf Männer des *proloco*, die zum Haus gekommen waren, um kleine Weihnachtsgeschenke für die Kinder abzuliefern (sie kamen auf einem Traktor mit Schlittenglöckchen und mit einem sturzbetrunkenen, sehr großen Weihnachtsmann, der die Treppe hinaufstolperte und sich für seinen Zustand entschuldigte – wir waren das letzte Haus auf seiner Runde, und er schielte bereits von den zahllosen Toasts), wärmten sich am Feuer; die anderen, insgesamt etwa zehn, kamen nicht herein, sondern riefen uns aus ihrem Grüppchen an der Tür zu.

Unser verdauungsgestörter Tanzlehrer Domenico war noch etwas beunruhigt über den Stand unserer Fertigkeiten und hatte verabredet, kurz vor Mitternacht vorbeizukommen, um in letzter Minute nochmals Walzer und Tangos mit uns zu üben. Wir würden öffentlich auftreten und unsere recht unsicheren Schritte vorführen, und er sorgte sich um unsere *contragiri* oder Linksdrehungen. Würde er unseretwegen sein Gesicht verlieren? Alle wußten, daß er jeden Morgen gekommen war, um uns in der großen Küche zu unterrichten. Dafür hatte Maria Gläser und leere Weinflaschen weggeräumt, Küchentisch und Stühle beiseite geschoben und dabei vor sich hingelacht. Wie in Südamerika, konnte auch hier kein Einheimischer verstehen, daß jemand beim Hören der Musik nicht sofort die richtigen Schritte machte – bereits ein Zweijähriger konnte das –, daher fanden sie Unterricht bizarr.

»Macht es euch nichts aus?« fragte Maria. »Alle lachen über euch.« Ich versuchte zu erklären, daß ausgelacht werden immer noch besser sei, als meinen Spann zertrümmert zu bekommen oder arglose Partner zu Fall zu bringen. Aber offenbar war nichts schlimmer, als ausgelacht zu werden: Gesichtsverlust. Diese *brutta figura* regierte das Leben, Angst vor Lächerlichkeit war der Boß. Darum plagte sich Domenico bis zwei Uhr morgens mit unseren Linksdrehungen, er gab sich Mühe, weil wir gut sein sollten. Als ich ins Bett ging, hatte ich bei allen vier traditionellen Tänzen ein recht sicheres Gefühl, aber Robbie und ich waren halbe Krüppel vor lauter Schmerzen in den Wadenmuskeln.

Nach dem Essen auf dem *campo sportivo* und so vielen gemeinsam geleerten Flaschen Schaumwein, daß der Speisesaal vor lauter knallenden Korken zum Schlachtfeld wurde, zogen wir durch die beißende Kälte zum *palazzo.*

Trotz einiger Gasöfchen hatte die Halle im Parterre die Temperatur eines Kühlhauses. Pietro der letzte Castellano sollte als Türsteher angeblich die Karten kontrollieren, damit sich kein Unbefugter einschmuggelte, doch in Wirklichkeit war er, ohne die Füße zu bewegen, überall, er schwankte und grinste nach allen Richtungen und verlor fast das Gleichgewicht, als die Dorfbewohner an ihm vorbeidrängten, um der kalten Nachtluft zu entfliehen. Es waren zwei Akkordeonspieler da sowie der purpurgesichtige, schlaganfallverdächtige Geiger. An den klammen Wänden standen buchstäblich Hunderte von Menschen, die wir noch nie gesehen hatten, während etwa vierzig Paare sich aufwärmten, indem sie ihre Tanzkünste vorführten und zwischen den Pfeilern hindurchglitten.

In den letzten vier Monaten der Restaurierung, bevor die Zahl der Arbeiter auf die winterliche Kernmannschaft schrumpfte, waren ein rosa Travertinfußboden gelegt und die Bogenpfeiler neu verputzt worden. Seinerzeit schien das ein unnötiges Abschweifen von dem wichtigsten Ziel, den Hauptteil des Hauses instand zu setzen, aber jetzt erkannten wir, daß es unabdingbar gewesen war. Imolo hatte offenbar schon immer gewußt, daß der Ball auch weiterhin in dieser Halle stattfinden würde, und jetzt bestaunten alle seine Hexenkünste. Es herrschte auf der Haupttreppe ein ständiges Kommen und Gehen, da Imolo mit Einheimischen Besichtigungstouren zu jenen Teilen unternahm, die er restauriert hatte. Imolo tanzte nie. Er war wohl der einzige Mann, der nicht tanzte. Selbst Allies Schulfreunde absolvierten pflichtbewußt mit ihren Müttern oder ihren Schwestern einen Tango. Es gab junge Mädchen in hautengen Trikots, junge Mädchen in paillettenbestickten Miniröcken, ältere Frauen mit Wildlederstiefeln und Schnurrbärten, unglaublich dicke Matronen in mittleren Jahren, winzige, vogelgleiche Frauen, und alle umarmten sie ihren Partner.

Die Männer reichten von Siebenjährigen mit Fliege und Jackett über pickelige Halbwüchsige, gutaussehende Burschen und ihre weniger begünstigten Altersgenossen bis zu stämmigen älteren Männern und tapsigen Greisen, und alle schwangen in unterschiedlichen Graden der Trunkenheit das Tanzbein. Alle, die wir je im Dorf gesehen hatten, feierten. Der gesamte Bautrupp war mit Ehefrauen und Familien da. Silvio grub sich in die größten Oberweiten. Explosionskopf (der aussah, als sei hinter seiner Nase gerade ein halbes Pfund Plastiksprengstoff hochgegangen) schwankte durch den Raum. Schlangenkopf war mit all seinen Brüdern da, ihre winzigen Köpfe ragten aus riesengroßen, gestärkten Hemdkragen. Menchina aus der Bar war ebenso gekommen wie der Postbote und der Marmorhändler, der Metzger und seine atemberaubende junge Frau (jene, die aussah wie Gina Lollobrigida und Sexidol des halben Tals war).

Der Wein floß ebenso wie die Orangenlimonade, ohne die kein Fest vollständig war, aber dies war ein Ball, ein richtiger Ball, und die Menge tanzte bis fünf Uhr morgens, unterbrochen nur durch den Eintritt des Neuen Jahrs, als das Feuerwerk gezündet wurde und eine Pause entstand, bis alle vierhundert Anwesenden alle vierhundert Anwesenden zweimal geküßt hatten. Danach gab es noch mehr Schaumwein sowie körbeweise *panettone* und *porchetta*-Brötchen. In der Küche, die den Beauties gehört hatte, wurde ein Schwein, komplett mit Kopf, vom Schwanz aus aufgeschnitten. *Porchetta* wurde immer im Ganzen gebraten, nachdem es zuvor mit langen Fenchelstengeln und Knoblauch gefüllt worden war.

Nach der Unterbrechung wirbelte der Tanz weiter. Es war so kalt, daß wir tanzen mußten, um warm zu bleiben. Robbie und ich leisteten uns keine gravierenden Schnitzer und schafften es, mit mehreren Partnern, bzw. Partnerinnen an den Pfeilern vorüberzugleiten. Domenico war glücklich. In Abständen von einigen Musikstücken führte er mich auf die Tanzfläche und absolvierte mit mir ausgesprochen schwierige Schrittfolgen mit vielen Linksdrehungen, nur um anzugeben. Nach zwei Uhr war ich völlig erschöpft und packte mich und mein ungeborenes Kind ins Bett, wozu ich mich heimlich fortschlich. Die Musik stampfte das Treppenhaus hoch, und mir war, als spielten die Akkordeons in meinem Kopf. Iseult und ihr neuer Verlobter Michael tanzten unermüdlich. Michael hatte in der Schule tanzen gelernt, Iseult war vom Polizeichef von Casole d'Elsa unterrichtet worden, der einmal Berufstänzer gewesen war. Robbie blieb bis zum Schluß, leerte die Weinfässer mit Pietro, der im kalten Durchzug bei der Tür schwankte und wundersamerweise die ganze Nacht auf den Beinen blieb, sowie mit dem Postboten, Estelio, Imolo und einem Knäuel Tänzer.

Am folgenden Tag roch das ganze Haus wie ein Aschenbecher, und die Halle war knöcheltief mit Plastikbechern übersät. Unmittelbar nach dem Mittagessen band der *proloco*-Trupp, der auch die Vorbereitungen bestritten hatte, Schürzen um und rutschte wie ein Bataillon geschwätziger Domestiken schrubbend den weinbefleckten Fußboden entlang. Bei Einbruch der Dunkelheit blitzten Halle und Durchgang viel sauberer, als sie es je gewesen waren.

Oben, am Ende des langen Korridors im zweiten Stock, hatten zwei unserer ursprünglichen Katzenjungen und ihre Mutter Junge geworfen, was die Katzenpopulation der Villa auf zwanzig erhöhte. Maria verband fortan ihre Aufgaben als Haushälterin mit einem Guerillakrieg, um diese offenbar unzähmbaren Wildkatzen und ihre Nachkommenschaft vom Haus fernzuhalten. Ihre Pläne wurden ständig von Iseult und Allie sabotiert, die das nicht stubenreine Betragen der Tiere nicht in gleichem Maße störte wie Maria. Ohne Türen war dieser Kampf nicht zu gewinnen. Ich schreibe deren Eintreffen in unserem zweiten Frühjahr ausschließlich Marias Hartnäckigkeit zu: Sie setzte Imolo und dem Schreiner so lange zu, bis sie da waren.

22. *Kapitel*

Nachdem nominell wir die Gastgeber des Festes gewesen waren, wurden wir über Nacht zu Helden. Von diesem Moment an konnten wir offenbar nichts mehr falsch machen. Sogar die Jägermannschaften, die, sechsunddreißig Mann stark, in Schichten am Bildstock der Madonna kampierten, um ihr Wildschweinareal zu behaupten, begrüßten uns mit lauten Freudenrufen, als seien wir liebe Verwandte. Man bot uns mehr Wildschweinteile und mehr Hälften von noch zu schlachtenden Schweinen an, als wir in Betracht ziehen konnten. Schließlich wählte Imolo für uns ein halbes Schwein aus und überwachte dessen Umwandlung in Speck, Salami, Wurst und rohen Schinken. Die Schweine wurden in den ersten Januartagen geschlachtet. Im ganzen Dorf erhitzte man Wasser in einem Kessel über dem offenen Feuer und hielt säckeweise Salz zur Schinkenherstellung bereit, während Tonino, der Schweinemetzger, mit Messern und seiner Säge von Haus zu Haus ging. Wegen meiner »anderen Umstände« mußte ich dem blutigen Ritual nicht beiwohnen, Robbie aber hatte keine solche Entschuldigung und wurde mehrfach heruntergerufen, um während der kombinierten Schlacht-Saufveranstaltung, die in der Küche der irischen Beauties stattfand, Rat und Lob zu spenden.

Zwischen den Schweinen und dem Karneval Anfang März lag nichts als bittere Kälte. Das Leben bestand aus

Holzholen und nochmals Holzholen. Immer mehr Dorfbewohner fanden den Weg herauf, um den wachsenden Mythos unseres kalten Hauses am eigenen Leib zu erleben. Draußen lag auf meinen Lilienbeeten zentimeterhoch der Reif, und von den Bäumen hingen die Eiszapfen. Drinnen war Eis in unserem neu installierten Bad. Unsere italienische Heizdecke, ein Geschenk von Maria und Imolo, zu dem Silvios Tochter Clara etwas beigesteuert hatte, die manchmal zum Helfen kam und schon gebeten worden war, mir bei dem neuen Kind zur Hand zu gehen, sobald es soweit war, machte das Bett nicht nur erträglich, sondern zur ungetrübten Glückseligkeit, und zwar ganze drei Wochen lang. Es handelte sich um eine Decke aus der Gegend, die den gleichen Gesetzen gehorchte wie die lokale Küche – keine Zusätze und nichts aus anderen Landstrichen –, und keine verunzierenden Beigaben wie Thermostat oder Regulationsmechanismus hatte. Der Stecker wurde reingesteckt oder rausgezogen. Als sie unser Bett in Flammen setzte, uns knapp verfehlte und unser Zimmer mit hochgiftigen Dämpfen füllte, entgingen wir dem Erstickungstod nur dank der undichten Plastikplanen vor unseren vier Schlafzimmerfenstern und der beiden Vorhänge, die sehr unzulänglich als Türen fungierten. Nach dem Feuer, das ähnlich bereits mehrere Heizdeckenbenutzer im Dorf erlebt hatten, wurde unser Bett wieder zu einer derart frostigen Matratze, daß man die ersten zwanzig Minuten auf dem Tisch einer Leichenhalle zu liegen meinte, mit drei winzigen Wärmeinselchen, wo die in Windeseile gefrierenden Heißwasserflaschen lagen.

Im Februar, lange nachdem uns das Frühjahr versprochen worden war, schneite es. Eines Nachts fuhr ein Schneesturm über San Orsola, verwandelte die umliegenden Hügel in eine arktische Landschaft, schnitt uns ab und bot dem *proloco* eine weitere wunderbare Entschuldigung, sich zu treffen, zu trinken und als Grüppchen von Michelin-Männchen durch die Gegend zu stapfen, um jede einzelne Familie zu besuchen, in deren Cantinas aufzutanken und weiterzuziehen. Unser Freund Paul in seinem entlegenen Häuschen im Wald weit außerhalb des Dorfes wurde angewiesen, sein Heim zu verlassen und ihnen entgegenzukommen, wenn sie den Bergweg mit einem Traktor räumten. Die folgenden Wochen wohnte er bei uns, eingeschneit, aber Geschäfte und alles Nötige konnte man durch den Schnee stapfend erreichen. Trotz der Probleme fanden alle den Schnee wunderbar. Da die Dorfbewohner nicht zur Arbeit konnten, trafen sie sich jeden Nachmittag um drei vor der Kirche zur Schneeballschlacht. Selbst Don Annibales neunzigjährige Mutter machte mit, wenn sie zu ihrem Holzstoß hinausging. Auf dem steilen Hang zwischen Kirche und Bar wurde Schlitten gefahren, was das Dorf in einen lauten Spielplatz verwandelte. Iseult, wegen Nierenschmerzen aus Paris zurück, und Allie stapelten einen Berg gefrorener Munition auf, der dem Venezianischen Arsenal zur Ehre gereicht hätte, und bombardierten unsere Besucher. Karneval wirkte im Vergleich eher zahm und zeichnete sich nur durch einen zweiten Ball in unserer Halle aus. Dieses Mal war es ein Kostümfest, das ausschließlich von Frauen besucht schien, bis im Verlauf der Nacht den als Frauen verkleideten Männern Bartstoppeln wuchsen.

Als der Schnee schmolz, gab es im Tal einige kleinere Überflutungen, vor allem in Silvios neuer Werkstatt. Alle Kästen und Dosen mit Schusternägeln und Stiften mußte er trocknen, ebenso sein Steinmetzwerkzeug. Am Morgen des Hochwassers saß Silvio auf einem großen Stein hinter seinem Haus, hielt den Kopf in den Händen und schluchzte, bebte wie ein Vögelchen mit gebrochenem Flügel. Nicht nur hatte sein Werkzeug Schaden gelitten, die Pornoheft-Ausbeute eines ganzen Lebens war durchweicht, und jetzt klebten die Hochglanzseiten zusammen. Es dauerte Tage, bis er nach dem Schock nicht mehr wie ein aschfahler, begossener Pudel aussah und wieder seine üblichen Runden machte.

Nachdem wir am Klima verzweifelt waren und uns auf ein Leben mit Frostbeulen eingestellt hatten, brachten die ersten Märztage die Rückkehr der Sonne. Genauer gesagt, die Rückkehr ihrer Wärme, denn die Sonne war nie fort gewesen. Den ganzen Winter über war das Licht ausgesprochen grell, und die Tage waren kalt, aber funkelnd. Die Märztage waren warm genug nicht nur, um nachmittags draußen zu sitzen, sondern auch, um im Garten zu essen, und es gab versteckte, aber sichere Anzeichen dafür, daß die Lilien trieben. Sie erwiesen sich als allzu große Versuchung für die Schweine unseres Nachbarn, die in brandschatzenden Horden von bis zu dreißig anrückten und systematisch den von mir gepflanzten Reihen folgten. Maria stellte vorübergehend ihren Kampf gegen die Katzen ein, um mich in meinem Krieg gegen diese neuen Eindringlinge zu unterstützen. Der Garten wurde immer mehr in kleine umzäunte Gehege aufgeteilt.

Ostern rückte näher, und ich war fast ebenso aufgeregt wie die Frauen, die ich im Dorfladen traf. Unser erster Schwung Besucher in diesem Jahr würde bald kommen. Jetzt, da Teile des Hauses möbliert waren, fiel mir kaum noch auf, daß auf den oberen Wänden fast nirgends Verputz war. Die ramponierten indischen Teppiche waren groß genug, um die unansehnlichen Zementböden fast völlig zu bedecken. Es gab bestimmte Blickwinkel in bestimmten Räumen, von wo aus ich deren unfertigen Zustand kaum wahrnahm, wenn ich die Augen zusammenkniff.

Die große Sache an Ostern war offenbar, ein hier übliches süßes Brot namens *cerumia* zu backen und dann zu essen. Die Bedeutung von *cerumia* liegt nicht so sehr in seinem Geschmack, als vielmehr in dem Aufwand seiner Herstellung. Der wichtigste Teil des Rezeptes betraf den frühen Beginn – spätestens um vier Uhr morgens – und das rituelle Anheizen eines alten Brotofens. Dann wurde der Teig viele Stunden lang geknetet.

Cerumia stellten mehrere Frauen gemeinsam her, da keine genug Kraft gehabt hätte, die Aufgabe allein zu bewältigen. Abwechselnd schlugen und traktierten sie den Teig in dem riesengroßen Bottich, bis sie fanden, er sei fertig. Die Herstellung von *cerumia* war die ortsübliche weibliche Entsprechung zum Kreuztragen. Gegen Einbruch der Dämmerung hatte sie pro Haus ein Häufchen völlig erschöpfter Frauen und bis zu zwei Dutzend goldbrauner Kuchen hervorgebracht. Im ganzen Dorf schwebte aus Cantinas und den Gärten hinter dem Haus frischer Brotduft. Claras Nachbarn hatten ihren traditionellen Brotofen durch einen holzbetriebenen Herd ersetzt, der seinen Qualm in ihre Kirschbäume pustete, als habe sich eine Spielzeuglok im Gras festgefahren.

Die erste Enttäuschung der *cerumia*-Zeremonie kam mit dem Probieren. Es war ein außerordentlich fader Kuchen oder ein verwirrend süßer Laib Brot. In keiner der beiden Kategorien war er preisverdächtig. Nachdem er in einem krönenden Ritual mit bunten Liebesperlen bestreut worden war, bestand die zweite Enttäuschung darin, daß er in alarmierendem Tempo austrocknete. Wir wurden mit mehreren Cerumias beschenkt, die wir kosten und hinsichtlich ihrer jeweiligen Vorzüge beurteilen mußten. So sehr ich mich bemühte, ich konnte keine Unterschiede herausschmecken, die verbrannten ausgenommen. Unsere Besucher waren entweder pappsatt von ihren eigenen Familienrationen oder nicht an die fade altbackenen Riesenstücke dieses Gugelhupfs gewöhnt. Ich hatte nicht das Herz, meine Cerumias wegzuwerfen, also lagen sie im Brotkasten und wurden täglich härter. Sie waren bemerkenswert schimmelresistent. Sieben Wochen später spukten sie immer noch in der Küche herum.

Nachdem die eigentliche Arbeit mit den Cerumias beendet war, wurde in letzter Minute noch anderes gebakken. Dies waren die Brote für die *crostini*, außerdem ein süßes Mürbeteiggitter mit Quittengelee-Belag, die *torcola* mit mehreren Dutzend frischen Eiern und eine flache Cremetorte. Umbrische Backwaren sind ohne jede Raffinesse, die Kuchen der Gegend sind schwer, aber köstlich, und würde nicht zu jedem einzelnen Stück Kuchen ein weiterer Keil des unumgänglichen *cerumia* serviert, ich hätte im Dorf endlos die Runde machen und mich damit vollstopfen können, zusammen mit den dazu gereichten Täßchen verhängnisvoll starken Kaffees.

Zum Endspurt vor Ostern gehörte, daß in jedem Haus Eier gesegnet wurden. Die Eier, erfuhren wir, mußten eigene sein, aber wir waren immer noch die einzige Familie, die keine Hühner hielt. Im Dorfladen Eier zu besorgen, schien wie Betrug. Als ich sie kaufte, fragten mehrere besorgte Kundinnen, ob sie etwa gesegnet werden sollten. Man hatte mich bereits gewarnt, daß das eine Schande wäre. Ich behauptete, sie seien zum Backen, was vollends undenkbar war. Ein Chor besorgter älterer Damen versicherte mir, kein Kuchen könne je gelingen, wenn ich ihn mit gekauften Eiern zu backen versuchte.

»Sie müssen frisch sein«, sagten sie und lächelten fürsorglich, erheitert, daß ich auf eine solche Dummheit überhaupt hatte kommen können. Unsere bisherige Eierquelle war versiegt – ein Fuchs hatte die Hennen von Reginas Bar gefressen.

Ich verbrachte den Nachmittag damit, aus der reichen Fülle von Baumaterial unterhalb der Villa einen Hühnerstall zu basteln. Als er fertig war, rekrutierte ich Maria, die mich zu einem Geflügelhandel fahren sollte. Wir fuhren etwa eine Viertelstunde und hielten dann neben einer Tankstelle an einem kleinen, abgelegenen Haushaltswarengeschäft. Der Besitzer führte uns durch den Laden nach hinten zu einem Hennenwolkenkratzer aus Draht. Es folgte eine lange Diskussion, der ich entnahm, daß weiße Hennen schneller wachsen und leichter zu rupfen sind, aber abgeknickte Füße bekommen, wenn man sie als Legehennen hält. Gesprenkelte Hennen sind die größten, aber nicht die besten, während die kleinen roten

Hennen die gleichmäßigsten Eier legten. Ich kaufte drei kleine rote Hennen, die der Verkäufer ohne weitere Umstände aus ihrem Käfig im vierten Stock zerrte und an den Füßen mit Kordel zusammenband. Dann rieß er eine große Plastiktüte an einer Ecke auf und steckte die protestierenden Hennen kopfüber hinein, woraufhin sie augenblicklich verstummten und während der Heimfahrt auf dem Rücksitz von Marias Fiat 500 nur noch lautlos protestierten, indem sie flüssigen Kot über meine Beine kleckerten.

»Morgen früh haben Sie Eier«, hatte der Haushaltswarenhändler zugesichert.

Es waren noch sechs Tage bis Ostern. Um die Zeremonie des Segnens zu überstehen, brauchten wir ein Ei für jedes Familienmitglied und je eines für die drei Gäste, die wir erwarteten. Vierundzwanzig Stunden vor Ostersonntag hatten die Hennen ihre Körner aufgefressen, ihren Verschlag mit Exkrementen zugekleistert, aber kein Ei gelegt. Als Don Annibale, der Priester, mit seinem Meßdiener kam, segnete er neun gekaufte Eier. Zuvor fragte er mich freundlich:

»Halten Sie Hühner, Signora?« und ich konnte wahrheitsgemäß sagen: »Ja.«

23. Kapitel

Anfang April war wie der Beginn eines Wettrennens. Die Lilien schossen hoch, die Schwalben waren wieder da und bauten in den Dachvorsprüngen und in jeder verfügbaren Ecke unter den noch ungestrichenen Decken ihre Nester. Die Arbeiter waren wieder da. Die Truppe bestand aus zwölf Leuten, aber es schienen viel mehr zu sein, denn sie waren im ganzen Haus und bauten ebenso fieberhaft wie die Schwalben und Mauersegler, um unser Nest zur Geburt unseres Kindes vorzubereiten. Auch Iseult war wieder da und wollte nicht nur am liebsten gleich in der nächsten Woche heiraten, sondern auch ein gewaltiges Fest geben. Und schließlich hatten wir, was einen Teil all dessen finanzierte, unsere Wohnung in Venedig verkauft, und es waren Vorbereitungen im Gange, die Möbel durch den engen Kanal vor der Wohnung auf das Festland und weiter nach Umbrien hinunter zu transportieren, um einige der Räume zu füllen, die Imolo und seine Helfer plötzlich in quasi bewohnbare Zimmer verwandelte.

Mit größten Schwierigkeiten überredete ich Iseult und Michael, ihre Hochzeit von dem Tag im Mai, den sie sich ausgesucht hatten, auf Ende Juni zu verschieben. Dies war der frühestmögliche Termin für mich, da ich wußte, daß ich mit Kaiserschnitt entbinden würde. Nach erheblichem Handeln und Feilschen wurde die Hochzeit auf exakt drei Wochen nach dem Geburtstermin festgelegt, und unser Leben füllte sich mit Listen. Es gab Gästelisten, Weinlisten, Essenslisten, Übernachtungslisten, Musiklisten, Transportlisten und noch viel mehr. Iseult und Michael hatten beide viele Freunde, und Iseult hat meine Größenphantasien geerbt und weiter ausgeschmückt. Sie wollte ein dreitägiges Fest. Sie wollte auch, daß hundert Gäste aus dem Ausland sowie alle Dorfbewohner kommen sollten. Unablässig unterbreiteten Gäste per Telefon nützliche und weniger nützliche Vorschläge. Was zunächst der unnützeste Vorschlag zu sein schien, entwickelte sich während der Vorbereitungen sogar mehrmals zu einer heiklen Versuchung. David Kirke, Begründer des *Dangerous Sports Club*, der mit Michael in Oxford studiert hatte, sagte telefonisch sein Kommen zu. Er hatte gehört, daß ein Kran auf unserem Grundstück stand, da der Turm restauriert wurde, und schlug vor, an der Kranspitze ein Bungee-Seil (Jahre zuvor von ihm erfunden) zu befestigen und die Gäste herunterfallen zu lassen, zum Vergnügen. Er räumte ein, daß etwa siebzehn Gäste (und Verletzte) nötig sein würden, bis das Bungee-Seil auf die richtige Länge eingestellt wäre. Daniele, ein Opernsänger, den wir auf unseren Reisen kennengelernt hatten und mit dem wir seit Jahren eng befreundet waren, rief an und sagte, er werde aus Florenz so viele Musiker und Sänger mitbringen, wie wir haben wollten, kostenlos. Ein anderer Freund rief aus Norfolk an und erbot sich, für den letzten Tag des Festes ein Cricketmatch zu organisieren.

Maria sah verzweifelt den Zementstaub durch das ganze Haus wirbeln, als Bohrmaschinen das Mauerwerk durchlöcherten. Die Villa war jetzt auf zwei Seiten eingerüstet. Ich hatte Feste bisher immer allein vorbereitet, aber Maria brachte mich dazu, es dieses Mal ganz zu lassen, wegen des Babys. Gemeinsam engagierten wir einen Koch aus Città di Castello, der unsere Einkaufslisten mehr als verdreifachte, als kämen nicht fünfhundert, sondern fünftausend Gäste. Lastwagen und Tieflader standen in der Auffahrt Schlange. Sie lieferten Marmorplatten, Becken, Sand, Zement, Wein, Limonade, Lebensmittel und Geschenke.

Noch nie hatte ich so viele Hochzeitsgeschenke gesehen. Die Orsolani halten nichts von symbolischen Gesten, also taten sich drei oder vier Familien zusammen und kauften Geschenke, deren Extravaganz uns verlegen machte. Pro Tag fuhren drei bis vier Lastwagen vor, und sie lieferten eine Waschmaschine, einen Kühlschrank, einen Fernsehapparat, Töpfe, Pfannen, Teppiche, Eßservice, Möbel, Bierkrüge, Teeservice, Marmorstatuen, Majolicasäulen, verzierte Herde und dergleichen mehr, bis ein ganzes großes Zimmer voll war von Geschenken der Dorfbewohner, denen wir oft nur ein- oder zweimal begegnet waren, wenn überhaupt.

Aus Dankbarkeit eskalierte das Fest. Wir fanden, wir müßten mehr Unterhaltung haben, mehr Feuerwerk, noch einen Tanzabend, ein Picknick mit allen erdenklichen Delikatessen. Anfangs war unser Menü halb französisch, halb italienisch. Maria sah das nicht gern. Sehr sanft, aber mit unübertrefflichem Geschick überredete sie uns zu einem umbrischen Festessen, nicht strikt orsolanisch, aber doch umbrisch. Sobald dies geklärt war, bot der *pro loco* seine Hilfe an. Er teilte alle anstehenden Arbeiten unter fünfundzwanzig Männern und Frauen auf, angefangen bei der Zubereitung der *crostini*, der Pastasaucen und dem Braten des Fleisches auf offenem Holzkohlenfeuer, über das Servieren, Abwaschen und die Organisierung der Parkplätze bis hin zur Beschaffung der Tische, Stühle und Tischtücher, die für so viele Essensgäste nötig waren. Als klar wurde, daß wir nicht allen einen Sitzplatz bieten konnten, weil dann kein Platz zum Servieren mehr wäre, schlug Maria vor, den einhundertvierzig ausländischen Gästen das Mittagessen an Tischen zu servieren und für die anderen Mahlzeiten fünf Büffets aufzubauen.

Zu diesem Zeitpunkt war ich noch nie auf einer italienischen Hochzeit gewesen, auch wenn ich viele Konvois hupender Autos auf ihrem Weg durchs Dorf gesehen und gehört hatte. Ich glaubte, wir planten ein Jahrhundertfest, ein so einmaliges »Spektakel«, daß es in die Dorfannalen eingehen würde. Ich hatte zu anderen Zeiten und an anderen Orten große Feste gegeben, aber eine Bewirtung in solchen Größenordnungen und mit solcher Üppigkeit war mir neu. Die Darbietungen wurden nahezu unwichtig, etwas, das die Zeit zwischen den Mahlzeiten überbrückte. Ich wußte nicht, daß zumindest in San Orsola und den umliegenden Ortschaften ein Hochzeitsfest etwas war, für das man zwanzig Jahre und länger sparte. Hochzeitsfeste dauerten zwar nicht drei Tage, aber zu ihnen gehörten drei üppige Mahlzeiten, Blumen für buchstäblich Tausende von Mark, Getränke ohne Ende und sehr viel Tanz. Wir taten also nur, was alle hiesigen Eltern an unserer Stelle getan hätten. Wir hatten nur mehr zu organisieren, weil unsere Gäste aus der ganzen Welt kamen. Um bei der Organisiererei den Überblick nicht zu verlieren, machten wir noch mehr Listen.

Alles war in Aufruhr, nicht zuletzt, weil es völlig ausgeschlossen schien, vor der Hochzeit die Schlafzimmer im zweiten Stock und den Turm fertigzustellen. Policarpo und sein Bruder Giovanni, beide mit unglaublich kleinen Köpfen und gänzlich halslos, trotteten draußen hinter einem Bulldozer her und versuchten, vor dem Hochzeitstag sechs abgezirkelte Rasenstücke zum Sprießen zu bekommen. Sie kämpften von früh bis spät gegen Hitze und herabrieselnden Zementstaub, gossen und säten etwas, das trotz allem nur aussah wie Matsch.

Nichts schien bei diesem Fest ohne Probleme zu gehen, und als ich mit meinem Koffer Babykleidung und einem Bündel Hochzeitslisten zum Kaiserschnitt ins Krankenhaus ging, hatte ich das Gefühl, nur auf das Ergebnis dieses Eingriffs sei halbwegs Verlaß. Ich wurde am errechneten Tag in die Entbindungsstation aufgenommen und keuchte wahrlich elefantös die ausgetretenen Marmortreppen hoch. Florence Duff-Scott erwies sich als einer der kleinsten Säuglinge, die ich je außerhalb eines Brutkastens gesehen habe. Sie war die erste echte Umbrierin unserer Familie.

Am Tag nach der Geburt kam eine Krankenschwester aus dem Stockwerk tiefer und sagte, Iseult liege in der Frauenmedizin im Zimmer direkt unter mir, und zwar mit Nierensteinen. Eine Kolik hatte sie in den frühen Morgenstunden auf dem Weg zu einer Diskothek niedergestreckt.

»Klopfen Sie gegen den Fußboden«, sagte die Krankenschwester. »Sie kann Sie hören, sie hat Angst, daß sie die Hochzeit verpaßt.«

Zwei Tage später humpelte eine verzweifelte große

Tochter in mein Zimmer, um mir und meiner kleinen Tochter Gesellschaft zu leisten, und weiter ging es mit den Listen. Tag für Tag kämpften sich Dutzende von Besuchern durch das Gestrüpp rosafarbener Blumensträuße, die, wie schon Iseults Hochzeitsgeschenke, von Menschen kamen, die ich kaum kannte. Maria reiste jeden Tag an, um mich zu besuchen, sie brachte Neuigkeiten, Essen und Listen. Im Krankenhaus herrschte brütende Hitze, und die Verbindung von Hitze und wachsenden Festproblemen raubte mir den Verstand. Bäcker, Lebensmittelhändler, der Koch, die Taxifahrer, Weinhändler, Fischhändler, Blumenhändler, alle hatten Fragen, und alle fragten sie mich. Ich vermute im stillen, daß Florence so früh und mit derartiger Geläufigkeit den hiesigen Dialekt sprechen lernte, weil sie direkt nach ihrer Geburt mit zahllosen Fragen zur Hochzeit bombardiert wurde.

Als Florence zwölf Tage alt war, brachte ich sie nach Hause, durch die Felder mit staksigem Tabak und knospenden Sonnenblumen, vorbei am Grünbraun umbrischer Erde und der rötlichen Färbung von gebranntem Umbra um uns. Ich spürte eine große Erleichterung, als wir im Dorf ankamen und an den vertrauten Orten vorüberfuhren: Olivenpresse und großes Haus; das Grüppchen gedrungener Steinhütten am Weg zur Kirche und der auf der Kuppe gelegenen Schule; die Hauptstraße, die sich an der Bar mit dem wuchernden wilden Wein, dem Laden und der Tankstelle vorbeischlängelte; die neue Straße mit dem Metzger, dem Blumengeschäft und einigen Häusern, jedes mit breiter, unfertiger Fassade, die in tristem Zement auf üppig gedeihende Gärten blickte.

Zum ersten Mal sah ich diese Häuser nicht als Schandfleck des Dorfes, sondern als etwas, das es am Leben halten würde. Ich drückte die winzige, eingehüllte Florence enger an mich, als das Auto an der Klosterkapelle mit den Fresken der Geißelung und Kreuzigung vorüberholperte, dann bogen wir in die Schotterstraße ein, die zum *palazzo* hinaufführte. An der Abzweigung bei der Bar war alles unverändert. Regina beschimpfte ihren betrunkenen Ehemann, stand dabei breitbeinig, in einer Hand die Zigarette, in der anderen ein totes Kaninchen, schleuderte das entseelte Pelztier auf bedrohliche Weise durch die Luft, brüllte, während ihre Kunden sich dem trüben Weißwein widmeten und mit ihren Boccia-Kugeln die holprige Sandbahn hinunterzielten.

In einer Kurve der Schotterstraße stieß das Taxi fast mit der *ape* (ein dreirädriges Motorrad mit zwei Sitzen und einer winzigen Ladefläche, für das man keinen Führerschein braucht) Giannis und des alten zerbrechlichen Cenci zusammen. Gianni mit seinem Stimmverstärker grinste am Steuer, Cenci mit den unnatürlich großen Ohren lümmelte neben ihm. Dann machte die Straße noch eine Kurve, vorbei an Cencis und Nunzias weitläufigem, gepachtetem altem Bauernhaus und Maria del Gallos sich anschließendem, kleinerem Hof, den sie mit Beppe bewohnte, ihrem uralten, wirren Ehemann, der fast nur durch verlegenes Lächeln und Ausrufe kommunizierte. Dahinter kamen ein Walnußbaum und eine Felskuppe, und darüber stand unsere Villa. Nach Jahren rastlosen Umherziehens, nachdem ich in Zügen und aus Koffern, in Hotels, aus Kisten und in Wohnungen gelebt hatte, deren Mietverträge selten länger als einige Monate dauerten, kehrte ich heim in ein Haus, in dem ich schon über ein Jahr wohnte, und ich kam mit einem Neugeborenen, das Gelegenheit haben würde, in einem Dorf mit Menschen aufzuwachsen, die nicht nur gelernt hatten, in Harmonie mit ihrer Zeit und Welt zu leben, sondern auch, was vielleicht schwieriger ist, miteinander.

Die Zeit ging dahin, die Monate gingen unmerklich ineinander über, obwohl sie durch so zahlreiche Feste zäsiert wurden. Dieses Verschwimmen der Zeit gab dem Leben hier etwas Rätselhaftes. Ich hatte das Gefühl, daß ich niemals zum Kern vorstoßen, daß es immer noch eine Schale geben würde, die entfernt werden mußte und die die scheinbare Schlichtheit des Ortes Lügen strafte. Alle und alles hatten eine eigene Komplexität, eine wahrhaft südländische Unbestimmtheit, die dem nördlichen Denken fremd ist. Manchmal zog sich die Engländerin in mir verblüfft zurück, dann betrachtete ich meine Lilien und bedachte so manches in meinem Herzen. Wirklich eingeweiht aber waren meine Kinder, und das jüngste, eine geborene Orsolana, würde hier aufwachsen.

Als wir an den Zypressen vorbei auf den neu aufgeschütteten Kiesweg einbogen, sah ich als erstes Gras, das in meiner Abwesenheit gewachsen war, und dahinter sämtliche Arbeiter, die warteten, um das neue Mitglied der Gemeinde zu begrüßen. Maria, die mit mir im Auto saß, stieg aus und reichte das Baby erst Imolo, der es mit unendlicher Vorsicht in seine großen, vernarbten Hände nahm und es dann an den dicht neben ihm stehenden Gigi weiterreichte. So sollte es Florence in San Orsola ergehen: Sie ist ein Kind, das viele lieben und das vielen gehört. Imolo war außer sich vor Stolz, sowohl wegen des

Säuglings als auch wegen etwas anderem. Er hatte Tränen in den himmelblauen Augen.

»Hast du gesehen?« fragte er, kaum daß ich aus dem Wagen gestiegen war.

Ich blickte auf und sah. Er hatte die Turmarbeiten abgeschlossen und war fast mit der ganzen Fassade fertig geworden. Er hatte die beiden Hälften der Villa verbunden und so die klaffende Lücke beseitigt, die über drei Stockwerke gegangen war und dem Haus immer den unschönen Anschein von Baufälligkeit verliehen hatte.

»Ihr müßt die Nächte durchgearbeitet haben, um das zu schaffen«, sagte ich.

»Das stimmt. Wir haben es für die Mädchen gemacht, für Isotta und Florence. Zur Hochzeit sind wir fertig, keine Sorge.«

Zu dieser Ausgabe

insel taschenbuch 2517: Der vorliegende Band folgt der 1995 erschienenen gebundenen Ausgabe: Lisa St Aubin de Terán, Ein Haus in Italien. Aus dem Englischen von Ebba D. Drolshagen. Titel der Originalausgabe: A Valley in Italy – Confessions of a House Addict. Umschlagabbildung: Dacqmine Developpement Paris

Elizabeth von Arnim
im Insel Verlag

Alle meine Hunde. Aus dem Englischen von Karin von Schab. it 1502
April, May und June. Aus dem Englischen von Angelika Beck. Mit einem Nachwort von Kirsten Jüngling und Brigitte Roßbeck. it 1722
Ein Chalet in den Bergen. Roman. Aus dem Englischen von Angelika Beck. Leinen
Einsamer Sommer. Roman. Aus dem Englischen von Leonore Schwartz. Leinen
Elizabeth auf Rügen. Roman. Aus dem Englischen von Anna Marie von Welck. Leinen
Elizabeth und ihr Garten. Roman. Aus dem Englischen von Adelheid Dormagen. Leinen, it 1293 und Großdruck. it 2338
Der Garten der Kindheit. Aus dem Englischen von Leonore Schwartz. BS 1184 und Großdruck. it 2361
In ein fernes Land. Roman. Aus dem Englischen von Angelika Beck. Leinen und it 1927
Jasminhof. Roman. Aus dem Englischen von Helga Herborth. it 1677
Liebe. Roman. Aus dem Englischen von Angelika Beck. it 1591
Priscilla auf Reisen. Roman. Aus dem Englischen von Schamma Schahadat. Leinen
Die Reisegesellschaft. Roman. Aus dem Englischen von Angelika Beck. Leinen und it 1763
Sallys Glück. Roman. Aus dem Englischen von Schamma Schahadat. it 1764
Vater. Roman. Aus dem Englischen von Anna Marie von Welck. it 1544
Vera. Roman. Aus dem Englischen von Angelika Beck. Leinen und it 1808
Verzauberte Gärten. Vier Bände im Schmuckschuber. Gebunden
Verzauberter April. Roman. Aus dem Englischen von Adelheid Dormagen. Leinen und Großdruck. it 2346
Verzauberter April. Roman. Aus dem Englischen von Adelheid Dormagen. Mit Fotos aus dem gleichnamigen Film. it 1538

Zu Elizabeth von Arnim

Kirsten Jüngling / Brigitte Roßbeck: Elizabeth von Arnim. Biographie. Mit zahlreichen Abbildungen. it 1840

86/1/10.96

Literatur und Reisen
im insel taschenbuch

Alt-Prager Geschichten. Gesammelt von Peter Demetz. Mit Illustrationen von Hugo Steiner-Prag. it 613

Alt-Wiener Geschichten. Gesammelt von Joseph Peter Strelka. Mit sechs farbigen Abbildungen. it 784

Ernst Batta: Römische Paläste und Villen. Annäherung an eine Stadt. Mit zahlreichen Abbildungen. it 1324

Bodensee. Reisebuch. Herausgegeben von Dominik Jost. Mit zahlreichen Abbildungen. it 1490

Bonn. Ein Städte-Lesebuch. Herausgegeben von Doris Maurer und Arnold E. Maurer. Mit zahlreichen Abbildungen. it 1224

Budapest. Reisebuch. Herausgegeben von Wilhelm Droste, Susanne Scherrer und Kristin Schwamm. Mit zahlreichen Fotografien. it 1801

Friedrich Dieckmann: Dresdner Ansichten. Spaziergänge und Erkundungen. Mit farbigen Fotografien. it 1766

Dresden. Ein Reisebuch. Herausgegeben von Katrin Nitzschke. Unter Mitarbeit von Reinhard Eigenwill. Mit zahlreichen Abbildungen. it 1365

Flandern. Lesarten einer Stadt. Herausgegeben von Werner Jost und Joost de Geest. it 1254

Florenz. Lesarten einer Stadt. Herausgegeben von Andreas Beyer. Mit zahlreichen Illustrationen. it 633

Florida. Reisebuch. Herausgegeben von Katharina Frühe und Franz Josef Görtz. Mit zahlreichen Abbildungen. it 1492

Theodor Fontane: Jenseit des Tweed. Bilder und Briefe aus Schottland. Mit zahlreichen Abbildungen und einem Nachwort herausgegeben von Otto Drude. it 1066

– Ein Sommer in London. Mit einem Nachwort von Harald Raykowski. it 1723

Georg Forster: Reise um die Welt. Herausgegeben und mit einem Nachwort von Gerhard Steiner. it 757

Frankfurt. Reisebuch. Herausgegeben von Herbert Heckmann. Mit zahlreichen Abbildungen. it 1438

Johann Wolfgang Goethe: Italienische Reise. Mit vierzig Zeichnungen des Autors. Herausgegeben und mit einem Nachwort versehen von Christoph Michel. it 175

Johann Wolfgang Goethe: Tagebuch der Italienischen Reise 1786. Notizen und Briefe aus Italien. Mit Skizzen und Zeichnungen des Autors. Herausgegeben und erläutert von Christoph Michel. it 176

– Kampagne in Frankreich 1792. Belagerung von Mainz. Herausgegeben und mit einem Nachwort von Jörg Drews. Mit zeitgenössischen Abbildungen. it 1525

158/1/12.96

Literatur und Reisen
im insel taschenbuch

Walter Haubrich / Eva Karnofsky: Die großen Städte Lateinamerikas. Sechzehn Städtebilder. Von Walter Haubrich und Eva Karnofsky. Mit farbigen Fotografien. it 1601

Hamburg. Ein Städte-Lesebuch. Herausgegeben von Eckart Kleßmann. it 1312

Victor Hehn: Olive, Wein und Feige. Kulturhistorische Skizzen. Herausgegeben von Klaus von See unter Mitwirkung von Gabriele Seidel-Leimbach. Mit farbigen Abbildungen. it 1427

Heidelberg-Lesebuch. Stadt-Bilder von 1800 bis heute. Herausgegeben von Michael Buselmeier. it 913

Heinrich Heine: Italien. Mit farbigen Illustrationen von Paul Scheurich. it 1072

Hermann Hesse: Luftreisen. Berichte und Gedichte. Herausgegeben und mit einem Nachwort versehen von Volker Michels. Mit zahlreichen Abbildungen. it 1604

– Mit Hermann Hesse durch Italien. Ein Reisebegleiter durch Oberitalien. Mit farbigen Fotografien. Herausgegeben von Volker Michels. it 1120

– Tessin. Betrachtungen, Gedichte und Aquarelle des Autors. Herausgegeben von Volker Michels. it 1494

Mit Hermann Hesse reisen. Betrachtungen und Gedichte. Herausgegeben von Volker Michels. it 1242

Erhart Kästner: Griechische Inseln. Aufzeichnungen aus dem Jahre 1944. Mit einem Nachwort von Heinrich Gremmels. it 118

– Kreta. Aufzeichnungen aus dem Jahre 1943. Mit einem Nachwort von Heinrich Gremmels. it 117

– Ölberge, Weinberge. Ein Griechenland-Buch. Mit Zeichnungen von Helmut Kaulbach. it 55

– Ölberge, Weinberge. Die Stundentrommel vom heiligen Berg Athos. 2 Bände in Kassette. it 55/56

– Die Stundentrommel vom heiligen Berg Athos. it 56

Harald Keller: Die Kunstlandschaften Italiens. Toskana. Florenz. Umbrien. Rom. Lombardei. Emilia. Venedig. Zwei Bände in Kassette. Mit zahlreichen Abbildungen. it 1576

Kunstführer durch Sachsen und Thüringen. Herausgegeben von Katharina Flügel. Mit farbigen Abbildungen. it 1327

London. Eine europäische Metropole in Texten und Bildern. Herausgegeben von Norbert Kohl. it 322

158/2/12.96

Literatur und Reisen
im insel taschenbuch

Doris Maurer / Arnold E. Maurer: Literarischer Führer durch Italien. Ein Insel-Reiselexikon. Mit zahlreichen Abbildungen, Karten und Registern. it 1071

Günter Metken: Reisen durch Europa. Andere Wege zu Kunst und Kultur. Von Günter Metken. Mit zahlreichen Fotografien. it 1572

Mit Fontane durch die Mark Brandenburg. Herausgegeben von Otto Drude. Mit farbigen Fotografien von Christel Wollmann-Fiedler. it 1798

Mit Rilke durch das alte Prag. Herausgegeben von Hartmut Binder. Mit zahlreichen Abbildungen. it 1489

Michel de Montaigne: Tagebuch einer Reise durch Italien. Aus dem Französischen von Otto Flake. it 1074

Moskau. Ein literarischer Führer. Von Sigrun Bielfeldt. Mit zahlreichen Abbildungen. it 1382

München. Ein Lesebuch. Herausgegeben von Reinhard Bauer und Ernst Piper. Mit zahlreichen Abbildungen. it 827

Ernst Penzoldt: Sommer auf Sylt. Liebeserklärungen an eine Insel. Mit farbigen Zeichnungen des Verfassers. Herausgegeben von Volker Michels. it 1424

Potsdam. Ein Reisetagebuch. Herausgegeben von Doris Maurer und Arnold E. Maurer. Mit farbigen Abbildungen. it 1432

Prag. Ein Lesebuch. Herausgegeben von Jana Halamicková. Mit zahlreichen Abbildungen. it 994

Reisen durch Deutschland. Von Gustav Faber. Mit farbigen Fotografien. it 1595

Reisen mit Mark Twain. Für Reiselustige ausgewählt und zusammengestellt von Norbert Kohl. it 1594

Rom. Ein Städte-Lesebuch. Herausgegeben von Michael Worbs. it 921

Salzburg. Ein Städte-Lesebuch. Herausgegeben von Adolf Haslinger. Mit zahlreichen Abbildungen. it 1326

Schwarzwald und Oberrhein. Literarischer Führer. Herausgegeben von Hans Bender und Fred Oberhauser. Mit zahlreichen Abbildungen. it 1330

Sommerliebe. Zärtliche Geschichten. Für den Reisekoffer gepackt von Franz-Heinrich Hackel. it 1596

Südtirol. Ein literarisches Landschaftsbild. Herausgegeben von Dominik Jost. it 1317

Toskana. Ein literarisches Landschaftsbild. Herausgegeben von Andreas Beyer. Mit Fotografien von Loretto Buti. it 926

158/3/12.96

Literatur und Reisen im insel taschenbuch

Trier. Deutschlands älteste Stadt. Herausgegeben von Michael Schroeder. Mit zahlreichen Fotografien. it 1574

Tübingen. Ein Städte-Lesebuch. Herausgegeben von Gert Ueding. Mit zahlreichen Abbildungen. it 1246

Tunesien. Ein Reisebuch. Herausgegeben von Hans-Ulrich Wagner. it 1802

Mark Twain: Reisen ums Mittelmeer. Vergnügliche Geschichten. Ausgewählt von Norbert Kohl. it 1799

Umbrien. Ein Reisebuch. Herausgegeben von Isolde Renner. Mit zahlreichen Abbildungen. it 1491

Venedig. Herausgegeben von Doris Maurer und Arnold E. Maurer. Mit zahlreichen Abbildungen. it 626

Venedig. Literarischer Führer. Herausgegeben von Doris Maurer und Arnold E. Maurer. Mit farbigen Abbildungen. it 1413

Warum in die Ferne? Das Lesebuch vom Daheimbleiben. Eingerichtet von Hans Christian Kosler. it 1332

Die Welt der Museen. Herausgegeben von Joachim Rönneper. it 1493

Westfalen. Ein Reiselesebuch. Herausgegeben von Hans Georg Schwark und Fred Oberhauser. Mit zahlreichen Abbildungen. it 1394

Wien. Ein Reisebuch. Herausgegeben von Joseph Peter Strelka. Mit farbigen Fotografien. it 1573

Wien im Gedicht. Herausgegeben von Gerhard C. Krischker. it 1488

Wiener Adressen. Ein kulturhistorischer Wegweiser. Von Dietmar Grieser: it 1203

158/4/12.96

Italienische und spanische Literatur im insel taschenbuch

Die Wahrheiten des G. G. Belli. Römer, Huren und Prälaten. Eine Auswahl seiner frechen und frommen Verse. Vorgestellt und aus dem Italienischen übertragen von Otto Ernst Rock. it 754

Die Blümlein des heiligen Franziskus von Assisi. Aus dem Italienischen nach der Ausgabe der Tipografia Metastasio, Assisi 1901, von Rudolf G. Binding. Mit Initialen von Carl Weidemeyer. it 48

Boccaccio: Das Dekameron. Mit 110 Holzschnitten der italienischen Ausgabe von 1492. Deutsch von Albert Wesselski. Mit einer Einleitung von André Jolles. Zwei Bände in Kassette. it 7/8

Roberto Calasso: Die Hochzeit von Kadmos und Harmonia. Aus dem Italienischen von Moshe Kahn. it 1476

Benvenuto Cellini: Leben des Benvenuto Cellini florentinischen Goldschmieds und Bildhauers. Von ihm selbst geschrieben, übersetzt und mit einem Anhange herausgegeben von Johann Wolfgang Goethe. Mit einem Nachwort von Harald Keller. it 525

Miguel de Cervantes Saavedra: Die Novellen. Übersetzt von Konrad Thorer. it 1007

– Der scharfsinnige Ritter Don Quixote von der Mancha. 3 Bde. Mit einem Essay von Iwan Turgenjew und einem Nachwort von André Jolles. Mit Illustrationen von Gustave Doré. Textrevision nach der anonymen Ausgabe 1837 von Konrad Thorer. it 109

Carlo Collodi: Pinocchios Abenteuer. Aus dem Italienischen von Heinz Riedt. Zweisprachige Ausgabe. it 1516

Hernán Cortés: Die Eroberung Mexikos. Drei Berichte von Hernán Cortés an Kaiser Karl V. Mit 112 Federlithographien von Max Slevogt. Übersetzungen von Mario Spiro und C. W. Koppe. Herausgegeben von Claus Litterscheid. it 393

Dante: Die Göttliche Komödie. Mit fünfzig Holzschnitten von Botticelli. Deutsch von Friedrich Freiherr von Falkenhausen. 2 Bde. it 94

Federico García Lorca: Die dramatischen Dichtungen. Deutsch von Enrique Beck. it 3

Bartolomé de Las Casas: Kurzgefaßter Bericht von der Verwüstung der Westindischen Länder. Herausgegeben von Hans Magnus Enzensberger. Deutsch von D. W. Andreä. it 553

Machiavelli für Manager. Sentenzen. Ausgewählt von Luigi und Elena Spagnol. it 1733

Niccolò Machiavelli: Der Fürst. Aus dem Italienischen von Friedrich von Oppeln-Bronikowski. Mit einem Nachwort von Horst Günther. it 1207

168/1/12.96